The Plantagenets

開創英格蘭的武士國王與王后們

The Warrior Kings and Queens Who Made England

金雀花王朝

下

DAN JONES

丹·瓊斯——著 陸大鵬——譯

目次

第一部 災禍的年代（一一二〇至一一五四年）

第二部　帝國的年代（一一五四至一二〇四年）

第三部　對抗的年代（一二〇四至一二六三年）

第四部　亞瑟王的年代（一二六三至一三〇七年）

第五部　暴力的年代（一三〇七至一三三〇年）

第六部　光榮的年代（一三三〇至一三六〇年）

第七部　革命的年代（一三六〇至一三九九年）

第四部

亞瑟王的年代

Age of Arthur (1263–1307)

如今，島民團結一心，奧爾巴尼①天下一統，

愛德華國王是最高領主，康沃爾和威爾斯都在他手中，

偉大的愛爾蘭也屈從於他的意志……

亞瑟王也不曾有這麼多采邑。

——布里德靈頓的彼得·蘭托夫特的編年史

① 奧爾巴尼（Albany）是不列顛的古名。

第三十五章　登基為王

愛德華的十字軍東征起初烏雲密布，並不順利。他前往聖地，選擇的是一條熟悉的路途：從法蘭西南部到西西里（他父親的雄心壯志就葬送在那裡），隨後打算取道賽普勒斯前往「海外」。但還沒有抵達西西里，他就發現，十字軍東征這場全歐洲聯合的冒險已經開始分崩離析。路易九世軍隊的進度比愛德華超前幾週。路易九世經過西西里的時候，跟自己的弟弟，安茹的查理（Charles of Anjou）會了面。安茹的查理完成了亨利三世不曾成功的事業，奪得了西西里王位。愛德華還在法蘭西行軍的時候，查理說服了他的哥哥路易九世，不去「海外」，而是去討伐突尼斯，因為西西里的許多敵人正躲在突尼斯，逍遙法外。

法蘭西軍隊啟航時志得意滿，認為自己必然所向披靡，不料在北非海岸登陸幾天之後，軍中爆發瘟疫，路易九世也病逝了。目瞪口呆的查理將十字軍帶回西西里，但法蘭西艦隊在特拉帕尼港（Trapani）停靠時遭風暴襲擊，大部分船隻被毀。愛德華、日耳曼的亨利和其他英格

北宋 960—1127

南宋 1127—1279

大蒙古國 1206—1271

元 1271—1368

明 1368—1662

清 1644—1912

郵政自動櫃員機交易明細表
Postal ATM Transaction receipt

交易日 Date
1080704

時間 Time
14:49:17

經辦機號 ATM-ID
031145IJ1

傳票編號Slip#
7680

交易類別 Tx Type
存簿轉存簿

記帳日Tx Date
1080704

銀行編號 Bank ID
700

IC卡號 IC Card NO.
000001159***761

按取金額 Enter Amt
$1,760

實付金額 Tx Amt.
$1,760

手續費 Fee　　$100　$200　$1000　$2000
$0

可用餘額 Avbl Balance
$20,618.00

訊息說明 Msg Description
交易完成

轉入或銷帳編號 TO A/C or Payment ID
00210880470420

帳號或跨行序號 A/C or Tx Seq. NO.
0001159***761

LUCKY NO.

※卡片掛失电話: 0800-700-365
手機請改撥付費电話(04)23542030
※跨行轉帳轉入劃撥帳戶，轉入帳號請輸入
「7000010」+「劃撥帳號」，共15碼
※ATM Card Lost Declaration : 0800-700-365
Mobile phone please dial payment
number (04) 23542030

蘭人於一二七〇年十一月抵達西西里，發現法蘭西人雞飛狗跳、潰不成軍。他們在島上過冬，希望來年春天運氣會好轉，但在一二七一年一月，路易九世二十五歲的兒子，怯懦的國王腓力三世（Philip III）卻認為天意對法蘭西人不利，於是率軍從陸路班師回朝，途經義大利，返回巴黎。

但愛德華堅定不移。春季，他將日耳曼的亨利派遣回國，以確保法蘭西新國王不會試圖威脅他在加斯科涅的土地，然後率領剩餘的人馬繼續開赴「海外」。他們抵達的時候已經是五月中旬了。

離開英格蘭一年多之後，愛德華發現自己處在中東錯綜複雜的政治迷宮的心臟。基督徒在「海外」的領地已經縮減到微不足道的地步。法蘭克人的統治危機四伏。儘管康沃爾伯爵理查在一二四〇年代曾努力恢復對耶路撒冷的控制，路易九世也花費巨款來加強凱撒利亞城（Caesarea）的防禦，但基督教巴勒斯坦的絕大多數大城市都已經被馬穆魯克入侵者占領。凱撒利亞和耶路撒冷已落入異教徒手中。安條克和據說固若金湯、無懈可擊的十字軍要塞——騎士堡，均已陷落。騎士堡的雄偉護牆曾經抵擋住了投石機的捶打，卻因為叛徒出賣而落入敵手。基督教王國殘餘部分的都城是阿卡，一座鬥志渙散的城市，周圍都是虎視眈眈的敵國，每天都提心吊膽地害怕會有一支數千人的馬穆魯克軍隊衝殺到城下。

從一開始，形勢就很明顯，愛德華的東征注定頂多只能是在無望的戰場上的一次小規模出擊。基督教勢力已經衰微，在中東最宏偉城市的城牆腳下取得輝煌勝利的日子已經一去不復返。在巴勒斯坦的穆斯林軍隊的主要敵人已經不再是西歐的法蘭克騎士，而是從北方和東方殺來的令人心驚膽寒的蒙古騎兵。愛德華和他的夥伴們加入的不是一場宏大的戰爭，而是錯綜複雜、令人困惑的外交鬥爭。

但愛德華在那裡待了一年多，組織向穆斯林領土的突襲；跟在馬拉蓋（Maragheh，一座離阿卡約七百英里的城市）的蒙古領袖阿八哈汗（Abagha Khan）通信；並歡迎偶爾從西歐抵達的生力部隊，包括他的弟弟埃德蒙率領的一支隊伍。他決心在東征中竭盡所能。一二七二年六月十七日夜晚，愛德華的三十三歲生日這天，他與妻子躺在阿卡的臥室內。他恍恍惚惚快要進入夢鄉的時候，心頭要考慮的事情很多。他的小群士兵飽受酷熱和痢疾的折磨。馬穆魯克領袖拜巴爾的兵力和物資補給遠勝於他。名義上的耶路撒冷國王于格三世（Hugh III）更傾向於和平，而不願打仗，在前一個月還跟拜巴爾簽訂了一份為期十年的和約，這就讓愛德華在戰場上爭取榮耀的希望進一步破碎了。這項和約簽訂的時候，愛德華不禁暴跳如雷。他拒絕跟和約扯上任何關係，這天晚上入睡的時候很可能還在因此而惱火。

愛德華在這一夜的經歷後來很快成了傳奇的素材。他在睡覺的時候，突然來了一名使者。此人聲稱自己是一名變節的外交官，背叛了拜巴爾。他帶來了豐厚的禮物，準備將自己那邊的祕密出賣給愛德華。不管他對愛德華的僕人和衛兵說了什麼，他們一定是被說服了，並且感到十萬火急，於是喚醒了正在睡覺的王子，請他接見這名訪客。愛德華還穿著睡衣，便跌跌撞撞地走出了臥室，接見了這個不速之客。

這名使者給愛德華奉上的確實是一件非常特殊的生日禮物：致命一擊。愛德華是唯一一個沒有在和約上簽字的主要領導人，因此他在聖地成了一個危險人物。拜巴爾希望除掉他。使者手持匕首向愛德華衝去，刺向他的髖部。但愛德華武藝高強，立刻迎戰。「撒拉森人向他衝過去，用匕首刺向他的髖部，刺出了一條深深的危險傷口。」被稱為「泰爾的聖殿騎士」的編年史家記述道，「愛德華王子感覺自己受了傷，一拳向撒拉森人猛擊過去，正好打到太陽穴上，把對方打倒在地，昏迷了片刻。然後，愛德華王子從室內桌上抓起一把匕首，刺入撒拉森人頭部，將他殺死。」在近距離肉搏戰中，很少有人能夠跟這名四肢頎長的英格蘭人匹敵。

但愛德華從刺客的屍體前站起身來的時候，才意識到自己傷勢嚴重。衝到現場的侍從們擔心刺客的武器有毒。據傳說，卡斯提亞的埃莉諾試圖從丈夫的傷口中吸出毒液，但後來證明，這把匕首幾乎可以肯定是無毒的。

但愛德華還蒙受著傷口感染的風險，一旦發生感染，就可能導致他像理查一世在沙呂—沙布羅爾負傷後那樣，患上壞疽，痛苦萬分地慘死。一名醫術精良的外科醫生挽救了愛德華，使他沒有蒙受同樣的命運。醫生割去了他傷口周圍已經化膿的腐肉。愛德華花了一段時間慢慢康復，在九月底跟卡斯提亞的埃莉諾和他們的小女兒瓊（出生在阿卡），離開了「海外」，返回歐洲。他們在返鄉途中在西西里稍事停留，然後前往義大利過耶誕節。在那裡，他們遇到了一些帶來噩耗的英格蘭信使。亨利三世在短暫患病之後，於十一月去世了，享年六十五歲。在盛大的葬禮之後，他被安葬在懺悔者愛德華的舊陵寢（不久之前，懺悔者愛德華的遺體被遷走）。愛德華在金雀花家族驚濤駭浪的歷史中度過了最卓爾不群的見習時光之後，終於成為國王，史稱愛德華一世（Edward I）。

他並沒有著急趕回英格蘭。他將政務託付給羅伯特·伯內爾（Robert Burnell）等大臣，繼續留在國外，享受做為十字軍戰士的魅力十足的聲望。他在法蘭西參加比武大會，代表自己在法蘭西的領地向腓力三世宣誓效忠，平定了加斯科涅犯上作亂的騷動。然後，在盛夏的酷暑時節，他啟航返回英格蘭，準備接受加冕。他的加冕禮預定於一二七四年八月十九日舉行。

愛德華一世於八月四日在多佛登陸，這是他近四年來首次踏上故土。英格蘭此前一直在耐心地等待他，現在則隆重而熱情地歡迎他歸來。在他回國之前，國民有充足的時間準備。愛德華一世是五十多年來第一位加冕的國王。國民要歡迎的是一個嶄新的王族家庭。在加冕禮舉行時，埃莉諾王后正處於第十次懷孕的初期，這個孩子於一二七五年出生，是個女孩，取名為瑪格麗特。在亨利三世漫長而動盪的統治之後，終於有了嶄新一代的王政和王族。

儘管倫敦市民跟愛德華一世曾有過激烈衝突，或許恰恰是因為這個緣故，他們抓住這個機會大搞排場，極盡富麗堂皇之能事。「看吶，愛德華繁榮昌盛的時候，」一個熱情洋溢的倫敦人寫道，「就像一個新的理查，光輝璀璨！」不幸的是，關於加冕禮沒有一份詳細描述保存至今，但我們知道，城內懸掛起了金線織就的帷幕，舉行了華麗的盛典，國王及其扈從騎馬入城，大街小巷人聲鼎沸、歡天喜地。在加冕禮的前一天，愛德華一世很有可能從倫敦塔出發，來到西敏宮，然後在「彩室」內過夜。這個房間裝飾華麗，遍布聖經故事的圖畫和金雀花家族歷史的場景。

愛德華一世徒步走向教堂內十字交叉點處的巨大木造平台時，教堂內一定摩肩接踵，擠滿了來自英格蘭及鄰國的權貴。他們一定目睹了他在祭壇前向兩座黃金人像獻祭，其一是懺悔者聖愛德華，另外一個是福音書作者聖約翰。然後，他發出他的先祖曾經許下的誓言。這個誓言到此時已經算是歷史悠久。愛德華一世承諾要捍衛教會，為所有人主持正義，廢除敗風惡俗，並保衛王室的權益。但跟他的許多前任不同的是，愛德華一世在向教堂內熙熙攘攘的人群發出這些誓言的時候，每一個字都是當真的。

愛德華一世的首要任務就是兌現他的加冕誓言中關於保衛王室權益的部分。加冕禮剛剛結束，王室官吏就開始對英格蘭全境的王室權益進行一次規模極大的調查，只有威廉一世統治時期的《末日審判書》①能與之相提並論。這次調查被稱為「百戶邑普查」，因為它的主要對象

①《末日審判書》（*Domesday Book*）是一〇八六年完成的大規模調查英格蘭的紀錄，由征服者威廉實施，類似於現

是英格蘭各郡下屬的百戶邑一級，這是地方行政和司法的一個區劃級別。一二七四年十一月至一二七五年三月，王室調查專員走訪了英格蘭的每一個百戶邑，向當地的陪審團提出極其詳盡的問題，調查「在愛德華國王治下的一二七四至一二七五年間，國王陛下被盜用的權益和權力，以及郡長、王室私產管理官、充公產業管理官和國王陛下的其他行政官吏，或者與國王陛下有任何從屬關係的官吏的非法要求」。至少在登記在冊的普查結果（其資訊都是調查專員們搜集來的）報告上，對此次普查的目的是這麼描述的。

「百戶邑普查」涉及範圍極廣，也極其細緻。它是愛德華一世的新任大法官羅伯特·伯內爾（此時還擔任巴斯暨威爾斯主教，並且是一位深受信賴、精明強幹的外交官）的第一項大型工程。在愛德華一世遠在聖地參加十字軍東征期間，伯內爾就曾代為執掌英格蘭的朝綱。一直到他於一二九二年去世，都一直主管著英格蘭的政府和行政改革。他任命的調查專員們搜集到了海量的材料，從令人震驚的濫用職權案例（在某些地區，王室官吏毆打、刑訊和非法監禁他人的罪行不時出現）到滑稽愚蠢的陰謀（埃塞克斯的郡長被指控在一二六七年動亂期間，曾密謀用攜帶燃燒彈的小公雞，向倫敦發動空襲）。調查專員搜集到的涉及違法犯罪和王室權益受侵害的案例之多，遠遠超過了朝廷的處理能力。儘管國王派出一個普通巡迴法庭來處置大白於天下的罪案，但他顯然沒有辦法處罰國內所有行為失檢的王室官吏。儘管如此，對官吏犯罪的嚴厲調查懲處還是向所有英格蘭人傳達了這樣的訊息：新國王下定決心，要肅清王室官吏的腐敗，正是腐敗損害了亨利三世的統治，激起騎士階層反抗朝廷。

「百戶邑普查」的象徵意義比實際效果更重大。它表明，愛德華一世吸取了一二五〇年代諸侯改革計畫的教訓，並且認真領會了《牛津條例》的精神。愛德華一世將改革納入王室羽翼之下，並對其加深拓寬，為自己的統治傳達出一個明確的訊息：他要做一位清掃積弊的君主。

愛德華一世並不像他父親那樣，對政治改革有著本能的憎惡，但和父親有一個共同點：花錢的本事超乎尋常。他從聖地返回時，債務已經累計超過十萬鎊，大部分債權人都是義大利銀行家。要妥善處理數額如此龐大的債務，就需要政治共識和財政創新。何況愛德華一世即將昭告天下的外交政策比他父親的更為雄心勃勃和代價高昂，因此他需要全國人民的支援。英格蘭和不列顛都將在法律上、財政上和政治上發生變化。第一個發生變化的地區是威爾斯。

在政府的人口普查。威廉需要知悉他剛剛征服的國家的資料，以便妥善管理英格蘭。調查的主要目的是找出誰擁有什麼並使他們交稅。書名Domesday（Doomsday的中古英語拼法，意為世界末日）從十二世紀開始使用，強調了這本書的最終性和權威性。根據其調查結果，當時的英格蘭約有一百五十萬人口，其中百分之九十以上是農民。

第三十六章　新的亞瑟王

在十三世紀的歐洲，亞瑟王的傳說風靡一時，令不少人心醉神迷。亞瑟王傳奇在當時的藝術、文學和旅遊業中得到體現，有著強大的神奇魔力，讓從西西里到蘇格蘭的男男女女為之瘋狂，給他們帶來靈感和娛樂。很少有人比英格蘭新國王愛德華一世，更癡迷於亞瑟王的故事和所謂的遺物。

亞瑟王是一位想像創造出來的虛構人物，並非史實。關於他的傳奇自九世紀初就成為歐洲文學傳統的一部分。那時就流傳著這樣的故事：一名不列顛人崛起成為國王，對抗羅馬和盎格魯撒克遜入侵者。幾百年來，他的傳奇不斷得到改寫和翻譯，以適應對其感興趣的不同文化背景人們的口味。一一三〇年代，作家蒙茅斯的傑弗里（Geoffrey of Monmouth）在他極受歡迎的《不列顛諸王史》（*The History of the Kings of Britain*）一書中，插入了記述亞瑟王生平和統治的故事，扣人心弦而極富戲劇性。傑弗里筆下的亞瑟王是一位虔誠的基督教國王，勇敢地討伐異教徒（不管是撒克遜人還是羅馬人），將侵略者逐出不列顛群島，統一了不列顛王國，征服了愛爾蘭、冰島、日耳曼的一部分和奧克尼群島，並打敗了挪威、阿基坦、高盧和巴爾幹半島上的達西亞（Dacia）王國。他是一位充滿英雄氣概而慷慨大方的國王，他統治下的不列顛王國令全世界豔羨不已。傑弗里記述道，在亞瑟王的時代，「不列顛達到了光輝燦爛的顛峰，財富取之不盡、用之不竭，飾物奢華無比，人民高雅文明，遠遠勝過任何其他王國。不列顛的騎士以豐功偉績而聞名遐邇，他們的衣服和武器顏色相同，風格無二；女人們則以機智享譽四方，也穿著相同的服裝；除了在南征北戰中證明了自己勇氣的猛士，沒有人配得上她們的愛。因此，男人的勇敢鼓勵了女人的守貞，而女人的愛情振奮了戰士的大無畏。」在這個騎士的天堂，盡是浪漫情懷、騎士風度和美豔無雙。聽到這些傳奇的中世紀晚期的貴族、騎士和貴婦人們為之心神蕩漾，自然不足為奇。

在亞瑟王傳奇被其他作家傳播、改寫和美化的同時，蒙茅斯的傑弗里的故事被視為不列顛群島的真實歷史，開始被人們信以為真。到愛德華一世呱呱墜地的時候，圍繞亞瑟王的虛構傳奇，已經出現了一個繁榮的行業。一一八四年，格拉斯頓伯里修道院毀於火災，亨利二世鼓勵僧侶們散播這樣的說法：他們在修道院廢墟之下，「發現」了亞瑟王和他的王后格溫娜維爾（Guinevere）的墓穴。亞瑟王原本是威爾斯人，因此威爾斯人都堅信，他終有一日會重返人間，將他們從英格蘭人的桎梏下解救出來；現在，亞瑟王卻被宣傳為英格蘭人①，而且格拉斯頓伯里修道院的僧侶們鼓勵到訪的遊客查看他們發現的所謂亞瑟王骨骸。在十二世紀，亞瑟王傳奇已經成為英格蘭貴族文化的一個重要部分。英格蘭貴族舉辦所謂的圓桌比武大會，以褒獎英勇精神和技藝高超的騎槍技藝。愛德華一世是個具有傳統貴族趣味的青年，自幼便和其他貴族一樣對亞瑟王神往不已；他迎娶卡斯提亞的埃莉諾的時候，便在蜜月中帶她去參觀格拉斯頓伯里的亞瑟王墓穴，這是不足為怪的。

但對愛德華一世而言，英格蘭化的亞瑟王絕非僅僅是娛樂或者宮廷消遣的談資。這是他整個為王之道的思想範本。正如亨利三世癡迷懺悔者愛德華，視其為自己的導師、靈感之源和拯救者一樣，愛德華一世也是透過亞瑟王傳奇的稜鏡來觀察世界的（不過他信仰的亞瑟王傳奇是他自己的特殊版本）。他眷戀亞瑟王的神話，就像他的父親癡迷於懺悔者愛德華那樣，對他本人的處境很適宜，因為他所面對的問題跟亞瑟王的問題如同鏡像一般。簡單地說，亞瑟王是一位威爾斯國王，他的使命是打敗英格蘭人。而一二七七年的愛德華一世的任務則恰恰相反。

一二七七年夏季，愛德華一世集結起了他的第一支大軍。超過一萬五千名精兵強將，配備著戰馬、給養和精良武器，從切斯特出發，沿著濱海道路，開進了威爾斯北部。在他們頭頂上迎風招展的是五花八門的大小旌旗，標示了這支封建時代大軍的不同組成部分。他們聲勢浩大地開赴格溫內斯，目標是擊敗和剷除威爾斯的末代君主——「叛賊和擾亂和平者」羅埃林。

這是一支英格蘭民族的軍隊，愛德華一世、他的權貴們和各郡騎士的代表在一次議會上對集結這支軍隊達成了共識。愛德華一世從登基一直到駕崩，幾乎每個復活節和米迦勒節都要召開議會（一年兩次）。一一七六年十一月十二日或者在這個日子前後，英格蘭人向羅埃林宣戰，決心徹底剷除這位惹是生非的威爾斯王公，確保王國的安全和穩定。愛德華一世在遠赴「海外」的時候只能召集到他麾下的少量騎士，但現在有了議會中的諸侯和騎士的支持，他可以調動英格蘭舉國之力去討伐威爾斯人。

對金雀花王朝歷代君王而言，威爾斯始終是個棘手的難題。自諾曼征服以來的每一位英格蘭國王都會發現，要遏制，或者哪怕僅僅是安撫威爾斯，都需要極其龐大的資源、耐心和意志。約翰國王曾短暫地主宰過不列顛，打壓了威爾斯人的勢頭，但在那之後，英格蘭在英威邊境之外的勢力就日漸式微。羅埃林大王在一二四〇年去世之前，一直以威爾斯西北部的格溫內斯省為基地，實際上是威爾斯的唯一統治者。後來，在諸侯戰爭期間，他的孫子格魯菲茲之子羅埃林（後來被稱為「末代羅埃林」）與孟福爾聯手，進一步利用英格蘭王室的軟弱。一二六

---

①原本是塞爾特民族英雄的亞瑟王之所以能夠被英格蘭朝廷接受和發揚光大，還有一個原因是，亞瑟王的敵人是盎格魯撒克遜人，而盎格魯撒克遜人後來被諾曼人征服。成為英格蘭主宰的諾曼人將敵人的敵人視為朋友，可以理解。

七年，亨利三世安撫全國時簽訂的《蒙哥馬利條約》更是鞏固了威爾斯人的收穫。事實上，從羅埃林的角度看，《蒙哥馬利條約》是威爾斯歷史上最偉大的條約之一，條約中羅埃林被承認是獨立自主的威爾斯君主，直接控制格溫內斯，並對威爾斯的其他所有領主擁有封建宗主權。《蒙哥馬利條約》讓愛德華一世不爽，有很多原因。從他個人的角度來講，這項條約迫使他放棄了在威爾斯境內的領地。而在王權的背景下審視，它還代表著王室權益的巨大損失。

僅僅這些就足夠做為發動征服戰爭的理由了，而在一二七〇年代初，羅埃林更是發出了愈演愈烈的挑釁。他侵犯了什羅普郡（Shropshire）和英威邊境的幾個英格蘭伯爵領地，讓一些重要的邊境領主（包括羅傑．莫蒂默和赫里福德伯爵韓弗里．德．博漢）火冒三丈。一二七〇年，羅埃林入侵了格拉摩根，與他先前的盟友，格洛斯特伯爵吉伯特撕破了臉。在威爾斯國內，羅埃林跟他的兩個兄弟發生爭鬥，囚禁了其中一個兄弟歐文，另一個兄弟大衛則流亡到英格蘭宮廷。儘管英格蘭朝廷屢次要求羅埃林覲見愛德華一世，但他始終拒不聽命。他也不肯遵守《蒙哥馬利條約》的規定，向英格蘭王室繳納其應得的一萬五千馬克貢金。②

一二七五年，羅埃林最後一次致命的放肆給了愛德華一世無可爭議的開戰理由。羅埃林已經五十歲了，還沒有繼承人，於是開始談判，要將埃莉諾．德．孟福爾帶到威爾斯。埃莉諾是已故的西蒙．德．孟福爾的女兒，她象徵著威爾斯人在諸侯戰爭期間跟孟福爾結盟，從而給英格蘭王室帶來巨大傷害的事實。她曾在一二六七年被許配給羅埃林，但一直在法蘭西流亡。一二七五年，她跟這位威爾斯王公結婚（羅埃林並不在婚禮現場，而是有人代表他），當年年底從歐洲大陸動身，與丈夫團聚。這一系列挑釁行為讓英格蘭忍無可忍，愛德華一世覺得自己必須做出回應。他命人在布里斯托海峽俘獲了埃莉諾乘坐的船隻，將人囚禁在溫莎。但僅僅阻止威爾斯王公和孟福爾的女兒聯姻還不夠。愛德華一世需要狠狠教訓羅埃林一頓。

愛德華一世於一二七七年入侵威爾斯，他的軍隊在夏季從切斯特沿著濱海道路前行。在騎士、士兵和補給大車沿著海岸前進的同時，還有一支艦隊緊隨其後，負責阻止威爾斯人逃跑或者從愛爾蘭獲得補給，同時為正在西進的龐大英格蘭軍隊提供良好的給養。

整個戰役的組織工作非常完善。愛德華一世的將領們管理著後勤。他的得力幹將包括羅傑・柯利弗德、奧托・德・格朗松（Otto de Grandison）和約翰・德・韋希（John de Vescy），這些曾參加過十字軍東征的猛士，也有瓦立克（Warwick）伯爵威廉・德・比徹姆（William de Beauchamp）這樣的內戰老將。英格蘭軍隊在伍斯特設立基地，然後開始集結令人魂飛魄散的攻城武器，準備狠狠痛揍羅埃林一番，迫使他俯首稱臣。愛德華一世相信他久經考驗的盟友們能夠勝任這工作，於是允許他們自行組織戰爭動員，自己去遊覽了東盎格利亞的各個聖地，在亨利三世最喜愛的聖物前禱告，給人留下愛好和平的印象。看來他父親的秉性還是有一些遺傳

② 前文說是兩萬五千馬克。

給了他。

但在伍斯特的英格蘭軍隊可不是在為和平做準備。他們從格洛斯特郡訂購了數十萬支弩箭；在法蘭西的專門市場上收購戰馬；愛爾蘭的首席政法官徵收了小麥和燕麥。朝廷在英格蘭全境徵用車輛。王室鑄幣廠製造了大量銀便士，用以發餉給為了英格蘭的安全和金雀花王族的榮耀而戰的數千名士兵。愛德華一世的王家步兵部隊中包括威爾斯傭傭兵，這足以說明羅埃林的統治並不是鐵板一塊。

比步兵更重要的是逢山開路、遇水搭橋的大隊工兵，他們的任務是開闢橫穿威爾斯北部的道路，好讓愛德華一世的大軍順利通行。來自英格蘭內地的成群工兵在弩手和騎士的保護下，修建了一條規模龐大的道路，好讓入侵的大軍順利前進。工兵們砍伐了格溫內斯心臟地帶，斯諾多尼亞（Snowdonia）山區的茂盛而靜謐的森林，肅清了道路兩側，形成了一條開闊、通透的道路，有的地方有數百英尺寬，剷除了威爾斯人發動游擊戰所依賴的樹林（威爾斯人的慣用策略是突然間從樹叢中衝出，砍殺毫無防備的敵人，然後消失在茫茫林海中）。在弗林特（亨利二世當年在這裡遭受威爾斯人伏擊，險些喪命），英格蘭軍隊開始建造一座巨大的木造要塞，做為前進基地。

整個行動是軍事動員、籌劃和工程上的卓越成就。僅從數字上看，愛德華一世的這支軍隊不如亨利二世麾下進攻土魯斯的那支軍隊強大，也比不上理查一世為第三次十字軍東征而集結的軍隊。但此次戰役在後勤組織上極其得力，有效地消解了羅埃林的唯一一種戰鬥力。這位威爾斯王公沒有辦法運用游擊戰術來襲擾行進中的英格蘭軍隊，因為愛德華一世的工兵砍伐了道路兩側的樹木，除去了游擊戰依賴的掩護。

英格蘭軍隊深入了羅埃林的領地。八月，他們從弗林特前進到里茲蘭（Rhuddlan），然後進逼康維（Conwy）。他們穩步深入格溫內斯的時候，逐漸切斷了敵人的補給線和交通線，包圍威爾斯人，用飢餓迫使他們屈服。英格蘭軍隊每逢主要據點都要停下，工兵們會挖掘地基，以備將來修建永久性的城堡。

羅埃林退縮到山區。愛德華一世推進到康維河，然後在迪甘韋（Deganwy）安營紮寨。這裡地處敵境腹地，亨利三世曾在這裡建造一座城堡，如今只剩殘垣斷壁，佐證了威爾斯人對金雀花王朝統治的敵意。

很快地，勢力較小的威爾斯王公們開始背棄羅埃林。致命的打擊發生在九月初，英格蘭海軍在安格爾西島（Anglesey）登陸，將其占領，盡數收割那裡的莊稼，還奪走了威爾斯最富饒的農田，同時將格溫內斯的糧倉一掃而空。這足以讓羅埃林認識到，這位英格蘭國王是個不可小覷的敵手。幾天之後，羅埃林舉手投降，並於十一月九日在里茲蘭簽署停戰協定。他被允許保有格溫內斯，但除此之外的所有領地都被奪走了。羅埃林同意繳納五萬鎊罰金，並放棄對與格溫內斯交界的四個小郡，以及愛德華一世西征過程中占領的所有領土的權利主張。他跟兄弟歐文和大衛的爭端將得到解決；羅埃林承認英格蘭國王對威爾斯王公的宗主權，同意不僅在邊境地帶的里茲蘭，還要在西敏（英格蘭政府和權威的所在地）向愛德華一世宣誓效忠。

羅埃林輸得很慘。在愛德華一世看來，《里茲蘭和約》是結束此次遠征的令人滿意的途徑。為了鞏固英格蘭的地位，愛德華一世計畫在阿伯里斯特威斯（Aberystwyth）、比爾斯、弗林特和里茲蘭建造城堡。現在，英格蘭人在威爾斯領土的周邊控制了大量軍事據點。這次遠征取得世人矚目的成功。但羅埃林並不知道，這還僅僅只是開始而已。

第三十七章　最後攤牌

一二七八年的復活節，愛德華一世在格拉斯頓伯里修道院舉行了一次氣氛神祕而詭異的黃昏儀式，打開了亞瑟王和格溫娜維爾的墓穴。據當地的編年史家達默勒姆的亞當（Adam of Domerham）記載，亞瑟王夫婦的骨骸分別在一只棺材內，兩具棺木緊挨著，棺材兩側繪有圖畫和紋章。次日，骨骸被轉移到修道院內更為豪華的新陵寢。這個陵墓後來在「解散修道院」①期間被摧毀了，但據十六世紀的歷史學家約翰·利蘭（John Leland）記載，墓穴是由黑色大理石製成的，兩端各有兩頭獅子，頂端有亞瑟王的雕像。這次儀式傳播著關於新政權的訊息：一方面，威爾斯人特別尊崇的亞瑟王已經死了；但另一方面，他的精神不死，由愛德華一世承襲。國王伉儷在格拉斯頓伯里修道院瞻仰亞瑟王骨骸的時候，是在努力將亞瑟王的神話編

---

① 亨利八世在位期間與羅馬教廷決裂，自立為英格蘭教會首領，鎮壓天主教的修道院和宗教設施，剝奪其財產。

織到金雀花王族的傳說中去。殘暴而高效的戰役有了一個精心設計的終局。

愛德華一世在首次戰勝羅埃林之後，將注意力轉向內政。他的大法官羅伯特·伯內爾大力推進一系列影響深遠的法律改革的最初幾個階段。一二七五、一二七八和一二七九年，分別頒布了三道涉及範圍極廣的條例，分別為《第一西敏條例》、《格洛斯特條例》和《永久管業條例》②。它們針對的問題五花八門，不一而足，包括土地保有的規則、保障議員的自由選舉、所有自由公民（不管是窮人還是富人）的權益、司法（《西敏條例》）；建立新的巡迴法庭制度，在全國調查侵犯王室權益的罪行（《格洛斯特條例》）；以及阻止某些人為了逃避封建賦稅而將土地轉交給教會（《永久管業條例》）。它們標誌著一場透過條例實現的法律革命的開端，這場革命將持續十年以上。

教會的問題也開始讓國王煩惱。他希望將伯內爾提升為坎特伯里大主教，但教宗尼古拉三世（Nicholas III）橫加干預，任命極其虔誠的聖方濟各會修士約翰·佩卡姆（John Pecham）為大主教。國王不得不忍氣吞聲。佩卡姆是一位有著高度原則性的教會政治家，而且嚴守聖方濟各會的規章制度。他摒棄所有私人財產（這意味著他沒有收入，因此常常債台高築，欠了義大利銀行家們大筆債務），堅持要求英格蘭教士們嚴格遵守紀律，並且相信自己有一項神聖的使命，要剷除教會中的腐敗和弊端，尤其是透過兼任教職（一名教士擁有多個教區）中飽私囊的行為。他的印章的背面刻著湯瑪斯·貝克特殉道的場景，這強有力地表明了他對教會與王權關係的看法。

絲毫不奇怪的是，佩卡姆從就任大主教以來，跟愛德華一世發生了多次衝突。國王非常不爽佩卡姆針對兼任教職行為的立場，因為國王透過向教士們授予利潤豐厚的教職，做為對他們的賞賜，換得了很多好處。關於王家法庭和教會法庭的司法權限的衝突（貝克特當年就是為了這個問題而跟亨利二世對抗），國王和大主教之間也發生了長時間的爭吵。佩卡姆喋喋不休地向國王抗議說，他對不少人處以絕罰，王室大臣們卻不肯幫助他執行對這些人的處罰。一二七九年，佩卡姆要求在英格蘭所有的主教座堂和牧者團教堂③懸掛《大憲章》的抄本。為此國王

---

② 永久管業（mortmain）指的是教會等組織機構（而非個人）擁有的地產。在中世紀的英格蘭，封建領主在一些關鍵節點時要向國王交稅，諸如繼承產業、受封產業、成年禮或因叛國而被剝奪財產。但如果某產業屬於教會，那麼就永遠不需要繳納這些賦稅。有些領主為了逃避納稅，就將土地在名義上轉給教會。一二一五年的《大憲章》就提及要禁止這種逃稅行為。約翰國王在《大憲章》簽署之後不久就死去了，而他的兒子亨利三世因為特別虔誠，沒有執行這些禁令。但隨後的愛德華一世為了阻止土地落入教會手中、保障政府稅收，頒布了《永久管業條例》（*Statute of Mortmain*），規定任何土地除非得到國王批准，否則不得被轉給教會所有。教會占有土地的問題到亨利八世時期才最終解決。他解散了修道院，沒收了教會的土地。

③ 牧者團教堂（Collegiate church）是由非住院僧侶的神職人員（即所謂牧者，canon）維持的教堂，其組織機構類似於主教座堂（Cathedral），但沒有主教常駐，也沒有教區管理的職責。在宗教改革之前的英格蘭，每個教區一般都有幾座牧者團教堂，全國有數百座，大多在一五四七年愛德華六世在位期間推動宗教改革時被解散，只有少

跟他大吵特吵起來。雖然佩卡姆最後被迫讓步，但和國王的關係進一步惡化了。

儘管愛德華一世和佩卡姆的個性都非常火爆，但他們都足夠明智，沒有讓他們的矛盾激化到暴力流血的地步。儘管在政治上有很大分歧，但他們總的來講相處得還算不錯，在有些問題上是全心全意地高度一致。他們意見一致的話題之一就是威爾斯人。國王和大主教都認為，威爾斯人是冥頑不靈的野蠻人。佩卡姆能有這樣的看法，對他自己的性命是件好事，因為愛德華一世在一二八二年再一次向威爾斯開戰，這一次甚至比先前更為血腥。

一二八二年棕枝主日的前夜，羅埃林的兄弟大衛（曾經是英格蘭朝廷的盟友）出人意料地來到哈登城堡（Hawarden castle），即愛德華一世的盟友羅傑．柯利弗德的駐地。這是一座位處圓形土丘之上的四十英尺高雄偉石塔。柯利弗德以為這位威爾斯王子會來過復活節，但他來得太早，帶領著人馬，而且全副武裝。深夜，大衛率領一隊人馬突襲城堡，在床上抓住了柯利弗德。這座石造要塞的走廊裡迴盪著在黑暗中被割斷喉管的人的悶聲慘叫。這可不是復活節的拜訪，這是宣戰。

在隨後幾天內，威爾斯人欺騙、綁架英格蘭王室官吏，將他們扣為人質。英格蘭人控制的城堡遭到襲擊，被成群的威爾斯武裝叛軍閃電般占領；威爾斯陷入流血衝突，愛德華一世在《里茲蘭和約》訂定的和平幾乎一夜之間土崩瓦解。這一次煽動叛亂的是大衛，但他的兄弟羅埃林也在幕後操縱。一二七七年時叛賊羅埃林曾被接納進了愛德華一世的內層圈子，被允許跟埃莉諾・德・孟福爾結婚，而且愛德華一世還曾在婚禮上親自擔任新娘的監護人。羅埃林被溫和地拉進了愛德華一世的貴族階層，但他始終不曾忘記自己家族的傳統。儘管在叛亂再次爆發之前，他也一直否認自己知情，但在一二七七年之後，他一直在靜悄悄地重建自己對威爾斯小諸侯的主宰權。

儘管愛德華一世精明地跟這兄弟倆都取得和解，但在一二八〇年代初，大衛和羅埃林對愛德華一世仍然有著私人的怨恨，這根源於在第一次戰爭之後，愛德華一世再分配沒收後土地的問題。在里茲蘭和談之後的歲月裡，他們愈發憎恨英格蘭國王，並且非常巧妙地將自己的怨恨擴大為更大範圍的爭議，即愛德華一世顯然意圖壓制威爾斯人的法律和風俗習慣。

在得勝之後，愛德華一世將英格蘭的法律、風俗習慣和行政規章強加於威爾斯人，其力度比金雀花王朝之前的任何一位國王都更強。羅埃林和大衛向他們的同胞們宣傳，英格蘭國王這麼做，是刻意要壓垮威爾斯人民的心志。在羅埃林跟他的同胞，格溫文文（Gwenwynwyn）之子格魯菲茲爭奪阿爾維斯特里（Arwystli，格溫內斯東南部的一個郡）的複雜法律糾紛中，羅埃林的上述觀點得到了具體體現。羅埃林希望根據威爾斯法律來裁決這個爭端，但愛德華一世

數牧者團教堂（如牛津大學、劍橋大學和伊頓公學的）維持至今。今天，牧者團教堂主要在大學落腳，因此常被誤譯為「學院教堂」。

堅持將其納入英格蘭的司法權限。關於一小片沒沒無聞土地的爭端被有效地轉化為一個嚴重問題，事關威爾斯的法律和風俗習慣能否存續下去。結果就是，威爾斯人再次起兵反抗英格蘭朝廷，而這次的反抗跟愛德華一世統治早期面對的那一次迥然不同。在過去，是他自行決定要懲戒一個不聽話的鄰居。現在，他面對的是一場事關民族身分認同的戰爭。

他採納的入侵藍圖與一二七七年奏效的計畫相似。軍隊和工兵又一次通力合作，在威爾斯鄉村開闢道路，所到之處都建立起施作工地。朝廷向英格蘭的伯爵們發出徵集軍隊的要求，以獲取軍事援助。為了解決建築工程的開支，朝廷向義大利銀行家們借了大筆款項。軍隊又一次在伍斯特集結起來，途經切斯特，進軍里茲蘭。五港同盟又一次為朝廷提供船隻。朝廷又一次依賴邊境領主們在南方進行祕密行動。威爾斯軍隊主力被包圍在斯諾多尼亞；英格蘭軍隊徵集了切斯特的大量木匠，修建四十艘浮橋船隻，搭建一座巨大浮橋，將安格爾西島（Anglesey）與大陸連接起來。金雀花王朝在海外剩餘的據點都受命提供支援，愛爾蘭、加斯科涅和埃莉諾王后的蓬蒂厄伯爵領地④都派來援兵。

這次進軍的速度沒有五年前那麼快。威爾斯人不肯屈從於愛德華一世的又一次懲罰性條約。國王也下定決心，絕不讓步。他願意開給羅埃林最好的條件就是，將斯諾多尼亞劃歸英格蘭，用英格蘭的一個富庶的伯爵領地來交換。羅埃林斷然拒絕了這個條件。斯諾多尼亞對威爾斯人來說是極其珍貴的土地，在上個世紀，威爾斯的傑拉德曾寫道：「如果威爾斯的所有牛羊都聚集起來，斯諾多尼亞也能為牠們提供足夠的牧場。」如果將斯諾多尼亞交給英格蘭人，那麼格溫內斯的領土完整必將遭到破壞，而格溫內斯是威爾斯人抗拒外辱、捍衛民族身分的中心。愛德華一世對此心知肚明。大主教佩卡姆嘗試進行仲裁，但從一開始就顯而易見，雙方都在準備決一死戰。

威爾斯人像往常一樣，作戰非常驍勇。羅埃林在北方運籌帷幄，而大衛在公國各地更為自由地游擊作戰（他們的兄弟歐文退隱到了自己的領地，沒有參加這次叛亂）。一二八二年十一月，威爾斯人取得了一場重要勝利。愛德華一世的加斯科涅支持者盧克·德·塔尼（Luke de Tany）指揮的部隊在安格爾西島的浮橋附近遭到伏擊，大批騎士因為沉重甲冑的拖累，溺死在冰冷的海水中。但這些損失還不足以震懾英格蘭國王、令其罷手。

英格蘭軍隊一直打到冬天，並得到數百名加斯科涅士兵的增援。他們對斯諾多尼亞施加了極大的壓力。十二月，羅埃林糧草斷絕，害怕會被餓死，於是嘗試從自己的藏匿地突圍。一二八二年十二月十一日，他在邊境地帶中部的伊爾馮橋（Irfon Bridge，在比爾斯附近）遭受伏擊，戰死沙場。關於他的死狀有太多互相矛盾的說法，他或許是被一支長槍刺穿，渾身血汙地俯臥在地，然後首級被砍下並送往倫敦。

---

④ 埃莉諾王后的母親瓊是蓬蒂厄的女伯爵。一二七九年，埃莉諾繼承了這個伯爵領地。

在耶誕節前不久，羅埃林慘死在一座被枯樹環繞的天寒地凍的山坡上，這是威爾斯獨立運動遭受的最後打擊。威爾斯人在大衛領導下一直堅持到次年春季。但在一二八三年四月，威爾斯人的最後要塞——拜里城堡（Castell y Bere）在短暫圍城後被占領。六月，大衛遭叛徒出賣，被忠於愛德華一世的威爾斯人俘獲。他被押往里茲蘭，然後送到什魯斯伯里（Shrewsbury），在米迦勒節的議會前受審。

愛德華一世認為，大衛辜負了自己對他的熱情款待和庇護，背叛了自己的宗主，並且是一個盛產叛徒的家族的孽種，於是對他施加最嚴酷的懲罰。大衛被粗暴地拖到絞刑架上，當作一個卑賤的謀殺犯絞死。但懲罰還不止這些。在他嚥氣之前，他的腸子被用一把殺豬刀從體內挖出來，放在他眼前燒掉。他的屍體被分成四塊，分別送往四座英格蘭城市。他的首級被送到倫敦，插在倫敦塔的矛尖上。這是叛徒的死法。在倫敦，大衛在死後跟他的兄弟團聚了。兩位威爾斯王公毫無生息地凝視著英格蘭的最大城市。與此同時，他們為之獻身的國家開啟了一場雄心勃勃的建築狂潮。愛德華一世決心要讓自己的勝利圓滿。為了確保威爾斯永遠不會再興風作浪，他啟動了不列顛史上前所未有的最大規模城堡建造工程。

第三十八章　國王的城堡

中世紀的建築工地嘈雜刺耳、骯髒汗穢而臭不可聞。每年有七個月，城堡建造工程火熱地開展著（每年四月至十一月，在此期間堅硬的土地有所鬆動，天氣也允許不間斷的室外勞動）。在大型要塞修建的地方，周邊的環境都發生了翻天覆地的變化。樹木被砍伐，林地被平整，石料被開採出來、拖運到工地；熔爐不斷轟鳴。延綿不絕的大車隊伍運來巨大的圓木和木材，這些都是在遙遠的森林中砍伐的。不計其數的技師、工人、木匠和石匠在新建的大小道路上川流不息。人們在工地周圍挖掘深深的壕溝，做為防護，挖出的泥土堆積成山。工人的營地瀰漫著擁擠在一起的體臭和溫熱，他們在熾熱的夏日陽光下辛勞，也製造出大堆的垃圾和汙穢。

聖喬治的詹姆斯（James of St George）大師是那個時代最偉大的城堡建築家。他是在義大利跟愛德華一世結識的，當時後者正在從「海外」悠閒地回國繼位的途中。國王沒有忘記他。

詹姆斯出身於建築世家，他從父親那裡學會了石匠手藝，青年時代為薩伏依伯爵們建造了許多城堡。詹姆斯父子在阿爾卑斯山兩側建造了許多城鎮和城堡，為義大利北部富裕貴族們量身訂做宏偉工程，滿足他們的品味和安全需求。詹姆斯大師是一位軍事工程師，是組織和管理工地的專家，而不是建築師，但他能夠以極其嚴苛的高標準完成雄心勃勃的工程，因此對僱傭他的那些國王和諸侯來說，他是一位極其寶貴的僕人。他熟悉歐洲各領域（比如運河開鑿）的最優秀專家，並且長期在阿爾卑斯山區困難和危險的地形條件下建造城堡，經驗非常豐富。

一二七八年，愛德華一世僱傭詹姆斯大師去完成那個時代最宏偉的工程之一：一系列龐大的要塞，旨在幫助金雀花王朝穩固地控制威爾斯親王領地。這工程既改變了威爾斯的地形地貌，也改變了這個國家的政治版圖。除了理查一世之外，金雀花王朝的每一位國王都曾涉足威爾斯，但全都不曾在那裡留下一個腳印。愛德華一世徹底改變了這種趨勢。他的兩次入侵消耗了海量的金錢和政治資本，因此他從一開始就打定主意，要強行在威爾斯建立永久性據點，永遠阻止威爾斯人做為一個獨立民族興風作浪。他決意在格溫內斯的心臟周圍修建一圈雄偉的城堡，讓威爾斯人無法將英格蘭人排除出去，並且讓他們一抬頭就看見這些城堡，提醒他們自己是英格蘭的臣民。

愛德華一世和他的謀臣們對這些城堡的需求非常明確。它們將被建造在具有重要戰略意義的地點，並吸收法蘭西西北部和英威邊境地帶南部的最佳要塞的特點。這兩個地區在上個世紀經歷的戰亂最多，戰爭持續時間也最久，因此防禦工事也發展得最為完善。國王親自跟詹姆斯大師直接交流，指示他在何處建造塔樓和護城河、門柱的具體細節，應當使用的石料和木材的類型和顏色，甚至廁所應當安排在什麼地方。

詹姆斯大師主持建造的大部分城堡屹立至今，其中有些是對現有城堡的大規模改建，其他的則是全新的工程。最早開工的城堡位處威爾斯—英格蘭北部邊境的弗林特和里茲蘭、西海岸的阿伯里斯特威斯和邊境地帶南部的比爾斯。這些都是一二七七年愛德華一世第一次討伐威爾斯取勝之後，啟動的規模有限建造工程的一部分。前面三座城堡在一二八二年威爾斯人的叛亂（這次叛亂促使愛德華一世第二次征討威爾斯）中遭到襲擊，阿伯里斯特威斯城堡的結構當時只修建了一半，遭受嚴重破壞，戰爭結束後不得不從頭開始。但阿伯里斯特威斯城堡得到重建的時候，整個建造工程的規模和目標都被大大擴充了。除了里茲蘭、弗林特和阿伯里斯特威斯的城堡之外，國王還命令在登比（Denbigh）、哈萊克（Harlech）、康維和卡那封（Caernafon卡）建造城堡。最後一座城堡，或許也是其中最雄偉的一座，於一二九五年在博馬里斯（Beaumaris）破土動工。

愛德華一世的城堡群巍峨雄壯、咄咄逼人，令觀者嘆為觀止。它們和其他所有城堡一樣，展現征服王朝的財富、軍事力量和藝術水準的外在符碼，但它們也暗含著亞瑟王的意義。愛德華一世修建的不僅僅是軍事據點，他也正在扭曲威爾斯人的民族想像，吸收他們的傳說，將其編織到金雀花王朝的神話中去。

這些城堡的建造花費了許多年，其中有些城堡，如卡那封城堡，始終未能完工。其中有些是對現存建築的務實改建，因此遵守著原先就設定完畢的藍圖。但在北方的那些偉大要塞，諸如最優秀的康維城堡、卡那封城堡、哈萊克城堡和博馬里斯城堡，詹姆斯大師運用了一種新的建造模式：多層城牆呈同心圓狀，環繞著主樓，城牆上每隔一段距離就建有塔樓和兩側都有警戒塔的門樓，並且配有箭眼，這是一種可怕的新發明。敵人幾乎不可能將弓矢射入箭眼，但守城的人可以輕鬆地透過箭眼向外發射弩箭。

威爾斯城堡受到的建築學和歷史影響五花八門，不一而足。最能表現愛德華一世想像力的是卡那封城堡，它建在一座古羅馬要塞，塞貢蒂烏姆（Segontium）的地基之上。據說塞貢蒂烏姆是羅馬皇帝馬格努斯・馬克西穆斯①建造的，傳說他就是君士坦丁的父親。卡那封是用多種顏色的石料建造的，並且塔樓都是八角形，而不是威爾斯其他城堡的圓形。卡那封城堡的靈感來自君士坦丁堡稜角分明的城牆。在施工期間，據說還發現了馬克西穆斯的遺骨，這個「發現」賦予了這座城堡更大的歷史意義。馬克西穆斯的遺骸被發掘出來，安葬在塔樓教堂內。

在許多情況下，愛德華一世的城堡旁還建有新的設防城鎮，設立這些定居點的目的是加強駐軍在當地的根基，並提供一些收入，以償付建造城堡的巨額開支。十三世紀是個人口暴增的年代，很多英格蘭定居者和工匠都願意向西遷往威爾斯，到那裡開始自己的新生活，儘管這意味著他們必須跟充滿敵意的當地被征服者爭鬥。

一二八四年春季，在卡那封城堡施工的早期，埃莉諾王后被送到這座城鎮，在那裡分娩。這或許是她的第十六個孩子。國王夫婦現在有六個孩子，其中有五個女孩，分別叫做埃莉諾、瓊、瑪格麗特、瑪麗和伊莉莎白；還有一個男孩，叫做阿方索，這是為了紀念他的外祖父（至少有另外八個孩子，包括國王的長子約翰和次子亨利，都夭折了）。四月二十五日，王后又生下一個兒子，取名為愛德華，與他的父親同名。嬰兒的誕生日與聖喬治的宗教節日相差幾天，但除此之外，一切跡象都是大吉大利。一位跟父親一樣擁有撒克遜—金雀花式名號的王子，降生在一座歷史悠久的不列顛城鎮。這個小男孩叫做卡那封的愛德華（Edward of Caernarfon），他是一面征服的大纛，也是宣傳的工具。他是埃莉諾的第四個兒子，他的出世是王朝神話的一部分，這神話以亞瑟王、馬克西穆斯和遠古不列顛人為素材。這個孩子能夠登基為王，或許也是上天注定。一二八四年八月，十歲的阿方索在溫莎去世。突然間，四個月大的愛德華成了在

①馬格努斯·馬克西穆斯（Maximus Augustus），原為羅馬帝國駐不列顛的將領，後率軍反叛，跟東部的皇帝狄奧多西一世達成協議，成為統治不列顛、高盧、西班牙、阿非利加等地的皇帝，後被狄奧多西一世擊敗並處決。馬克西穆斯起兵謀反時曾率領大批本土不列顛人（塞爾特血統）前往歐洲大陸，據說布列塔尼（在今天的法蘭西西北部）的塞爾特血統民族就是這麼來的。馬克西穆斯在威爾斯傳說中是重要人物，據說曾在塞貢蒂烏姆遇見一位當地少女，與其喜結良緣，後將大片土地賜予其父兄。威爾斯後來許多王公諸侯都自命為馬克西穆斯的後代。

想像中重新構建的不列顛王國的繼承人。愛德華一世征服了威爾斯，創造了王朝神話，還得到一位新繼承人，他的君主理想正在一步步實現。他現在要做的，就是為這一切買單。

第三十九章　征服的代價

征服威爾斯需要巨大的投資。據估算，第一次威爾斯戰爭的開支還不算多，為兩萬三千鎊；第二次戰爭卻消耗了約十五萬鎊巨資。其中大部分開支是為了鞏固勝利而建造城堡的成本，每一座城堡的開支都在一萬四千鎊（這是始終未能完工的博馬里斯城堡的最終總費用）和兩萬鎊（安格爾西島城堡的開支）之間。

投資並不全在城堡工程上。做為征服者，愛德華一世強加給威爾斯的和平條件非常嚴苛，就像諾曼人征服英格蘭之後那樣。與羅伯特·伯內爾主導下的英格蘭法律改革相一致，平定威爾斯的政策也以法律改革為基礎。一二八四年透過的《威爾斯條例》推翻了威爾斯本土的大部分法律和行政制度。弗林特、安格爾西島、梅里奧尼斯（Merioneth）和卡那封都被改編為英格蘭風格的郡，配有郡長和法庭的行政機器，這種機制組成了地方政府的神經中樞。英格蘭的刑法正式取得了比威爾斯風俗習慣和司法程序更高的優先權。愛德華一世此次嚴厲地處罰了威爾斯諸侯，許多豪門望族被消滅，他們的土地被占領，財產被沒收。然後，英格蘭朝廷空降大批忠於愛德華一世的分子，去加快英格蘭化的進程。

征服給威爾斯帶來了翻天覆地的變化，為英格蘭造成的變化也同樣非比尋常。國外（哪怕僅僅是越過英威邊境）征服的巨大代價帶給愛德華一世很大的壓力，他必須要保證國內能夠維持政治上的共識。在第二次諸侯戰爭期間，還是個少年的他曾目睹父親在外交政策上愚蠢地一擲千金，卻遭受諸侯的反叛，後者在出錢資助軍事行動時已經很不情願。愛德華一世決心避免重蹈覆轍。

因此，在威爾斯征服戰爭進行的同時，愛德華一世還在英格蘭開展了規模宏大的立法和財政改革。愛德華一世的政府努力一邊掃淨王國政府中的奸佞宵小，一邊向各郡擴張自己的影響力。英格蘭行政、司法和財政監管的幾乎方方面面都有所涉及。這些改革是亨利二世以來法治國家建設的聲勢浩大的第一步。在亨利三世的昏庸統治之後，有些改革的確是國家急需的，但愛德華一世的政府願意大刀闊斧地改革的另一個原因是，國王在不列顛群島積極進取的外交政策需要巨額資金。要籌措這些資金，他必須改革。

改革的關鍵措施是若干條例，這項工作由伯內爾主持。他在英格蘭新政府結構的設計中扮演的角色，就像是詹姆斯大師在城堡建造工程中的作用一樣。在第二次入侵威爾斯之前頒布的三道條例：《西敏條例》、《格洛斯特條例》和《永久管業條例》，啟動了這一進程。戰爭結束之後，大規模的立法繼續進行。一二八三年的《阿克頓伯內爾條例》和一二八五年的《商人條例》涉及債務問題。一二八五年的《第二西敏條例》就像《第一西敏條例》一樣，是一整套涉獵極廣的立法，有五十個極其詳盡的條款，規定了新的程序、規章和令狀，涉及範圍包括：土地的繼承和讓渡；死者的土地被轉讓給其寡婦；非常棘手的謀殺罪的錯誤指控以及富人賄賂郡長以逃避陪審義務等問題。

這些法律改革的目的，不僅僅是為了讓王國的諸侯在處理起土地糾紛和貿易協定時，更輕鬆些。事實上，這些改革深入到社會的最底層。一二八五年的《溫徹斯特條例》對村一級的刑法做了革命性的改革。朝廷相信，許多罪犯在村一級逍遙法外，因為陪審團不願意指控鄉鄰親朋、判其有罪，於是庇護他們逃避法律的懲戒。「一般的搶劫、殺人和縱火罪行比以往出現得更為頻繁，」該條例寫道，「陪審員……對針對外鄉人的重罪聽之任之，不予懲罰，而不願意指控罪犯，因為許多罪犯是他們的同鄉……國王陛下為懲處此等重犯，在此種案件中確立刑罰，對膽敢庇護或隱匿重犯者嚴懲不貸。」

《溫徹斯特條例》要求地方鄰里負起責任來，檢舉和揭發重犯，令其無處藏身。如果發生罪案而未能擒獲罪犯，那麼整個百戶邑都將被株連。整個法律和秩序的體制現在轉變成，每一個臣民都有責任幫助朝廷維護治安。「居住在某地區的居民將對該地區發生的搶劫和其他重罪負有責任，」《溫徹斯特條例》嚴厲地規定，「在有城牆的大城鎮，日落至日出之前，城門必須關閉……任何窩藏或接納破壞治安嫌疑的人」，都將被視為同犯。

最一目了然的是，《溫徹斯特條例》改變了英格蘭城鄉的面貌。就像愛德華一世的工匠在威爾斯的林地開闢道路以推動他的征服一樣，現在英格蘭的所有商業道路都將被肅清掃淨，以保障安全：「連接兩座貿易城鎮的道路，在有樹林、樹籬或壕溝的路段，應當拓寬；道路兩側兩百英尺範圍內不應有任何壕溝、矮樹或灌木叢，以免有歹人潛伏其中。」英格蘭的商業動脈被轉化成了沒有樹木的開闊道路，以促進貨物和金錢在全國自由流動。

除了法律改革之外，愛德華一世政府還努力精簡王室財政。據馬修·巴黎說，亨利三世統治時期的貨幣「由於剪錢幣的人和偽幣製造者肆虐，發生了嚴重貶值，到了無法忍受的地步，不論是本地人，還是外國人，看到這種錢幣，只會怒目而視、滿腹怨恨」。朝廷在一二七九年重新鑄幣，力圖改變這種現狀。愛德華一世還改革了王室的會計制度。一二八四年的《里茲蘭條例》採取措施，將記錄政府金錢往來的捲筒卷宗①上的舊債收回，王家法庭加快催債和收繳罰金的進程，王室官吏常常被派遣到全國各地去調查人們欠王室的債務。

但即便採取了這些措施，王室財政仍然出現了驚人的赤字。到一二八九年，愛德華一世的收入嚴重依賴外國銀行家的貸款和向僧俗徵收定期賦稅。他在統治早期就能向僧俗徵收高達十五分之一的財產稅，在後來多年中仍然能維持這麼高的稅率，這足以說明他透過改革專案贏得了很大的政治資本和公信力。

就像在戰爭中一樣，愛德華一世在法律領域也決心要讓他的政府執行激進的、長期性的政策，以便鞏固自己百年之後給國家留下的遺產。只有透過這種積極進取的政策，他才有希望將全國團結在自己背後，去支持自己代價昂貴的外交政策。但如果說他的改革是國家急需的，而且對王室的財政和政治安全也是至關重要，那麼改革也有陰暗面。愛德華一世改革的一個可怕的汙點就是他對英格蘭猶太人的態度。

① 十二至十九世紀英國的財政紀錄，又稱財政部大檔。

第四十章　驅逐猶太人

一二九〇年十月十日，星期二，倫敦的一群窮苦猶太人登上一艘船，沿泰晤士河而下。他們手中拿著王室簽發的安全通行證。他們的外衣上佩戴著黃色的、形狀像書本的徽章。法律規定，他們必須隨身佩戴這種徽章，以便區分出他們跟基督徒。他們的全副家當都裝在自己的包袱裡。他們的目的地是海岸，到了那裡之後要前往歐洲大陸。他們知道，自己再也不會回到英格蘭了。

船離開了倫敦城，穿過都城周邊的鄉村。他們離開的是一座讓他們愈來愈難以生存的城市。在倫敦，朝廷頒布了愈來愈嚴厲和苛刻的法律，迫害他們，禁止他們從事貿易或者營利，或者甚至不允許他們跟基督徒鄰居往來，儘管他們的祖先曾在這裡自由自在地生活。他們的會堂遭焚毀，他們的朋友被毒打或絞死，急性子的佈道者們要求他們皈依基督教。倫敦再也不歡迎他們，也不要他們。他們別無選擇，只能背井離鄉。

他們溯流而下。行進了許多英里之後，河面變寬，右舷的肯特郡土地逐漸變得細碎，出現許多島嶼和沙洲。前方就是開闊的大海，正在退潮。船長是個基督徒，他將船轉向南方的謝佩島（Sheppey）。潮水愈來愈低，他拋下船錨，讓船停靠在泰晤士灣退潮後出現的沙岸上。他告訴猶太乘客們，在漲潮之前，他們沒辦法繼續前進了。他對他們說：「你們可以自由離船，到沙洲上活動活動腿腳。」

所有乘客都聽從了他的建議，走下船，在濕漉漉的沙灘上行走。他們沒有注意到，潮水已經在上漲了。

船長當然是注意到了。他和他的水手們都知道，在退潮之後，泰晤士河會重新吞沒前不久還顯露出來的沙灘，將沙灘上的一切都席捲而去。他匆匆跑到船邊，爬了上去。猶太乘客們在沙洲上漫步，現在身處險境，孤立無援。船長向他們呼喊，叫他們向摩西祈禱，摩西曾經為他們分開海水，讓他們安全通行，那麼就讓摩西再這麼幹一次吧！然後，航船揚長而去，乘客們的行李還在上面。潮水洶湧而至，將猶太人捲走，無一生還。

船長和他的水手們後來因為這樁罪行被投入監獄。他們的所作所為是一二九〇年愛德華一世驅逐英格蘭的少量猶太人期間，發生的最醜惡的行徑之一。總的來講，猶太人是平安地離開英格蘭的，上述的殘忍行為並不典型。但它印證了十三世紀歐洲基督徒和政府對猶太人的冷酷無情。

愛德華一世在位期間，英格蘭猶太人的人口約有兩千，居住在大約十五個主要的城市定居點。猶太人仍然像約翰國王時期那樣，遵循著懺悔者愛德華的法律：「猶太人的人身及其動產均屬於國王。」（這可能是杜撰的）但自約翰統治時期以來，猶太人愈來愈不受歡迎。一二四〇年，三名猶太人在諾里奇被處決。他們的所謂罪狀是為一名五歲男童施行割禮。據說他們計畫在復活節將這名男童釘死在十字架上。這起案件煽動了民眾傷害猶太人，並侵犯他們的財產。一二五五年，一個叫做喬平（Jopin）的猶太人被指控與一群同謀施展巫術，將一位八、九歲的基督徒男童折磨致死。據傳說，受害男童的屍體在溪流中不會沉下去，也沒辦法下葬；據說屍體被投入井中後，發出了香甜的氣味和明亮的光芒。亨利三世巡視林肯的時候，下令處決喬平，還逮捕了九十一名猶太人，將其全部押往倫敦、判處死刑。其中十八人被處死，多虧康沃爾伯爵理查干預此事，救下了其他人的性命。在一二六〇和一二七〇年代，倫敦和北安普敦都發生了類似的案件。

一二六九年，亨利三世限制猶太人從事貿易活動，並規定猶太人褻瀆神明為死罪，應判處絞刑。愛德華一世從十字軍東征回國後，透過了《猶太人條例》，禁止絕大多數形式的高利貸（或放債）；限制猶太人只能居住在某些城市；規定猶太人必須佩戴黃色徽章，對其進行羞辱，該徽章「為兩張祭桌拼接之形狀，以黃色毛氈製成，長六英寸，寬三英寸」；並對所有年齡在十二歲以上的猶太人徵收每年三便士的人頭稅。大約在《猶太人條例》於英格蘭頒布的同一時期，太后普羅旺斯的埃莉諾也驅逐了她屬地內的所有猶太人。

愛德華一世頒布了嚴刑厲法，打擊剪錢幣的罪行（即將銀幣的邊緣剪下一點，積少成多地積攢貴金屬），他的法官們在一二七八至一二七九年開始懲處此類罪犯，導致猶太人遭受了一場司法屠殺；儘管剪錢幣的罪犯中猶太人和基督徒人數差不多，但因此罪行被處決的猶太人卻十倍於基督徒。在一二七〇年代晚期，英格蘭的每一個猶太人家庭的戶主都曾因剪錢幣的嫌疑而坐過牢。在司法恐怖的氣氛下，常常發生敲詐勒索猶太人家庭的事件。利欲薰心的鄰居們威脅要揭發他們剪錢幣，借此訛詐。一二八〇年代出現了更多的大規模逮捕和強徵攤派稅額的情況。一二八三年，猶太人不再享有法律對一般商人的保護。一二八四年，大主教佩卡姆頒布敕令，要求摧毀倫敦的所有猶太會堂，只留下一座。兩年後，教宗何諾四世（Honorius IV）要求坎特伯里大主教和約克大主教禁止基督徒跟「受詛咒的、奸詐的」猶太人往來。

這一切並非英格蘭的特殊情況。十三世紀或許是整個中世紀反猶浪潮最為洶湧的世紀，歐洲各國君主都採取了類似的壓迫措施，鎮壓各自國內的猶太人。弗里德里希二世下令西西里的猶太人須佩戴T形的藍色徽章，並將鬍鬚留長。腓力·奧古斯都以來的法蘭西諸王要求法蘭西猶太人佩戴輪子形狀的徽章。不管猶太人居住在何方，虐猶、屠殺、隔離、歧視性法律、迫害和虐待都愈演愈烈。愛德華一世所信仰的基督教咄咄逼人、強悍有力而缺乏寬容，他的所作所為順應這個充滿偏見的年代的大潮。

儘管遭到愈來愈嚴重的虐待，並且他們的貿易遭到法律阻撓，猶太人仍然差不多掌控著英格蘭的財政領域。他們繼續進行非法的放債，還買賣債權。投機商們購買債權，一旦債務人不能按期清償債務，就將債務人抵押的土地占為己有。顯然，落入這個陷阱的地主階層十分憎惡猶太人。愛德華一世在位時受到了宗教和政治上的極大壓力，要一勞永逸地消滅猶太人的放債行為。國王一方面非常虔誠，另一方面又急於充實自己空蕩蕩的國庫，因此很容易被這種壓力所左右。

愛德華一世從英格蘭猶太人那裡撈到了不少私人油水。他的父親為了十字軍東征，從猶太人那裡一共徵收了六千馬克。一二七二至一二七八年，愛德華一世的財政部試圖再從他們手中徵斂兩萬鎊以上，但沒有成功。愛德華一世也是一位曾參加十字軍東征的君主，他對其他宗教信仰的鄙夷很容易被激發出來。他是個傳統抱有成見的人，並不比他的英格蘭同胞更開明，他的態度也並非不尋常。大部分英格蘭人的觀點都跟大主教佩卡姆和赫里福德主教湯瑪斯·德·坎蒂盧普（Thomas de Cantelupe）相同，猶太人要麼皈依基督教，要麼就要承受迫害。

猶太人遭驅逐的直接導火線，就像愛德華一世治下的許多事情一樣，是財政。平定威爾斯之後不久，國王不得不親自駕臨加斯科涅，去整頓對這個公國的統治。他於一二八六年五月十三日離開英格蘭，在加斯科涅待了三年多，重新確立自己的封建權利，建設新城鎮，並系統化公國政府。加斯科涅經歷了一場範圍廣大、井井有條、管控有序的愛德華一世風格的改革，當然這都需要金錢做後盾。愛德華一世離開公國的時候，已經欠了盧卡的里卡爾迪（Riccardi）銀行家族十萬鎊以上的巨款。

愛德華一世於一二八九年八月十二日返回英格蘭，發現那裡的政治氣氛高度緊張。他的一些重臣，包括英格蘭的兩位最高級的法官，王座法庭和民事訴訟法庭的主審法官，被指控犯有嚴重的貪腐罪行。國王的官吏深入調查已經失效的王室權益，招致許多不快和風波，有好幾位英格蘭伯爵在咕噥著提出質疑：愛德華一世身處國外，卻要求諸侯提供資源給他的國外事業，這麼做是否合法？十月，愛德華一世不得不寫信給英格蘭的每個郡，邀請所有對王室大臣或官吏有怨言的人都到西敏，向他的專員們申訴。在這種政治環境下，如果不做出重大的讓步，他沒有辦法向議會索要更多金錢。

愛德華一世在思忖金錢的問題，因為他開始考慮重返聖地、再來一次十字軍東征的可能性。蒙古人透過外交途徑傳來口信，詢問他是否會返回聖地、討伐馬穆魯克王朝，而他高度信賴的盟友奧托・德・格朗松已經在前往聖地的途中，執行偵察任務。愛德華一世已經開始跟教廷談判，以便徵收一筆十字軍稅，但如果他的這次東征要比第一次更成功，就必須從諸侯和國內較小的地主那裡獲取相當規模的資金。愛德華一世囊中羞澀，為了籌集資金而願意採行任何政策，於是他採取了金雀花王朝慣用的手段：向猶太人要錢。地主階層希望除掉猶太人；愛德華一世對這個主意的態度模稜兩可，有可能甚至是舉雙手贊成的。他在一二八七年驅逐了加斯科涅的所有猶太人。現在，他要在英格蘭落實同樣的政策。這會為他贏得政治資本，徵收一筆賦稅，或許還能沒收離去的猶太人的財產，從中獲取一筆收入。

於是，一二九〇年七月，英格蘭的貴族和騎士們在西敏召開議會的時候，他們跟國王做成了一筆交易。議會批准國王徵稅，條件是驅逐猶太人。一二九〇年七月十八日，《驅逐敕令》被公之於眾，下令英格蘭的猶太人在十一月一日前出境，違者格殺勿論。這道敕令被發布到全國各地，在猶太會堂中高聲宣讀。猶太人沒有做實質性的反抗。他們在夏季開始離開，到秋天的時候，大部分猶太人要麼已經離去，要麼就像十月十日乘船沿泰晤士河而下的那些不幸的人，丟了性命。

近一個世紀以來，愛德華一世及其先祖對猶太人的敵意愈來愈強，《驅逐敕令》是這敵意的必然結局。被逐出英格蘭的猶太人蒙受了極大痛苦，流離失所，他們抵達的歐洲大陸同樣不歡迎他們。但是，驅逐猶太人的行動在英格蘭頗得民心，取得了極大成功。在愛德華一世統治的最初十八年中逃離了死亡或破產命運的大約兩千名猶太人，正接過通行證、離開英格蘭的時候，王室稅吏開始對留在國內的基督徒民眾徵稅。英格蘭的地主階層，或者至少是那些在議會中得到代表的人，歡呼雀躍，批准愛德華一世向所有動產徵收十五分之一的賦稅。王室最後收到了令人驚愕的十一萬六千鎊巨款，這是英格蘭在整個中世紀收到的最大一筆稅款。「人們痛苦不堪，哀鴻遍野。」歐斯尼（Osney）編年史家這樣描述該筆賦稅給一般英格蘭人造成的負擔。猶太人在歐洲各地離散的時候，發出了更為淒慘的哀鳴，但沒有人理會他們。愛德華一世又一次表現出，為了滿足自己的需求，他願意施行立法、踐行改革。

第四十一章 蘇格蘭的大業和法蘭西的詭計

一二九〇年秋，猶太人離開英格蘭的時候，一切跡象都表明，愛德華一世也將啟程，發動一次新的十字軍東征、收復在「海外」的失地。他的稅吏強取豪奪、壓榨僧俗財產的時候，這位「新的理查」似乎即將開啟新的死亡與光榮的年代，為耶路撒冷而戰。但幾個月之後，國際形勢就決定，他不會遠征東方，金雀花王朝參加十字軍東征的歷史也不再會有新篇章了。愛德華一世的統治在餘下的時間裡將主要處置離家鄉更近的事務，諸如威爾斯再次發生叛亂，新近變得咄咄逼人的法蘭西王室企圖將金雀花王朝逐出加斯科涅，以及最為血腥的蘇格蘭新戰爭。「所有的威爾斯暴君被鎮壓下去的時候，衣衫襤褸的蘇格蘭人舉起了長矛。」這是一二九八年流行的一首歌謠中輕鬆活潑的一句，簡明扼要地描述了愛德華一世統治時期過半時，他的戰略轉折：從對威爾斯人的戰爭改為對蘇格蘭人的戰爭。當然，真相往往並非如此簡單明瞭。

一二九〇年九月初，一支船隊從挪威西南海岸的貝根（Bergen）啟航，前往蘇格蘭。船上的乘客是位大貴人：一個名叫瑪格麗特的女孩，年紀只有六歲。她被稱為「挪威的少女」，時局決定她即將成為蘇格蘭的女主人。一個處於困境的國家的希望和安全就寄託在她的肩膀上。瑪格麗特是蘇格蘭國王亞歷山大三世（Alexander III，一二八六年駕崩）的外孫女。亞歷山大三世死後，他的國家陷入一場混亂。王位沒有顯而易見的繼承人。亞歷山大三世的妻子約蘭達（Yolanda）王后在國王死時身懷六甲，但那孩子後來胎死腹中，而他們沒有其他的兒女。

鄧凱爾德（Dunkeld）王族無嗣，這對國家來說意味著災難。十四世紀的編年史家，溫頓的安德魯（Andrew of Wyntoun）在幾十年後追溯國無君主的動盪時期，寫道：「童貞女所生的基督啊，援助和拯救蘇格蘭吧，這個國家現在一片混亂。」

一二八六至一二九〇年間，蘇格蘭處在半死不活的狀態，一群攝政者組成的議事會執掌朝綱，努力維持局面，等待找到合適的繼承人。他們最終選擇了瑪格麗特。一二九〇年夏季，英格蘭和挪威朝廷跟蘇格蘭權貴們經過漫長的談判，同意將瑪格麗特送到蘇格蘭。讓一個小女孩來統治當然無法解決政體危機，於是蘇格蘭人說服了愛德華一世，讓他的兒子，也是六歲的卡那封的愛德華跟瑪格麗特結婚。這將是三個王朝的聯姻，將英格蘭、蘇格蘭和挪威王族結合起來。一二九〇年七月十八日簽訂的《伯厄姆條約》（*Treaty of Birgham*）確認了此次聯姻，並保證「蘇格蘭王國將獨立於英格蘭王國……永享自由，不臣服於後者」。

瑪格麗特從挪威前往蘇格蘭的旅途並不稀罕，也不算危險。兩國之間的聯繫非常緊密，只有一小段北海相隔，有著頻繁的貿易往來。海上路線的停歇點是奧克尼群島，這個群島在蘇格蘭高地的外海，此地的伯爵們同時向蘇格蘭和挪威國王效忠。瑪格麗特於一二九〇年九月第一週出海，到第三週已經在奧克尼群島登陸。蘇格蘭和英格蘭的外交管道不斷交換著她駕臨的消息，以特勒姆主教安東尼·貝克（Anthony Bek）為首的英格蘭外交官們攜帶著貴重珠寶前往蘇格蘭，做為歡迎這位少女的禮物。

但看來英格蘭外交官們永遠沒有機會向這個孩子，呈上愛德華一世為她準備的厚禮。九月的最後幾天，噩耗從奧克尼群島傳到蘇格蘭：瑪格麗特在島上患病一週，隨後死去了。死因至今不詳，但很可能是在海上吃了腐敗食物導致嚴重的食物中毒。瑪格麗特這麼一死，擁有近三百年歷史、可以上溯到千年之交鄧肯一世（Duncan I）時代的鄧凱爾德王族就滅絕了。蘇格蘭真正是無父無君了。尋找一位新的統治者的努力幾乎令國家分崩離析。

從最初得知瑪格麗特的死訊開始，愛德華一世的宮廷與蘇格蘭的顯要權貴之間就頻繁傳遞著信函和請求。蘇格蘭的聖安德魯斯城的主教寫的一封書信表明，在瑪格麗特死後，蘇格蘭人普遍擔心會爆發內戰。權貴們在厲兵秣馬，準備用鮮血來填補權力真空。只有愛德華一世這樣實力雄厚且威名顯赫的國王能夠阻止蘇格蘭陷入無政府狀態。「懇請陛下屈尊俯就，前往邊境地帶，安撫蘇格蘭人民，制止流血衝突，好讓王國的忠臣良民……擁立依法享有繼承權的人士為王……。」這位主教如此寫道。他暗示，如果沒有愛德華一世這樣的極大權威來主持，那麼就沒有推舉新國王的合法程序可言。

瑪格麗特的死訊送抵愛德華一世那裡的時候，他剛得知，埃莉諾王后於一二八七年訪問加斯科涅時染上的一種熱病復發了。她原本在前往林肯與他相見的途中，卻於一二九〇年十一月二十八日在諾丁漢郡的哈比村（Harby）病倒。愛德華一世快馬加鞭地去見她，在她病逝前趕到了她身邊。埃莉諾享年四十九歲；這對夫婦度過了三十六年的婚姻時光，她為他生了十六個孩子。

愛德華一世在世人面前毫無避諱地為愛妻哀悼，他在次年寫道，對於這位妻子，「我的愛永無停息之日」。埃莉諾的遺體被做了防腐處理，體腔內塞入大麥，然後被分十二段旅程輾轉運回西敏。愛德華一世下令在遺體曾停放的地方豎立起一些大型分層石造十字架，其頂端有尖頂。這些所謂「埃莉諾十字架」是非常公開的哀悼紀念碑，受到了為法蘭西國王路易九世而建的蒙茹瓦十字架①的啟發。另外，愛德華一世慷慨地提供資金，舉辦奢華的彌撒，幫助埃莉諾王后的靈魂儘早通過煉獄；埃莉諾去世六個月之後，約克大主教向國王吹噓說，已經為了他亡妻的靈魂舉辦了四萬七千次彌撒（這個數字不大可能是真實的）。

① 蒙茹瓦十字架是中世紀法蘭西的一種路標或界碑，碎石堆上方有十字架。「蒙茹瓦」（montjoie）是中世紀法蘭西軍人慣用的戰鬥口號，據說源自查理曼時代，其意義並不明確。法蘭西王國的紋章上就有「蒙茹瓦」的字樣。

有多達十三人宣稱自己對蘇格蘭王位享有繼承權。他們之間複雜的法律鬥爭被稱為「大業」（Great Cause），愛德華一世對監管「大業」抱有極大的興趣。爭端持續了兩年，最後兩名競爭者是巴納德城堡（在特勒姆郡）領主約翰·巴里奧（John Balliol）和羅伯特·布魯斯②（一位年邁的貴族，曾擔任坎伯蘭郡的郡長，還曾陪伴愛德華一世參加十字軍東征）。在瑪格麗特去世後寫的一封弔唁信中，愛德華一世自稱是蘇格蘭的「朋友和睦鄰」，但他顯然把「大業」當作增強自己對蘇格蘭事務影響力的良機。他堅信英格蘭國王對蘇格蘭王室擁有封建宗主權，而在此前，英格蘭國王只是零星地宣示過自己的這種宗主權。愛德華一世將盡一切努力，宣告自己是整個不列顛群島的領主和主人。

「大業」的最終司法判決結果對約翰·巴里奧有利，但這個案件錯綜複雜，如同迷宮一般難以把握。誰有資格對一位國王的任命做出判決呢？爭奪王位的人們最後不情願地得出結論，要回答這個問題，他們唯一的辦法就是向愛德華一世臣服。但這個決定不是輕率地或漫不經心地做出的。挪威的少女去世一年後，一場會議在英格蘭—蘇格蘭邊境上的諾勒姆城堡召開，蘇格蘭人在此次會議上承認了愛德華一世的宗主權。到一二九二年十一月，案件已經做出定奪。十一月三十日，巴里奧在蘇格蘭的古都斯昆（Scone）登基，成為蘇格蘭的約翰國王。

如果巴里奧認為自己當了國王之後，就可以跟南方的「朋友和睦鄰」平起平坐，那麼他就大錯特錯了。愛德華一世主持的是選舉一位封臣的會議，而不是選舉一位和他地位對等的君王。過去的亨利二世和約翰王都僅僅讓蘇格蘭國王對他們宣誓效忠，滿足於理論上的，而非實際上的權力。許多代蘇格蘭國王都跟英格蘭朝廷和睦相處，保有英格蘭的伯爵頭銜（主要是亨廷頓伯爵），並在英格蘭的封建制軍隊中服役。但愛德華一世認為這都還不夠。他要求蘇格蘭國王完全地、公開地臣服於他，不僅僅是在儀式中，在實踐中亦是如此。

在登基十天之前，巴里奧用法語向愛德華一世宣誓效忠，承認他以英格蘭王室的臣屬身分保有蘇格蘭，並「對您忠心不二，恪守人世間的榮譽，反對您的一切敵人……」。十月二十六日，他在二十三位蘇格蘭權貴面前，向愛德華一世俯首稱臣。

這並不是罕見的事情，但除了王權的簡單儀式之外，愛德華一世還提出，做為最高宗主，他有權聽取人們對蘇格蘭國王做出的法律決定的上訴。這直接違背了一二九〇年的《伯厄姆條約》設想的局面。根據這項條約，儘管卡那封的愛德華和挪威少女將共同統治蘇格蘭，但有條文規定「蘇格蘭王國在國內和邊境地帶的一切權益、法律、自由和習慣，將完整地、徹底地、永久性地得到保全，不受任何侵犯」，並且「蘇格蘭王國的任何子民，無論締結任何契約，或犯有任何罪行，或由於其他任何事務，都不受該王國境外任何法律的約束」。今非昔比，愛德

② 第五代安嫩代爾（Annandale）領主羅伯特・布魯斯（Robert Bruce），他的孫子，也叫羅伯特・布魯斯，最終率領蘇格蘭取得獨立，成為蘇格蘭國王羅伯特一世（Robert I）。

華一世決定要更嚴厲地行使自己的王權。在涉及蘇格蘭權貴，法夫的麥克達夫（Macduff of Fife，他聲稱自己享有法夫北部一些土地的繼承權，但這繼承權被人奪走了）的一起案件中，愛德華一世傳喚約翰·巴里奧本人到一二九三年米迦勒節的英格蘭議會答話。巴里奧拒絕承認英格蘭議會有權聽取來自蘇格蘭的上訴，但在愛德華一世的威脅下，他不得不讓步，撤回了自己的抗議，再次宣誓效忠。這奇恥大辱讓巴里奧抱恨終身，始終未能從這打擊之下恢復。這位附庸國王和所有服從他的王權的人很快認識到，有了愛德華一世這樣一位跋扈的鄰居，蘇格蘭國王只是個虛銜。

但愛德華一世做得太過火了。將英格蘭的意志強加於蘇格蘭王國固然不錯，但他絲毫不肯妥協的立場使得巴里奧在兩個不可調和的位置之間左右為難。蘇格蘭國王一方面要滿足愛德華一世的亞瑟王式雄霸天下的野心，同時又要捍衛蘇格蘭王室的獨立性。最終結果就是，巴里奧的王權土崩瓦解，而整個蘇格蘭掀起了對英格蘭人的激烈反抗。愛德華一世遠遠沒有鞏固自己對蘇格蘭事務的權威，反而將蘇格蘭人推向了法蘭西人的懷抱。

第四十二章　征服蘇格蘭

在十三世紀，橫跨英吉利海峽的航道，以及法蘭西的大西洋沿海航道，都是主要的貿易動脈。歐洲富裕國家的商人們在相距遙遠的地區之間轉運貨物，克服惡劣的條件，冒著茫茫大海的風險，在從佛蘭德到伊比利半島，甚至更遙遠地方的諸多港口城鎮和市場經營獲利。商業活動欣欣向榮，各國商人摩肩接踵。但在一二九〇年代初，英格蘭、諾曼地、佛蘭德、加斯科涅和卡斯提亞的眾多航海商人之間爆發了一場激烈的貿易戰。它導致從五港同盟到葡萄牙的里斯本的廣袤地區爭鬥不休，還發生了許多海盜劫掠活動。戰旗扯起，私人之間的海戰爆發，各民族的鮮血飛濺到大海中，這些海上通道和海灣成了危險的殺戮場。

這場貿易戰的起因現在已經難以解釋。麻煩最初是從一二九二年諾曼地的一場糾紛發端的。次年，矛盾升級。到一二九三年五月十五日，升著英格蘭和諾曼地旗幟的私人武裝之間已經發生了一系列流血衝突。到這時，混亂的嚴重性要求政府加以干預。愛德華一世不願意被私掠商人的活動捲入到國際矛盾中去，因此盡其所能地加以安撫。他向法蘭西派遣了一個外交使團，希望跟腓力四世商定和平條件。腓力三世於一二八五年在入侵阿拉貢的戰事中染上痢疾，後來病逝，他的兒子腓力四世（Philip IV）繼承了王位。

腓力四世以屈尊俯就的態度對待愛德華一世，就像愛德華一世居高臨下地俯視新的蘇格蘭國王一樣。腓力四世是個英俊瀟灑的青年，民間稱他為「美男子」（金雀花王朝的締造者安茹伯爵若弗魯瓦也擁有這個綽號）。但在這俊美的外表之下，卻是一顆冷酷而頑固的心。但丁稱他為「法蘭西的大害」，帕米耶（Pamiers）主教則寫道：「他不是人，也不是野獸。他是一尊雕像。」腓力四世在其統治期間迫害了許多抗拒他權威的群體和臣民。他毒刑拷打聖殿騎士們，鎮壓他們的騎士團。一三〇六年，他搜捕並驅逐了法蘭西的猶太人（後來在一三一五年，路易十世將猶太人邀請回來；但在一三九四年，查理六世又驅逐了猶太人）。在臭名昭著的所謂「奈斯勒塔事件」①中，他以通姦罪將三個兒媳投入監獄，而將她們所謂的姦夫公開折磨致死。腓力四世的固執己見和殘忍無情甚至超過了愛德華一世。儘管愛德華一世在一二八六年的一次盛大儀式中以加斯科涅領主的身分向腓力四世宣誓效忠，但法蘭西還是太小，一山不能容二虎，金雀花王朝和卡佩王朝的國王無法和平共處。

具有諷刺意味的是，就在愛德華一世試圖將自己的封建宗主權強加於約翰·巴里奧的同時，腓力四世卻打算在加斯科涅羞辱愛德華一世一番。腓力四世以貿易戰為藉口，主張自己有

權審判參與襲擊的一些加斯科涅公民和官吏。這些人犯沒有被交給他，於是他傳喚愛德華一世

---

① 奈斯勒塔事件（Tour de Nesle affair）是腓力四世在位期間的著名醜聞，發生在一三一四年。國王的三個兒媳被指控犯有通姦罪，這起醜聞對卡佩王朝末期產生了極大影響。

腓力四世有三個兒子，路易（後來的國王路易十世）、腓力（後來的國王腓力五世）和查理（後來的國王查理四世）。路易娶了瑪格麗特（勃艮地公爵的女兒），兩人感情冷淡，據說路易更喜歡打網球而不是與妻子相處。腓力娶了瓊（勃艮地伯爵奧托四世的長女），夫妻關係不錯。查理娶了布朗什（奧托四世的另一個女兒）。一三一三年，腓力四世的女兒伊莎貝拉及其丈夫英王愛德華二世訪法期間，伊莎貝拉向她的三個哥哥和嫂子分別贈送了刺繡荷包。當年晚些時候，在倫敦的一次宴會上，伊莎貝拉發現自己贈給嫂子的荷包被兩名諾曼騎士帶在身上。伊莎貝拉據此判斷，嫂子和這兩人有姦情，於是告訴了父親。腓力四世對這兩名騎士加以監視，斷定布朗什和瑪格麗特與這兩人在巴黎的奈斯勒塔中通姦已有一段時間。起初認為瓊沒有通姦，但對兩個嫂子的醜事知情；後來斷定，瓊也參加了通姦。

現在大多數歷史學家認為，布朗什和瑪格麗特的確犯有姦情。也有人認為伊莎貝拉是在陷害嫂子，好讓自己的兒子繼承法蘭西王位的機會更大。涉案人員全部被捕。兩名騎士被酷刑處死。布朗什和瑪格麗特被剃去頭髮，終身監禁。瓊則被宣布無罪，這可能是因為她丈夫腓力的干預。

這起醜聞嚴重打擊了法蘭西王室的威望，使得貴族階層對女性的歧視增加，因此不接受女性繼承王位。路易十世沒有兒子，他死後，女兒不被允許繼承，因為她是否國王的骨血，值得懷疑。於是腓力五世登基，他也英年早逝，隨後弟弟查理四世繼位。查理四世死後無嗣，與他血緣關係最近的是英格蘭國王愛德華三世（伊莎貝拉的兒子，也就是查理四世的外甥）。但法蘭西人依據薩利克法，拒絕讓愛德華三世繼位，而是推舉瓦盧瓦的腓力（腓力四世的弟弟瓦盧瓦伯爵的兒子）為王。對法蘭西王位的爭奪就是後來的英法百年戰爭的起因之一。

一二九三年耶誕節後到法蘭西議會答話。愛德華一世派了他的弟弟，蘭開斯特伯爵埃德蒙代表他去談判。但腓力四世在談判中言而無信。他告訴英格蘭人，如果愛德華一世公開宣布放棄加斯科涅，並拱手交出那裡的城鎮和要塞，再迎娶腓力四世的妹妹，十一歲的法蘭西的瑪格麗特（Margaret of France），那麼法蘭西朝廷將歸還他們在加斯科涅的收益，並撤銷傳喚愛德華一世參加法蘭西議會的命令。

英格蘭人上了這個大當。法蘭西的新國王厚顏無恥、侵略成性且熱衷於對外擴張，而愛德華一世或他的使臣竟然信以為真，的確令人費解。當時的編年史家也感到不可思議，最後得出的結論是，英格蘭國王一定是貪戀法蘭西小公主的美色，就像他的祖父約翰國王劫持昂古萊姆的伊莎貝拉，從而危害自己在歐洲大陸的領地一樣，喪失了理智。但這種解釋忽略了這樣的事實：愛德華一世是位久經考驗的政治家，會敏銳地捕捉任何政治機遇來掃清外交管道上的障礙，以便為自己新的十字軍東征做準備。無論動機如何，英格蘭人都被矇騙了。傳喚愛德華一世去法蘭西議會的命令不但沒有被撤銷，反而三令五申。愛德華一世拒絕到腓力四世面前受辱，就像不久前約翰．巴里奧在他面前受辱那樣。於是，英格蘭和法蘭西之間再次燃起戰火。

結婚計畫被擱置。愛德華一世採納了十三世紀傳統的戰略：他跟法蘭西以北和以東的君主們結盟，並計畫直接入侵法蘭西，以保衛和鞏固自己在南方的領地。他的外交官們在安東尼．貝克領導下，開始跟日耳曼國王和低地國家與勃艮地的權貴們談判。英格蘭跟這些國家交換現金，並承諾聯姻，以換取他們的合作、共同對抗法蘭西。同時，英格蘭朝廷開始徵兵，準備入侵歐洲大陸。

這個計畫在理查一世治下奏效，但在約翰和亨利三世時期卻遭遇慘敗。愛德華一世也沒有取得多少成功，因為就像他之前和之後的許多統治者一樣，他的戰線拉得太長，處境非常危險。一二九四年十月，一支軍隊在國王經驗不足的姪子，布列塔尼的約翰（John of Brittany）指揮下被派往加斯科涅，但這支軍隊的規模比計畫得要小。法蘭西戰線所需要的部隊必須留在國內，以維持威爾斯的秩序。

就在布列塔尼的約翰啟航一個月前，威爾斯人在羅埃林之子馬多格（Madog，末代羅埃林的一個遠親）領導下發動了大規模叛亂。馬多格自稱是羅埃林頭銜的繼承人，但實際上他的叛亂是在反對一二九二年針對動產的苛捐雜稅。這筆動產稅的最後一批是在一二九四年九月徵收的，與此同時朝廷還要求威爾斯人去加斯科涅作戰。

馬多格與威爾斯的其他小諸侯聯手。他的盟友們，馬里帝茲之子肯南（Cynan ap Maredudd）、里斯之子梅爾格溫（Maelgwyn ap Rhys）和馬里帝茲之子摩根（Morgan ap Maredudd），都不是威爾斯本土的重要權貴，但愛德華一世在一二八二年入侵之後已經有效地消滅了威爾斯貴族的上層，因此馬多格沒有多少選擇。馬多格的人馬攻擊威爾斯各地新建的英格蘭城堡。所有主要的城堡都堅守下來，但愛德華一世仍然需要從預定用於保衛加斯科涅的軍隊中，抽調很大一部分兵馬去伍斯特，以鎮壓威爾斯人。這嚴重消耗了他的資源。愛德華一世在威爾斯或許是最強大的霸主，但即便是在法蘭西戰事爆發之前，為了迅速而強有力地保衛在歐洲大陸的領地，他對整個不列顛群島的主宰也受到了消極影響。

愛德華一世第三次入侵威爾斯的戰爭於初冬開始，是他在位時期最大規模的一次入侵。他的軍隊於一二九四年十二月開進威爾斯，恪守老戰術，即由王軍從切斯特發動向康維的大規模攻勢，同時南面的邊境地帶的保王黨諸侯半獨立地發動襲擊。此次戰爭中，愛德華一世遭遇了一些小挫折。威爾斯人繳獲英格蘭軍隊輜重的相當大一部分。這年冬天，愛德華一世被包圍在康維城堡，洶湧的山洪隔絕他跟外界援兵的聯繫。據說他不肯喝自己的少量葡萄酒配額，而堅持將它平分給所有官兵，自己只喝摻蜂蜜的水。他這個姿態是很容易做出來的，因為洪水退去之後，他很輕鬆地解除了圍困。

春暖花開之際，英格蘭人取得了勝利。三月五日，瓦立克伯爵指揮的部隊在邁道格原野（Maes Moydog）擊潰了馬多格的人馬。「他們是世間有過的最優秀、最勇敢的威爾斯人。」《哈格內比編年史》（*Hagnaby Chronicle*）中保存至今的一封信如此寫道。英格蘭的戰爭機器極其強大、滿懷自信且擁有堅實的基礎設施，因此威爾斯人沒有任何勝算。邁道格原野戰役之後，愛德華一世感覺可以安全地離開康維，於是巡視了威爾斯各地。他在這個親王領地周遊三個月，掃清了叛軍餘孽。一二九五年六月中旬，威爾斯平定，叛軍魁首均已落網。

這一次，英格蘭軍隊又是輕鬆得勝，遇到的抵抗極其微弱。但此次戰役的軍費開支超過了五萬四千鎊，而在一二九五至一三〇〇年間又花了一萬一千三百鎊在安格爾西島建造博馬里斯城堡。此外，加斯科涅戰事的珍貴時間也喪失了。

現在他時間緊迫，金錢也少得可憐。加斯科涅急需增援，而英格蘭南部海岸在一二九五年遭受了法蘭西戰船的襲擊：多佛被燒毀，多人被殺。但在這個月的西敏議會上，國王向諸侯發言時，對方的態度卻讓他抓狂：大約有四分之一的英格蘭權貴宣布自己不願意參加國王的海外軍事行動。十三世紀諸侯們最大的抱怨在一二九五年和一二一四年一樣振聾發聵：加斯科涅是國王的私事，不是英格蘭的公事。

愛德華一世怒不可遏。對那些不願意出錢支援加斯科涅戰役的人，他施加了嚴厲的經濟制裁。他還命令一支艦隊（由新建的槳帆戰船組成）加強海岸的防禦。但恐慌情緒在迅速蔓延。有謠言開始傳播，說法蘭西已經發起全面入侵英格蘭。國王內廷的一名騎士湯瑪斯·特伯維爾（Thomas Turberville）被發現是敵人的奸細。從肯特到康沃爾的南部海岸設置了瞭望哨，心急如焚的人們掃視著海平線，唯恐法蘭西艦隊的旗幟和風帆會出現，來摧毀英格蘭王國。

絕望之下，愛德華一世轉而採用一項在過去給他帶來很大好處的策略：讓步和協商。十一月底，他召集了數量極多的諸侯、主教、騎士、市民、各郡人民代表、大小城鎮代表，召開議會。這是自愛德華一世籌劃入侵威爾斯以來召開的最大規模政治集會，而且他帶著和解的情緒，向大家許諾，不會讓任何人因為國王的軍事行動而傾家蕩產。這次議會後來被稱為「模範議會」（Model Parliament）。傳喚議員們開會的令狀描述了國家面臨的危險：「法蘭西國王不滿足於奸詐卑劣地入侵加斯科涅，還集結一支龐大的艦隊和陸軍，圖謀進犯英格蘭，從世界上消滅英語。」

於是，整個英格蘭都得到號召，奮起保衛王國、抵禦卑劣的法蘭西人。但全國人民響應國王的號召、議會開始商討的時候，又一場離家園更近的危機迫使朝廷暫時擱置加斯科涅的防務。愛德華一世剛剛重新奠定自己在威爾斯的統治，他在蘇格蘭的傀儡，約翰．巴里奧國王就被推翻了。愛德華一世不得不再次推遲對法戰爭，將注意力轉向蘇格蘭。

蘇格蘭戰爭的起因很複雜，其中最重要的是愛德華一世的傲慢。愛德華一世致力於將自己的權威施加於北方的王國，這遠遠超越他的合法的本分。一二九四年夏季，英格蘭朝廷開始徵兵，準備干預加斯科涅，愛德華一世傳喚約翰．巴里奧和另外十八位蘇格蘭權貴提供封建軍事服務，一同對抗法蘭西人。後來爆發了對威爾斯的戰爭，所以這些傳喚沒有生效，但這又一次證明，愛德華一世不滿足於僅僅享有對蘇格蘭的理論上宗主權，而是要嚴格地行使自己的王權。

隨著愛德華一世愈來愈咄咄逼人，約翰．巴里奧在蘇格蘭的地位愈來愈微弱。蘇格蘭權貴們的結論是，他無力抵抗蘇格蘭的鄰國，因此根本不配當國王。一二九五年，他們剝奪了巴里奧的權力，又一次組建一個十二人的議事會，以他的名義統治國家。

愛德華一世犯了一個彌天大錯，他沒有意識到，他對蘇格蘭國王的凌辱致命地破壞了蘇格蘭王權的整個機制。或許他真的沒有看到，他對巴里奧的態度和法蘭西王室就加斯科涅事務對他提出的要求是多麼相似。愛德華一世統治時期絕大多數叛亂和危機的原因就是，他不能真正理解他的對手們受到的壓力。一二九五年，他把兩個敵人趕到了一起。這兩個敵人在隨後的三百六十五年裡將緊密合作，共同對抗英格蘭。一二九六年，蘇格蘭政府批准了與法蘭西的友好條約。「蘇法老同盟」（The Auld Alliance）誕生了。

一二九六年二月，愛德華一世的軍隊開拔北上，進攻蘇格蘭，目標是給這個犯上作亂的附庸國一個痛苦而長久的教訓，讓它知道，膽敢放肆地跟法蘭西結盟，將要付出何種代價。國王的駕臨凸顯了邊境人民歸屬感的模糊。蘇格蘭和英格蘭之間的邊界是政治上的，而不是文化上的；在這個忠誠瞬息萬變的地帶，兩個王國之間並沒有一條清晰、持久的邊界。如果說邊界是含糊不清的，但戰爭的血腥後果卻是非常真實的。

愛德華一世率軍北上的時候，蘇格蘭人的襲擊劫掠隊伍侵犯了諾森伯蘭，恐嚇和摧毀卡萊爾附近的村莊。英格蘭人則一直等到復活節的慶祝活動結束，才開始作戰。他們的第一個攻擊目標是特韋德河畔伯立克（Berwick-upon-Tweed），這是英格蘭東北部的一個邊境城鎮，兩個王國對它的爭議無休無止，部分原因是它是軍事進攻（無論是北上還是南下，取決於誰控制著它）的一個絕佳出發基地。伯立克戰役就像它開啟的這場短暫、決定性而凶殘的戰爭一樣，非常野蠻殘暴、流血漂櫓。兩國的歌謠作者和編年史家都將長久地吟唱和紀念這場戰役。

伯立克戰役於一二九六年三月三十日，也就是愛德華一世抵達蘇格蘭邊境的整整一個月之後開始，對英格蘭人來說起初並不順利。離六十歲生日已經不遠的愛德華一世已是滿頭白髮，但仍然魁梧有力。他按照戰前的慣例正忙著冊封一些年輕人為騎士的時候，灰濛濛的海平線上突然間升起了滾滾濃煙。原來，三艘英格蘭戰船過早地展開進攻，其中一艘在城鎮附近擱淺。蘇格蘭人歡天喜地地衝上船去，將它燒毀。

愛德華一世的軍隊在羅伯特·柯利弗德勳爵（一位貴族出身的將領，對邊境地帶的經驗非常豐富）指揮下，在軍號鼓舞下，開始推進。伯立克的街道很快被血染紅。他們屠殺了伯立克的數千名居民。後來，蘇格蘭人指控說他們還屠戮了婦女兒童，其中一名孕婦被砍成了肉醬。英格蘭人在備戰的時候，蘇格蘭人對他們冷嘲熱諷；但戰鬥打響之後，蘇格蘭人就笑不出來了。蘇格蘭人在街道上被砍瓜切菜一般掃倒在地，屍骸太多，無法全部埋葬入土。伯立克成為一場醜惡而恐怖的大屠殺的犧牲品，死屍被恣意投入水井、丟進大海。據編年史家吉斯伯勒的沃爾特（Walter of Guisborough）估計，在城鎮的教士們懇求國王開恩得到批准之前，有一萬一千零六十人喪命。

戰鬥結束了，英格蘭人占領了城鎮，在它周邊挖掘大型防禦壕溝。他們歡呼雀躍。壕溝寬八十英尺，深四十英尺。國王親自用手推車運送第一批泥土。這是英格蘭的強力與勝利的象徵。工人們一邊幹活，一邊唱起一支喜氣洋洋的歌。編年史家彼得・蘭托夫特（Peter Langtoft）記錄了這首歌謠的一部分：

蘇格蘭人潰不成軍，
縮在自己的茅屋裡，
永遠不能繁榮昌盛。
我讀的不錯，
住在海邊的人，
跌進了特韋德河！

愛德華一世就是用這種手段征服了蘇格蘭。他的三萬大軍在北方王國推進，屠戮所有膽敢反抗的人。

譏諷和侮辱性的言辭漫天飛揚。蘇格蘭人把英格蘭人蔑稱為「長尾巴的惡狗」，因為中世紀普遍流傳著一種說法：英格蘭人長著尾巴。蘇格蘭人只能打打嘴砲，但英格蘭人擁有比嘲諷更強大的武器：精良的戰爭機器，蘇格蘭人完全無法與之匹敵。伯立克大捷之後，愛德華一世收到了約翰·巴里奧的一封信，後者悲憤地撤銷自己對愛德華一世的效忠誓言。邊境地帶的其他地方傳來消息，諾森布里亞的農田遭到焚燒，人民遭到屠殺。蘇格蘭劫掠者報復英格蘭人的暴行，以牙還牙地將兩百名學童活活燒死在一座教堂內。

下一場戰役的地點也確定了。三位勢力強大的蘇格蘭伯爵占領了鄧巴的城堡，這是一座古老的石造防禦工事，位在蘇格蘭東海岸一處山丘上。自羅馬時代以來，這裡一直是軍事堡壘的所在地。愛德華一世派遣薩里伯爵北上去攻打這座城堡。薩里伯爵遭到巴里奧派出的部隊的襲擊，結果是，蘇格蘭人又一次遭受奇恥大辱的慘敗。據守城堡的三位蘇格蘭伯爵以及眾多男爵、從男爵和騎士都被俘虜。彼得·蘭托夫特寫道：「三位伯爵被押往倫敦塔……其他人被押往不同的城堡，兩人一組騎著一匹馬，有的人腳上拴著鐐銬，被束縛在大車上。」這對俘虜來說是極其悲慘和可恥的結局，也有力地象徵著愛德華一世對蘇格蘭人的壓倒性打擊。

鄧巴戰役之後，蘇格蘭人的抵抗冰消瓦解。戰役只持續了二十一週，時間很短，而且英格蘭人大體上沒有遇到抵抗。愛德華一世耀武揚威地在蘇格蘭各地巡視，率軍北上，一直前進到埃爾金（Elgin）和班夫（Banff）。蘇格蘭的抵抗如此脆弱，主要原因是約翰·巴里奧的軟弱無能。巴里奧分兩天（一二九六年七月二日和十日）四個地點（金卡丁〔Kincardine〕、史特拉卡斯羅〔Stracathro〕、布里金〔Brechin〕和蒙特洛茲〔Montrose〕），在儀式上遭到公開羞辱。他的短大衣上的紋章被扯下，因此蘇格蘭人給他取了一個綽號叫做「空蕩蕩的大衣」。他被送到倫敦塔，與被俘的伯爵們待在一起。最致命的打擊是，愛德華一世的部下從愛丁堡擄走蘇格蘭政府的檔案，還搶走蘇格蘭王室的所有御寶（包括來自斯昆的神聖寶座基石②），將其全部送回了倫敦。

② 即所謂斯昆石（Stone of Scone），或「命運石」、「加冕石」，乃蘇格蘭歷代國王加冕時使用的一塊砂岩。據塞爾特傳說，雅各看見天使時（《舊約．創世記》，二十八章，十至二十二節），正是頭枕此石，因此又名「雅各的枕頭」、「雅各的支柱」或者「酋長石」。該石曾被保存在現已廢棄的珀斯郡斯昆修道院中，因而得名。

早在來自愛爾蘭的達爾瑞達（Dál Riata）王朝征服蘇格蘭之前，他們就有用斯昆石做為加冕石的傳統。他們征服蘇格蘭後，這也變成了蘇格蘭的傳統，斯昆石也因此成為了蘇格蘭的國家象徵之一。四百多年間，這塊石頭始終沒有離開斯昆修道院。

一二九六年，愛德華一世將斯昆石做為戰利品擄回英格蘭，安置在西敏寺英王加冕寶座「聖愛德華寶座」之下，象徵英格蘭和蘇格蘭統一在英王的主權下。不過，愛德華是否確實帶走了真正的斯昆石，這一直都有爭論。據傳，斯昆修道院的僧侶們將真正的斯昆石藏在了泰河（Tay）之中。這很可能是真實的，因為現有的這塊斯昆石並不完全符合古人的描述。隨著這些僧侶的逝去，沒有人能再尋找到真相。

一三二八年，根據蘇格蘭和英格蘭簽署的《愛丁堡—北安普敦條約》，英王愛德華三世同意將斯昆石送還蘇格蘭，不過，這一允諾從未兌現。

一九五〇年，四名蘇格蘭學生從西敏寺竊走斯昆石，送回蘇格蘭，後被警方追回。一九九六年，英國政府終於決定將斯昆石歸還蘇格蘭。雖然斯昆石現在已經回到蘇格蘭，但是英國政府仍然發布了法令，規定將來英王舉行加冕典禮時，斯昆石仍然需要運回西敏寺，安放在聖愛德華寶座下。

命運石被送到南方的西敏寺，做成了一尊特別的加冕寶座的一部分。此後，金雀花王朝在傳承王位時都要用到這尊包含了蘇格蘭王權最神聖遺物的寶座。愛德華一世沒有在蘇格蘭培植一位新國王，而是決定自己直接統治，就像在威爾斯那樣。曾在宮廷與巴里奧爭奪王位的那位羅伯特·布魯斯的繼承人，也叫羅伯特·布魯斯③，曾希望英格蘭人得勝之後會安排他當國王，因此在愛德華一世軍中為他效勞。現在，他被鄙夷地甩到了一邊。「你以為我們閒得無聊，一定要替你贏得一個王國嗎？」愛德華一世這樣問他。

伯立克得到重建，變得金碧輝煌，成了蘇格蘭境內英格蘭權力的中心。在這個城鎮召開了一次議會。成千上萬蘇格蘭人南下到這裡，直接向愛德華一世宣誓效忠。愛德華一世向蘇格蘭強加了一個英格蘭政府和行政的新網絡，以薩里伯爵為領導人。愛德華一世在將蘇格蘭國璽交給薩里伯爵的時候開玩笑道：「拉屎對人來說是好事。」蘇格蘭人就這麼被制服了。在為期兩年的危機處理之後，愛德華一世終於做好了向法蘭西開戰的準備。

---

③即第六代安嫩代爾領主，他的兒子也叫羅伯特·布魯斯，後來打贏了蘇格蘭獨立戰爭，成為國王，史稱羅伯特一世。

第四十三章　危機時刻

一二九七年二月，議會在索爾茲伯里召開。愛德華一世國王心意已決，在多年的耽擱和分心之後，他終於要跟法蘭西國王腓力四世決一雌雄了。要打仗就需要錢，要錢就需要達成共識。愛德華一世在召集政界各種力量開會的時候，發明了一句新的箴言「關係到所有人的事情，應當由所有人一同批准」。而愛德華一世在此次議會上提出的要求確實跟每一位英格蘭人息息相關。

法蘭西局勢要求即刻採取行動。在幾年的外交努力之後，愛德華一世在法蘭西以北建立起一個同盟。在前一個月，宮廷駐在伊普斯威奇（Ipswich）的時候，十二歲的荷蘭伯爵娶了愛德華一世的女兒伊莉莎白，於是這個同盟算是圓滿了。跟荷蘭結盟的有日耳曼國王、勃艮地多位諸侯、高爾登伯爵和佛蘭德伯爵，他們都迫不及待地要對腓力四世動武。加斯科涅命懸一線。一月三十日，林肯伯爵指揮下的英格蘭軍隊在巴約訥和博內加爾德（Bonnegarde）之間遭到了毀滅性的伏擊，一敗塗地。他們急需救援。

但對愛德華一世來說不幸的是，在索爾茲伯里召開的議會並不渴望更多的榮光。議員們群情激憤、怒火中燒，頑固地拒絕出錢去打又一場所費不貲的戰爭。

英格蘭人怨聲載道。愛德華一世對軍費的苛刻要求給每一位地主都造成了極大損失，到一二九〇年代末，國家的開支已經到了令人髮指的地步。即便不算蘇格蘭戰役的開銷，近期的戰爭開支也已經高達二十五萬鎊。僅僅為了組建歐洲大陸的北方聯盟，愛德華一世就已經欠下了七萬五千鎊債務。在法蘭西和加斯科涅作戰的費用會比這更高得多。

愛德華一世徵收的賦稅是常態化的，而且極其沉重。朝廷對羊毛徵收非常嚴苛的關稅（民間稱其為「壞關稅」），導致商人們向一般農民和羊毛供應者付的價碼持續走低。一二九五年和一二九六年分別徵收了一筆重稅。自一二九四年，王室官吏就開始強行徵用糧食和裝備。「人民備受壓迫。」編年史家吉斯伯勒的沃爾特寫道。朝廷在經濟上的橫徵暴斂給全國都造成了打擊，教士第一個站出來，拒絕繼續跟國王合作。

佩卡姆於一二九二年十二月八日去世，此後英格蘭教會的新任領導人是羅伯特・溫奇爾西（Robert Winchelsea），他是一位卓越的知識分子和學者，他的暴躁脾氣和犀利頭腦可以跟愛德華一世相提並論。溫奇爾西以教宗詔書為靠山（教宗博尼法斯八世〔Boniface VIII〕的這道詔書譴責君主們向教會徵稅的行為），率領英格蘭教士們，公然拒絕為愛德華一世的法蘭西軍事行動提供任何資金。愛德華一世暴跳如雷，宣布英格蘭教會的所有成員都是不法之徒，然後派遣他的鷹犬到全國各地沒收教士們的世俗財產。「教士們遭受不公正的待遇……受了許多冤屈，」吉斯伯勒的沃爾特寫道，「神職人員在國王的大道上被搶走馬匹，正義得不到伸張，直到他們救贖自己，重新回到國王的保護之下。」愛德華一世獲得了一場小小的勝利，但他很快就被更多的抵抗纏得無法脫身。

在索爾茲伯里議會期間，國王要求權貴們到加斯科涅作戰，而他自己則在法蘭西北部領導作戰。他的弟弟埃德蒙在一二九六年初曾率領一支英格蘭遠征軍保衛加斯科涅公國，但在前一年夏天去世了。愛德華一世計畫兩面夾擊腓力四世，因此自然需要兵分兩路。他在一二九四年和一二九五年都曾提議過此種戰術，但諸侯在這兩次都表示不滿，或者直截了當地拒絕。諸侯和騎士們可以被說服在國王身邊作戰，但要求他們在外國獨立作戰，既超出了他們的義務，也不是他們的法律責任。一二九七年，諸侯普遍不願出兵作戰。在諾福克伯爵羅傑·比戈德（他同時還是英格蘭的最高軍務官①）領導下，權貴們向愛德華一世指出，國王自己打算在法蘭西

① 最高軍務官（marshal）這個詞源自古諾曼法語，最初的意思是馬夫或馬廄管理人，在中世紀早期指的是英格蘭王室的近衛隊長，負責王室內廷的保安，後來演化為高級軍事指揮官。這個頭銜一般是世襲的。本書的重要人物之一，第一代彭布羅克伯爵威廉·馬歇爾憑藉赫赫武功，從沒沒無聞的騎士崛起為權傾朝野的重臣，侍奉金雀花王朝四代國王。Marshal一詞曾專指威廉·馬歇爾一個人。

北部作戰的時候，沒有權力要求諸侯在加斯科涅為他盡軍事義務。比戈德的論點特別有力，因為正如他指出的那樣，做為最高軍務官，他的義務是在國王身邊為他效力，而不是獨立於他、單獨行動。吉斯伯勒的沃爾特記載了雙方的唇槍舌劍：

「國王陛下，若是與您一同作戰，我求之不得，甘願鞍前馬後，衝殺在最，因為這是我的世襲權利。」他說道。

「沒有我在場，你也一樣要去，其他人也要去。」愛德華一世答道。

「哦，國王陛下，我沒有這個義務，也沒有這個打算。」伯爵答道。據說國王暴跳如雷，脫口而出：「憑上帝起誓，伯爵大人，你要麼去打仗，要麼就得上絞刑架！」

「我也憑上帝起誓，」諾福克伯爵答道，「我不去打仗，也不會上絞刑架。」

比戈德的話觸及了問題的核心：即便國王再強大、意志再頑強，也受到法律的約束，而法律寫得一清二楚，他的諸侯沒有義務在他不在場的時候為其服兵役。愛德華一世怒不可遏，繼續推動向加斯科涅派遣援兵並在法蘭西北部籌劃作戰的努力。他扣押了教會財產，並收回世俗權貴欠他的全部債務。而有些教士，以及四位最重要的諸侯：諾福克伯爵、赫里福德伯爵、阿倫德爾（Arundel）伯爵和瓦立克伯爵則咬緊牙關，拒絕與國王合作。

議會於一二九七年三月解散，計畫於七月在西敏再次召集。但到那時，愛德華一世已經跟溫奇爾西大主教和一些伯爵取得了諒解。諸侯同意允許他徵收一筆賦稅，條件是重新頒布《大憲章》和《森林憲章》。七月十四日，國王屹立在西敏宮外的木造講台上，向一大群臣民發表演說。他為自己的主張辯護，承認自己犯了錯誤，但堅持說自己所做的一切都是為了國家的福祉。據編年史家彼得·蘭托夫特記載，國王對聽眾說：「我是諸位的城堡、城牆和宅邸。」溫奇爾西大主教站在他身旁，潸然淚下。愛德華一世宣布他要去法蘭西打仗，並要求所有人在他征戰海外期間向十三歲的卡那封的愛德華宣誓效忠。

並不是所有人都被說服了。諾福克伯爵和赫里福德伯爵的顯赫軍職（分別是英格蘭的最高軍務官和司廄長②）均被撤除，他們都固執己見。他們開始編纂一個清單，數落國王的罪狀。八月，遭到群起攻之的愛德華一世愈發好鬥，下令再次對教會徵收一筆苛刻的重稅，並普遍徵收八分之一的動產稅，同時還傳令出去，從全國各地徵用價值五萬鎊的羊毛。他聲稱這些措施得到了議會的批准；他的政敵則譏諷地說，他所謂的「議會」就是「站在他房間裡的那些人」。八月二十二日，反對派諸侯衝進西敏的國庫，阻止羊毛與八分之一動產稅的徵收工作，並怒斥國王，指責國王對待他們就像對待農奴一樣，橫徵暴斂。國家在快速地往內戰的方向發展。

王國似乎瀕臨混亂的邊緣，愛德華一世卻毅然決然地動身前往歐洲大陸。他這個選擇是極

②司廄長（constable）的官職起源於羅馬帝國，最初是管理馬匹的官員，後來在中世紀歐洲演變成負責國王的軍械保管維護的官員，再後來變為軍隊的重要指揮官。

其冒險的，但他可不打算在加斯科涅即將喪失的時候枯坐在國內。一二九七年八月二十四日，他啟航前往佛蘭德，開啟了入侵法蘭西的北線作戰。

敵人對他的入侵早有準備，已經嚴陣以待。他的作戰一塌糊塗、徒勞無功。儘管他多次發誓許願，但花了大筆錢才收買來的一些盟友卻不願意出戰。日耳曼國王沒有派來援軍。愛德華一世麾下來自東盎格利亞和五港同盟的水手們更願意內耗，而不是同仇敵愾。那些願意參戰的佛蘭芒盟軍則於愛德華一世抵達一週前，在弗爾內戰役（Battle of Veurne）中被腓力四世打敗了。抵達歐洲大陸不久之後，愛德華一世被牽制在根特，那裡發生反對他領導的暴亂。沒過多久，東方又傳來壞消息，日耳曼國王背棄了盟約。愛德華一世的同盟就像八十多年前約翰的北方聯盟在布汶土崩瓦解一樣，迅速作鳥獸散，只是或許沒有當年那麼戲劇性。秋風蕭瑟之時，愛德華一世不得不選擇求和。十月，英法雙方宣布停戰。一二九八年一月底，雙方簽訂了為期兩年的停戰協定。

英格蘭在戰爭重壓下喘不過氣來，急需穩定和恢復。與法蘭西的和約或許能夠起到這個效果。但蘇格蘭局勢又一次激化了。愛德華一世出征海外期間，蘇格蘭爆發了反對薩里伯爵的伯立克政府的叛亂。一二九七年九月十一日，一支蘇格蘭叛軍在史特林橋（Stirling Bridge）大敗薩里伯爵指揮的英格蘭軍隊。蘇格蘭人選擇這個作戰地點的確是非常巧妙，這是伯立克以北約一百英里處福斯河（Forth）上的渡口。在此之前，薩里伯爵的治理毫無章法、懶散怠惰而收效甚微。打敗薩里伯爵及其部下的叛軍領袖是一個叫做威廉・華萊士的土匪強盜[3]。華萊士是一位頗得民心的英雄。在戰鬥打響之前，他怒斥英格蘭談判代表：「回去告訴你們的人，我們此行不是為了苟且偷安，而是為了決一死戰，為我們自己報仇雪恨，也為了解放我們的王國！」

一二九七年，華萊士領導蘇格蘭的叛亂，短暫地將這個王國團結了起來。華萊士的同胞們冊封他為騎士，並宣布在約翰・巴里奧不在國內期間，他就是蘇格蘭的唯一攝政。他領導著獨立運動，決心死戰到底，從南方的篡位者手中恢復蘇格蘭王權。與此同時，在邊境以南，愛德華一世不得不直面五月的議會。抱著和解的精神，他安撫了諸侯，許諾要審理官吏的貪腐行為，並支持重新頒布（他兒子的攝政政府在）前一年秋季發布的憲章。

一二九七年十月十日，愛德華一世頒布了《憲章確認法令》（*Confirmation of the Charters*），並加蓋國璽。此前，華萊士在史特林橋得勝的消息已經傳來。《憲章確認法令》重新發布了《大憲章》和《森林憲章》的內容（此時這兩部憲章都已經具有傳奇色彩），並增補了一些新條款，包括廢除對羊毛徵收的「壞關稅」，並承認，在將來只有在「全國人民認可」的情況下才可以徵稅。除了確認憲章之外，愛德華一世還許諾，不再以「怨恨和憤怒」對待曾反對他的

③ 威廉・華萊士（William Wallace）的早年生平不詳，眾說紛紜，可能是蘇格蘭小貴族出身。從英格蘭人的角度看，他或許真算得上是土匪。

伯爵們。

五月議會召開的時候，北方已經高度軍事化。國庫從倫敦搬遷到北方的約克，並開始分配資金，準備在羅克斯堡（Roxburgh）徵集一支超過三萬人的軍隊。六月底，這支軍隊開拔了。物資補給上出了一些問題，葡萄酒供應得比糧食多。沒過多久，步兵部隊中的威爾斯人和英格蘭人就開始互相鬥毆。由於缺乏討伐威爾斯時那樣的海軍支持，這支大軍只能飢腸轆轆地北上。在此期間，威廉・華萊士潛伏在蘇格蘭山區，不斷撤退並堅壁清野，將英格蘭軍隊誘騙到蘇格蘭內地，等待與之對抗的時機。

愛德華一世正打算撤回愛丁堡，這時得知華萊士正在福爾柯克（Falkirk）附近的卡倫德樹林（Callendar Wood）紮營。他率軍星夜急進，於一二九八年七月二十二日清晨跟蘇格蘭人交鋒。前一夜國王是在戶外度過的，不幸被自己的戰馬踩踏，斷了兩根肋骨，痛苦不堪。這提醒人們，戰爭是不可預測的，充滿不確定性。黎明的微光灑落在霧氣瀰漫的戰場上時，安東尼・貝克主持了晨間彌撒。英格蘭官兵的目光越過一片沼澤地，看到蘇格蘭人在卡倫德樹林前方排兵布陣，組成了穩固的防禦陣勢。華萊士將他的人馬分為四個刺蝟陣型，密密麻麻的長矛指向敵方。這場戰鬥注定將是激烈而血腥的。

愛德華一世兵分兩路，繞過前方的沼澤地，從兩個方向夾擊蘇格蘭人。諾福克伯爵、赫里福德伯爵和林肯伯爵從西面進攻，安東尼・貝克從東面衝鋒。蘇格蘭騎兵沒有被包含在刺蝟陣型之內，臨陣脫逃。同時，英格蘭軍隊發射箭矢、投擲石塊，將對方的刺蝟陣型分割開。陣勢被破壞之後，蘇格蘭人的防禦迅速瓦解，潰不成軍，作鳥獸散。英格蘭軍隊損失了兩千步兵，蘇格蘭人則慘遭滅頂之災。

此役對威廉・華萊士來說是奇恥大辱，嚴重損害他的軍事聲譽。但蘇格蘭貴族，包括華萊士自己，都得以安全逃脫，因此，儘管卡倫德樹林的沼澤被鮮血染紅，但對英格蘭人來說，這算不上是全勝，不能夠與鄧巴戰役相提並論。愛德華一世的軍隊羸弱、飢餓、患病而且內部不和，沒有能力控制戰場。國王跟諾福克伯爵和赫里福德伯爵之間的關係依然很緊張，而愛德華一世對占領的蘇格蘭土地的分配更使得這種矛盾愈演愈烈。國王能做的僅僅是撤回卡萊爾，並派人深入蘇格蘭、搜捕年輕的伯爵和王位競爭者羅伯特・布魯斯④。

④ 後來的蘇格蘭國王，此時的身分是卡里克伯爵。福爾柯克戰役後，威廉・華萊士辭去了蘇格蘭攝政職務。約翰・科明與羅伯特・布魯斯共同接任攝政。兩人素來不和，下文會講到科明的結局。

第四十四章　舊病復發

愛德華一世雖然已逾花甲之年，但仍然魁梧雄壯，不怒而威。他的暗金色頭髮變白之後，甚至愈發威風凜凜。他始終是一位極具男子氣概的騎士，在一二九九年迎娶腓力三世的幼女，法蘭西的瑪格麗特（這是遵守一二九七年和約的義務）之後，繼續為人丁興旺的王族添枝加葉。十七歲的瑪格麗特是第一位來自法蘭西的英格蘭王后，成為這位精力充沛的國王的賢妻良伴。他們在坎特伯里結婚之後，一同返回約克郡。一三〇〇年六月，她在那裡生下了一個男孩。瑪格麗特在分娩期間曾向聖湯馬斯・貝克特祈禱，於是給這個孩子取名為湯瑪斯，世稱布拉澤頓的湯瑪斯（Thomas of Brotherton）。

國王為湯瑪斯和他的弟弟，伍德斯托克的埃德蒙（Edmund of Woodstock，一三〇一年夏季出生）準備了豪宅和大群僕役。王后喜好時尚和珠寶，生活奢侈，因此兩位小王子也是盡享榮華富貴。他們還是嬰孩的時候，睡在裝飾華麗、配有猩紅色和藍色華蓋的搖籃中。五十多名僕人奔前跑後地侍奉著他們。他們遍嘗山珍海味，生活富足無憂，在最奢華的環境中學習著貴族生活的藝術。曾經有過十四個孩子的老國王對幼子溺愛有加，而年輕的少婦對歐洲貴族的奢侈生活方式有著敏銳的把握，而且生性熱情奔放。這一對父母為孩子的成長不遺餘力地給予了最好的條件。但是，儘管湯瑪斯和埃德蒙生活舒適奢侈，他們並不是最重要的王室子女。那項榮譽屬於卡那封的愛德華，即愛德華一世在第一段婚姻中與卡斯提亞的埃莉諾所生，在世兒子中最年長的那位。

一三〇〇年，卡那封的愛德華十六歲了，這個年齡理應開始承擔王權的一些責任。雖然一二九〇年代有諸多風波，但這個少年長大成人的時候還是比他父親當年要輕鬆得多。英格蘭與法蘭西締結了和約。他自己的威爾斯親王領地大體上已經平定，詹姆斯大師所建城堡的壁壘開始雄起於地平線之上，象徵著英格蘭的永久統治地位。

諸侯中仍然存在一些耿耿於懷的情緒，但在一三〇二年，愛德華一世與諾福克伯爵羅傑·比戈德之間達成了和解，於是摩擦的一個主要來源消失了。但是，愛德華一世與他曾經的朋友和親信謀臣，特勒姆主教安東尼·貝克（他是蘇格蘭戰爭的中心人物）之間，卻出現了一系列極其複雜的糾紛，事關司法權限和特權。一三〇五年，愛德華一世沒收了貝克的土地，表現出自己依然有足夠的能耐去壓服任何一位膽敢冒犯他的權貴，管他是世俗諸侯，還是教會人士。

但蘇格蘭依然麻煩不斷。一三〇〇年、一三〇一年、一三〇三年，英格蘭集結軍隊去鎮壓蘇格蘭人，但後者從福爾柯克吸取了教訓。他們不肯迎戰，因此愛德華一世沒有辦法像平定威爾斯那樣令北方王國俯首貼耳。英格蘭取得了一些成功：年輕的羅伯特・布魯斯（「大業」中王位競爭者羅伯特・布魯斯的孫子）在一三〇二至一三〇二年冬季變節到英格蘭人陣營；威廉・華萊士於一三〇五年被俘，在倫敦慘遭虐殺，他的首級被塗上焦油，插在倫敦橋的矛尖上示眾。然而蘇格蘭仍然不肯屈服。英格蘭政府高層需要新的理想、新的領導人和新的生命力，去將這場戰爭繼續打下去。

卡那封的愛德華為這一切做好準備了嗎？這位王儲肯定是一位強健有力的青年，繼承了父親在馬背上的功夫。並且他熱衷於信守和維護家族的神話。一三〇一年，他命人為切斯特城堡繪製了一幅湯瑪斯・貝克特受難圖。次年，他接受了一件禮物：附有插圖的懺悔者愛德華傳記。

卡那封的愛德華雖然表現出對金雀花王朝傳統的尊重，但人們還是擔心，他缺乏堅強的意志力，而正是這種意志力使他父親成為一位英明君主。他不喜歡比武，說明愛德華一世對前線廝殺混戰的愛好沒有遺傳給在世的最年長的兒子。從一三〇〇年開始，宮廷普遍產生了猜疑，認為王子跟一個叫做皮爾斯・加韋斯頓（Piers Gaveston）的青年學壞了，行為舉止跟金雀花王朝王子的身分不相稱。在加韋斯頓的慫恿下，王子頗為放肆無禮，令人難以忍受。一三〇五年，年輕的愛德華與國王的重臣沃爾特．蘭頓發生爭吵。他對這位財政大臣當面「口出粗鄙刻薄的惡言」，國王一怒之下將王子逐出宮廷幾個月之久。

儘管這些事情令人擔憂，但在一三〇六年，形勢所逼，卡那封的愛德華必須被推到前台。北方王國又一次爆發了動亂，這一次的起因是約翰．科明（John Comyn）遭到惡毒的謀殺。他是巴德諾赫領主，曾經擔任蘇格蘭攝政，在鄧弗里斯的聖方濟各會教堂祭壇前被刺殺。凶手不是別人，正是羅伯特．布魯斯。他在一三〇二年叛逃到英格蘭人那邊，在一三〇六年三月又在斯昆修道院自立為蘇格蘭國王羅伯特一世（Robert I）。蘇格蘭戰爭狼煙又起。

準備再一次進軍蘇格蘭的時候，愛德華一世的健康開始惡化。羅伯特一世加冕的時候，愛德華一世在溫徹斯特臥病在床。從一三〇六年春末開始，他只能坐轎子行動。他沒有耽擱，立刻著手為卡那封的愛德華掌權做準備。一三〇六年四月，加斯科涅做為封地被授予王子。聖靈降臨節（復活節之後的第七個星期日），他在西敏獲得騎士勳位。他和另外三百名年輕人在典禮上得到冊封，火炬被傳遞給了新一代的英格蘭人手中。這次典禮被稱為「天鵝慶典」，因為在用餐之後，愛德華命人呈上了一對金天鵝，示於眾人。國王以亞瑟王的風格發誓，在向羅伯特．布魯斯復仇之前將永不停歇；大仇得報之後，他將在不列顛永遠放下武器，而前往聖地，討伐異教徒。年輕的愛德華表示同意，也以類似的亞瑟王風格起誓，在打敗蘇格蘭人之前，絕不在同一個地方連續度過兩個夜晚。其他騎士們也對著金天鵝起誓。為了顯示他們的恪守誠信，一支軍隊在國王的堂弟艾默爾·德·瓦朗斯①指揮下被派往北方，鎮壓犯上作亂的蘇格蘭人，主持英格蘭的公道。

又一次出征蘇格蘭的時候，愛德華一世知道，他在日漸衰老。要將整個不列顛統一在一個王權之下，他的時間已經所剩無幾。在接下來的兩年裡，追蹤布魯斯的戰鬥是他一生中最殘暴的事件之一。許多伯爵、主教和婦女遭到囚禁，或者被以最為殘忍和可恥的方式處死。但這還不夠。老國王的部下拚命努力緝拿布魯斯的時候，王子和繼承人卻繼續在辜負他。父子之間爆發了激烈爭吵，尤其是為了兒子過分地寵信皮爾斯·加韋斯頓。

愛德華一世在率領又一支大軍北上的途中，於一三〇七年七月七日（星期五）下午在布拉夫桑斯（Burgh-by-Sands）駕崩。僕人們努力扶他起來用餐的時候，死神降臨了，這樣的死法頗為可悲。他已經患病好幾個月，儘管在六月底還生龍活虎地跨上自己的老戰馬、率軍從卡萊爾出征，但他的身體已經整組壞光光了。漫長的戎馬生涯、頑強的政治鬥爭和勤勉的統治摧毀了他的健康。他享年六十八歲，去世前即便與兩年前相比，也憔悴了太多。與此同時，他的兒子卻離戰區有千里之遙，躲在英格蘭東南部逍遙快活。一三〇七年五月，他被迫服從國王的命令，將他的朋友加韋斯頓流放了。

愛德華一世在世時是豹子、是雄獅、是建設者，也是猛擊敵人的戰錘。死後，他進入了傳奇的國度，就像他的英雄亞瑟王一樣。在亨利二世之後，為了加強金雀花王室的統治、增長它的威嚴，他的貢獻比任何一位國王都更多。他確立了英格蘭對不列顛群島大部分地區的主宰，保衛了金雀花王朝殘餘的海外領地。他整肅了英格蘭的法律和體制，剷除貪官汙吏，以此換取將戰爭繼續下去的經費。在一二九〇年，他迎合了民眾的偏見，驅逐了猶太人。儘管他曾將幾位大諸侯逼迫到武裝叛亂的邊緣，但還是避免了內戰，王室的威望和地位從來沒有跌落到他父親治下的那種低谷。

當然，一切成就都是要付出代價的。愛德華一世為不列顛留下了不可磨滅的印記，卻把他的國家搞得幾乎民窮財盡。他在行使王權時的殘忍和偏執也令人震驚。他給王室留下了高達約二十萬鎊的債務。即便以當時的標準來看，他也是個凶暴而粗魯的人。英格蘭在他強加的經濟負擔重壓之下呻吟哀哭。蘇格蘭人和威爾斯人滿腹怨恨地排斥他自上而下強加的統治。但沒過多久，英格蘭就開始為豹子的辭世而懊悔不已。

---

①第二代彭布羅克伯爵艾默爾·德·瓦朗斯（Aymer de Valence），當時最富裕和強大的諸侯之一，是愛德華二世與其諸侯（以第二代蘭開斯特伯爵湯瑪斯為首）的衝突中的關鍵人物，下文會有詳述。他屬於亨利三世時期的權臣呂西尼昂家族，他的父親就是亨利三世的同母異父弟弟威廉·德·瓦朗斯。他的叔叔也叫艾默爾·德·瓦朗斯，是溫徹斯特主教，詳見前文。

第五部

暴力的年代

Age of Violence (1307–1330)

哦，災禍啊！不久之前還身穿紫袍和精細亞麻華服的人，

現在居然衣衫襤褸，披掛鐐銬，身陷囹圄！

——《愛德華二世傳》

第四十五章　國王和他的兄弟

「你這狗東西！你竟想把土地揮霍出去？你從來沒有贏得過任何土地！上帝明鑑，若不是害怕分裂國家，你本不應繼承大統！」

據編年史家吉斯伯勒的沃爾特（他是有名的不可靠史家，常有虛構捏造的劣跡）記載，在一三〇七年二月，愛德華一世與他的兒子，卡那封的愛德華的最後幾次爭吵中，曾經這樣怒斥兒子。沃爾特說，小愛德華曾透過一名中間人，請求愛德華一世將蓬蒂厄伯爵領地封賞給他的親信、密友和同僚騎士皮爾斯．加韋斯頓。蓬蒂厄是小愛德華的母親，深受緬懷的卡斯提亞的埃莉諾帶給金雀花王朝的。老國王狂怒之下先是痛罵兒子，然後動起手來，扯下這位年輕人多根毛髮，然後氣喘吁吁地將他趕了出去。

這個故事是真的嗎？一定有很多人願意相信它的真實性。卡那封的愛德華是個怪異的年輕人。在有些方面，他和父親簡直是一個模子印出來的：魁梧強壯、騎術高超，相貌英俊，但不像他父親那樣口齒不清，也不像祖父那樣眼皮下垂。《阿諾尼瑪萊編年史》（*Anonimalle Chronicle*）的作者稱，小愛德華「容貌俊朗，體格健壯」，「但他沒有父親的品格和才華，因為他不關心騎士功業或者威權，而只貪圖享樂」。儘管他的外貌頗具王者之風，但從他的統治一開始就顯而易見，他是個非常糟糕的國王。

這非常令人遺憾，因為愛德華二世（Edward II）繼位的時候，形勢一片大好。他父親麾下兩名最惹是生非的貴族，諾福克伯爵和赫里福德伯爵前不久去世了。剩下勢力最大的兩位伯爵，蘭開斯特伯爵湯瑪斯和格洛斯特伯爵吉伯特，分別是愛德華二世的堂兄和外甥。坎特伯里大主教溫奇爾西因為一三〇六年與愛德華一世的爭吵而被流放；而在前一年曾跟愛德華二世發生衝突的王室財政大臣沃爾特・蘭頓則被迅速撤職、褫奪土地並囚禁。雖然王室負有約二十萬鎊的巨額債務，但一位精明強幹的國王在主要臣民的積極幫助之下，應該能輕鬆地解決這個問題。

但是，從愛德華二世登基最初的幾個月起，臣民們就以懷疑和敵意打量這位國王。他的生活的每一個方面似乎都與他的地位格格不入。在這個時代，騎士風度和軍人勇武仍然是一位理想國王的關鍵特質，而愛德華二世卻常常被描述為腐化墮落之徒。編年史家們對他的許多最惡毒的攻擊是在他的統治蒙受災難時寫下的，但人們確實普遍地、鄙夷地指責，國王沉溺於游泳和划船這樣的農民活動。

編年史家雷納夫・希格登（Ranulph Higden）指責愛德華二世更願意跟「弄臣、歌手、伶人、車夫、挖掘工人、槳手和水手」待在一起，而不願意和貴族和騎士們稱兄道弟。的確，他在位時，常有水手、駁船主和木匠在國王內室與他一同用餐。「如果他能把對村俗活動的注意力轉移到軍事上，定能大大增添英格蘭的榮光。」《愛德華二世傳》（*The Life of Edward II*，當時一部記載國王統治事蹟的史書）的匿名作者如此哀嘆道。王室的一位信使曾說，國王更喜歡用茅草蓋屋頂和挖掘水渠（這是農村的活動，更適合下層階級的工匠，而不是王親國戚），而不願聽彌撒。儘管其他證據表明愛德華二世是個傳統的虔誠信徒，在戰鬥中也能獨當一面，但他不喜歡比武，也不舉辦這些活動，更不會贊助天鵝慶典那樣的大型騎士活動（他自己就是在這次慶典上被封為騎士的）。他對君主在公開場合的恰當舉止毫無興趣，最終導致他成為老百姓的笑柄。

愛德華二世還特別任人唯親，這對他的損害要比其他事情大得多。他的整個成年生涯都處在密友們的陰影之下，他對這些豬朋狗友產生了不健康的癡迷。「國王羞辱善良的國民，而將榮譽交給國家公敵，如諂媚逢迎、進獻讒言和為非作歹之徒，這些人給他的建議違背王室的利益，也違背國家的利益。他卻非常寵愛這些佞臣。」《阿諾尼瑪萊編年史》的作者寫道。愛德華二世一生中有過多位這樣的寵臣，但最得恩寵的只有一位。從一三〇〇年起，愛德華二世便被一個叫做皮爾斯・加韋斯頓的臭名昭著之徒牢牢掌握在手心。

加韋斯頓是一名加斯科涅騎士。他的年紀比愛德華二世稍微大一點，曾於一二九七年追隨愛德華一世在佛蘭德征戰，後來又在一三〇〇年參加討伐蘇格蘭戰役，憑軍功得到老國王信任，被納入王子的內廷。據編年史家傑弗里・貝克爾（Geoffrey Baker）說，加韋斯頓「身形優雅敏捷，頭腦機智，諳熟禮儀……並且精通軍事」。愛德華一世一定認為他是個騎士精神的完美榜樣，於是讓兒子效仿和學習他。

不料事與願違。從結識伊始，兩人之間就顯然產生了一種不健康的親密關係。愛德華二世容易受人擺布，被聰明狡黠、野心勃勃而且貪得無厭的加韋斯頓牽著鼻子走。加韋斯頓魅力十足，但傲慢到了令人無法忍受的地步，《愛德華二世傳》的作者稱，他的自負「讓諸侯無法忍受，令眾人憎惡和憤怒」。他的洋洋自得讓國王笑逐顏開，卻讓其他人怒火中燒。「如果一位伯爵或男爵走進愛德華二世的房間……而皮爾斯在那裡的話，愛德華二世就只對皮爾斯一個人說話。」這位編年史家記載道，他還暗示，「皮爾斯被人們看作是巫師」。

愛德華二世和加韋斯頓究竟是不是我們現在理解的那種情人關係，或者是其他類型的關係，我們永遠不得而知。他們之間可能是一種義結金蘭的紐帶關係，就像《舊約》裡的約拿單和大衛的友情一樣，「約拿單愛大衛如同愛自己的性命，就與他結盟。」記載愛德華二世統治事蹟的每一位主要的編年史家都說，愛德華二世對待加韋斯頓就像對待親兄弟一樣，而國王在正式公文中也這樣稱呼自己的朋友。或許兩人之間的關係的確有性的意味，但這在愛德華二世統治初期並不為人所知。他跟法蘭西國王腓力四世的女兒伊莎貝拉訂了婚約，像腓力四世這樣特別傳統和保守的國王，絕對不會同意把自己的女兒嫁給一個雞姦者和異端分子。但愛德華二世與加韋斯頓的關係的確過於親密，令同時代人震驚和反感，被臣民們認為是醜惡可憎、不符合國王身分的舉止。

一三〇五年，有件事對全國政局產生了影響。當時，年輕的愛德華跟父王的財政大臣沃爾特・蘭頓發生激烈爭吵。為了懲罰兒子，愛德華一世將加韋斯頓放逐了。次年，在愛德華一世最後一次討伐蘇格蘭之前舉行的盛大典禮上，加韋斯頓被重新接納到王室圈子，並被冊封為騎士，但他卻和另外二十一名騎士一道溜走，到海外參加比武大會去了。為了懲罰他的這種輕率行為，他再次被逐出英格蘭，但獲准領取每年一百馬克的年金。

卡那封的愛德華得知父親在布拉夫桑斯駕崩、自己已經成為英格蘭國王愛德華二世之後，第一個動作就是召回流亡中的加韋斯頓。他把康沃爾伯爵領地封賞給加韋斯頓，並安排他跟瑪格麗特・德・克雷爾（Margaret de Clare）結婚，她是格洛斯特伯爵吉伯特與愛德華二世的妹妹，阿卡的瓊（Joan of Acre）的女兒。

這個晉升超乎尋常，配得上王親國戚。康沃爾伯爵是金雀花王朝最顯赫的頭銜之一，曾保有這個頭銜的最著名貴族便是亨利三世的弟弟理查，他在當年是歐洲最高級的貴族之一，曾享有日耳曼國王和普瓦圖伯爵的地位。與這個頭銜一同封賞的不僅有英格蘭西南部的土地，還有伯克郡、牛津郡和約克郡的大片領土，其年收入高達約四千鎊。它既是王親國戚的頭銜，也具有極大權力和深遠影響。將如此高貴的頭銜賜給加韋斯頓這樣一名內廷騎士，不僅僅是過分慷慨，在政治上也是非常危險。

加韋斯頓的榮升激怒了很多人。其中主要的反對者是太后法蘭西的瑪格麗特，已故的老國王曾告訴她，會把康沃爾伯爵領地封給她的兩個兒子（布拉澤頓的湯瑪斯和伍德斯托克的埃德蒙，也就是愛德華二世的異母弟）之一。這兩個小王子儘管年幼，但愛德華二世在一三〇八年去法蘭西迎娶腓力四世之女伊莎貝拉的時候，他們有可能會被指定為英格蘭政府的名義攝政。但他們沒有得到這個任命，這項榮譽又被賜給加韋斯頓。

根據傳統，攝政的職位一般被交給一位王室重臣、王族成員或者王后。愛德華二世對此漫不經心，但他身邊的所有人都大感警醒。加韋斯頓絕對不是金雀花王族的成員。他也不是一位首席政法官、大法官或者大主教。「昨天還是流亡者和喪家之犬，今天卻成了國家的攝政和守護者。」《愛德華二世傳》的作者震驚地寫道。但國王的加冕禮表明，攝政還不是加韋斯頓飛黃騰達的最頂峰。

一三〇八年二月二十五日，愛德華二世在西敏加冕。英法兩國的貴族都參加了慶典。人們蜂擁進入西敏寺，爭相目睹新國王的受膏禮。十二歲的王后伊莎貝拉陪伴在國王身邊，他們是於前一個月在布洛涅結婚的。那次婚禮金碧輝煌，有五位國王和三位王后到場慶賀。

修道院教堂和周圍大街小巷都擠滿了參加婚禮的賓客和觀眾。人潮如此洶湧，以至於擠塌了一堵牆，導致騎士和蓬蒂厄前任總管約翰・貝克韋爾（John Bakewell）爵士喪命。雲集於教堂的貴人們的金絲華服熠熠生輝。法蘭西人派來富麗堂皇的代表團，包括瓦盧瓦伯爵、埃夫勒伯爵、伊莎貝拉的哥哥查理（未來的法蘭西國王查理四世）、布拉班特公爵約翰及夫人瑪格麗特（愛德華二世的姊姊）、盧森堡伯爵海因里希（很快將成為神聖羅馬皇帝海因里希七世），還有很多其他貴客。英格蘭的伯爵、男爵和各郡騎士們擠在這些貴賓身旁，見證這最重要的政治典禮。

老國王的遺體也在現場，一言不發。愛德華一世的新陵寢是用珀貝克黑色大理石製成的，外表光滑，莊嚴肅穆，上面刻著「在此長眠著愛德華一世，蘇格蘭人之錘。尊崇誓言」。這箴言冷靜地提醒眾人，君主負有軍事責任。所有曾宣誓要實現統一的、亞瑟王式不列顛的人，都負有這樣的責任，並且受到在天鵝慶典上發出的誓言的約束。

新國王走進了修道院教堂。他身披綠色長袍，穿著黑色緊身短褲，赤足走在撒著花瓣的地毯上，年輕的新娘陪伴在他身邊。國王夫婦頭頂上張掛著美麗的刺繡華蓋，英格蘭的權貴和高級教士們走在他們前面。隊伍的排列順序有著嚴格的規矩，這在加冕禮的時候總是會造成爭執。每一位伯爵都有特定的使命。在愛德華二世的加冕禮上，蘭開斯特伯爵、瓦立克伯爵和林肯伯爵負責捧著寶劍；國王的堂兄蘭開斯特的亨利①捧著權杖；另外四位諸侯：老休・德斯潘塞（Hugh Despenser the elder）、徹克的羅傑・莫蒂默②、牛津伯爵之子湯瑪斯・德・維爾（Thomas de Vere）和阿倫德爾伯爵埃德蒙・費茲艾倫（Edmund FitzAlan）抬著一張禮儀板，加冕禮專用的沉重而奢華的袍子就擺放在那上面。

出人意料的是，加韋斯頓也出現在這些達官貴人當中，他走在愛德華二世和伊莎貝拉的前方，這是非常尊貴的位置。據聖保羅大教堂的編年史家記載，加韋斯頓渾身裝束彷彿是「戰神瑪爾斯」。雲集於此的貴族們身穿綴有金線的華服，但加韋斯頓更勝一籌，穿著紫色的綢緞（只有王室才可以用紫色）衣服，上面裝飾著珍珠。他捧著懺悔者愛德華的王冠，這是王室御寶中最神聖的一件。聚集在此的貴族們必然會將這視為一種惡毒的侮辱。

在瞠目結舌的人們面前，愛德華二世用法語，而不是慣常的拉丁語發出了加冕誓言。他述說著加冕誓言，承諾要維護懺悔者聖愛德華的法律，以及「國民所選擇的法律和合法的風俗習慣」。在先王治下，議會經常召開，是表達政治異議、討論、辯論和談判的場所。神聖的加冕誓言中認可了國民愈來愈強有力的作用，這反映了新的政治現實。

① 即第二代蘭開斯特伯爵湯瑪斯（愛德華二世的死對頭）的弟弟，後來繼承爵位，稱第三代蘭開斯特伯爵亨利。

② 徹克的羅傑・莫蒂默（Roger Mortimer of Chirk）是第一代莫蒂默男爵羅傑・莫蒂默（上文講到的愛德華一世的盟友，在伊夫舍姆殺死孟福爾的大將）的第三子。

但吸引所有人注意力的不是新的加冕誓言，而是加韋斯頓。在每一個環節，他的在場都令其他貴族憤憤不平。儀式進行到為國王穿靴的階段時，加韋斯頓與瓦盧瓦伯爵和彭布羅克伯爵共同承擔這個光榮義務，為國王配上左腳的馬刺。愛德華二世和伊莎貝拉受膏之後，國王端坐在包含斯昆石的御座上，接受群臣的效忠。加韋斯頓手捧國王的寶劍「慈悲之劍」③，引領著隊伍走出教堂。先前進入教堂的時候，寶劍是由蘭開斯特伯爵捧進來的。在等級森嚴、受制於神聖信仰的社會中，這是嚴重違反規則的行為。這場默劇繼續演下去的時候，人群中發出了不合時宜的抗議聲。但更糟糕的還在後面。

加韋斯頓負責組織加冕禮之後的宴會，他利用這個機會為自己爭奪了更多榮譽。宴會廳的牆壁上張掛著華麗的壁毯。壁毯上繪製的不是愛德華二世和伊莎貝拉的紋章，而是愛德華二世和加韋斯頓的紋章。如此明目張膽地怠慢新王后，令到訪的外戚怒火中燒。雪上加霜的是，在宴會中（菜肴上得太晚，基本上無法入口），愛德華二世一直和加韋斯頓談笑風生，而對新娘置之不理。甚至在儀式之前，年輕的王后就寫信給父親，抱怨自己的生活條件太寒酸，而且受到輕視怠慢。她遭受的無禮對待在此被展示於眾目睽睽之下。更糟糕的是，後來人們得知，愛德華二世將王后的珠寶首飾和結婚禮物中最好的部分都饋贈給了自己的寵臣。

加冕禮是場不折不扣的災難。它向整個英格蘭政界，以及伊莎貝拉的家人證實，國王非常癡迷於加韋斯頓，這非常危險，不僅不合體面，而且很可能會招致政治災禍。就這樣，愛德華二世疏遠和激怒了所有原本希望支持他的人。

僅僅幾天之後，加冕禮造成的怒火就演化成了政治危機。議會預定將於四月召開，有傳聞說，權貴們將全副武裝地前來，懲罰加韋斯頓的醜惡行徑。為了防止可能出現的麻煩，泰晤士河上的橋梁在三月底被拆毀了，國王則逃遁到了溫莎城堡。新王登基往往能夠帶來政治資本、得到人民的善意，但加冕剛過幾天，愛德華二世就把這好機會敗了個精光。

議會於一三〇八年四月召開時，以林肯伯爵亨利·德·萊西（Henry de Lacy）為首的權貴提出了三條宣言，對憲法造成了翻天覆地的影響。他們宣布：「臣服和效忠誓言是針對國王的位置，而不是國王本人。」這是歷史上首次將國王與他所占據的位置明確地做了一個區分。權貴們要求流放加韋斯頓，並褫奪他的伯爵領地，因為「他侵犯王室權益……盜竊王家財產……並在國王與其人民之間製造糾紛」。

這不是心懷不滿的少數派發出的宣言，而是憲法意義上的反對派發出的明確信號，幾乎所

③ 慈悲之劍（Curtana或Sword of Mercy）傳說是懺悔者愛德華的劍，前端截斷鈍平，以示並非用於殺戮，所以稱為慈悲之劍。它是英王加冕禮所用的五把儀式用劍之一，另外四把分別是獻納之寶劍（The Jewelled Sword of Offering）、國劍（Great Sword of State）、天界正義之劍（Sword of Spiritual Justice）和俗界正義之劍（Sword of Temporal Justice）。

有英格蘭諸侯都支持。蘭開斯特伯爵、彭布羅克伯爵、瓦立克伯爵、赫里福德伯爵和薩里伯爵都支持林肯伯爵，並在西敏展示武力，以強調他們是多麼認真。溫奇爾西大主教在加冕禮期間人在國外，現在被國王召回到英格蘭。他一回國就站到諸侯那邊，威脅說如果加韋斯頓不在六月底之前離開英格蘭，就將他絕罰。只有一位貴族，老休・德斯潘塞爵士支持國王。德斯潘塞是一位深受信賴的外交官和赤膽忠心的保王黨，一三〇六年，他花了一筆巨款（兩千鎊）安排自己的獨生子，小休・德斯潘塞與格洛斯特伯爵的妹妹結婚。在今後的歲月裡，他將緊隨國王左右。

儘管支持愛德華二世的諸侯屈指可數，他卻仍然躊躇不決。顯然加韋斯頓必須離開，也不可能保住他的伯爵領地。但愛德華二世沒有直接屈從於反對派、流放寵臣，而是任命加韋斯頓為愛爾蘭總督，並將英格蘭和加斯科涅的一些城堡和地產賞賜給他，好讓他維持生計。他陪伴加韋斯頓到了布里斯托，然後在那裡莊嚴地目送他登船離開英格蘭海岸。

愛德華二世應當能夠從他父親治國的點點滴滴中學到，英格蘭王國政治的基礎是共識和妥協。諸侯並不是天生就惹是生非或者敵對王權，但他們對君主統治的缺陷或不公特別敏感，如果相信國王沒有盡到自己的本分，就會毫不猶豫地採取行動、控制政權。令人遺憾的是，愛德華二世看不到這一點。在他眼裡，諸侯流放加韋斯頓，是在攻擊他寵愛的人，而不是為了國家利益而採取的政治行動。因此，在一三〇八年，愛德華二世唯一關心的就是透過談判把他的寵臣接回國來。在隨後四年中，他一而再、再而三地做著這種努力，導致英格蘭又一次走向內戰的邊緣。

第四十六章　受約束的國王

令人尷尬的加冕禮之後，加韋斯頓讓國民群情激憤，怒不可遏。在愛德華二世眼裡，這種民憤是毫無根據的。他似乎當真把加韋斯頓當作親兄弟看待，並且封賞他奢侈的禮物，情深意切。王后只能可憐兮兮地排到第三位，這讓法蘭西人怒火中燒；但她畢竟只是個十二歲的孩子，還沒有做好成為國王性伴侶的準備，也不是一個有影響力的政治人物。在加韋斯頓被流放到愛爾蘭之後，愛德華二世不思進取，沒有堅決果斷地處理政府的急切需求，而是將全副精力花在撤銷他的寵臣受到的刑罰上，並向教宗請願，求他解除溫奇爾西大主教對加韋斯頓施以的絕罰令（暫時沒有切實執行）。國王的所作所為給國家帶來了致命的惡果。

愛德華二世並不愚蠢，他認識到，想要讓加韋斯頓回國，必須對權貴們發起一輪魅力攻勢。他啟動了一項改革計畫，努力贏得主要諸侯和主教們的好感。一三〇九年七月，朝廷在斯坦福（Stamford）頒布法令，處理官吏強行收購物資以供給王軍的問題，以及王室官吏在各郡濫用職權的罪行。做為交換，加韋斯頓被允許在八月返回英格蘭，並被重新授予康沃爾伯爵領地。英格蘭許多勢力最強大的權貴見證了這個事件，包括特勒姆主教、奇切斯特主教、伍斯特主教、倫敦主教、格洛斯特伯爵、林肯伯爵、薩里伯爵、彭布羅克伯爵、赫里福德伯爵和瓦立克伯爵。但國王的堂兄，蘭開斯特伯爵湯瑪斯、阿倫德爾伯爵和溫奇爾西大主教並不在場，沒有認可加韋斯頓的回歸。

加韋斯頓歸國之後變本加厲，更加放肆妄為。據多位編年史家記載，他給其他幾位伯爵取了侮辱性的綽號。他把瓦立克伯爵叫做「阿登的黑狗」，把格洛斯特伯爵稱為「婊子養的」，把林肯伯爵稱為「大肚子」，稱蘭開斯特伯爵為「匹夫」，稱彭布羅克伯爵為「猶太人約瑟夫」。加韋斯頓還撤除了蘭開斯特伯爵一名親信在王國政府中的職務，以自己的人取而代之，這令蘭開斯特伯爵愈發惱怒。加韋斯頓對國王的影響力仍然非常強大，而且極其令人擔憂，原因之一是，國家理應積極備戰，準備對抗蘇格蘭人。

一三〇九年，局勢愈發緊張。朝廷下令於九月在蘇格蘭徵集一支軍隊，但後來沒有落實。但愛德華二世的官吏們仍然繼續徵用和強行收購物資，用徵來的糧食和給養供給北方的王室駐軍。另外還徵收了二十五分之一的賦稅。苛捐雜稅非常沉重，有傳聞說，一場農民叛亂一觸即發。

一三一〇年初的議會上，權貴們表達出了極大的憤慨。諸侯普遍拒絕去西敏參加議會，而要求將加韋斯頓逐出宮廷。《愛德華二世傳》記載稱，國王向諸侯妥協之後，議會發表了急迫的抱怨，稱「自先王愛德華駕崩以來，君主和國家的狀況大為惡化……整個王國受到極大損害……」，他們將自己的怨言概括在一份請願書中。請願書的作者們指出，自一三〇七年以來，愛德華二世受到奸臣蠱惑，將國庫揮霍一空，以至於他的大臣們不得不違反《大憲章》規定的義務，從人民和教會手中勒索物資和錢財。愛德華二世被指控懶散怠惰，丟失了蘇格蘭，並且敗壞王室在英格蘭和愛爾蘭的產業。

這是非常嚴重的指控。將蘇格蘭的險惡局勢歸罪於愛德華二世，但這忽略了一個事實，即戰線拉得過長主要是他父親造成的。但其他方面的指控是有理有據的。為了挽救時局，議會的請願者們要求「選舉十二名謹慎、強大而聲譽良好的人士，憑藉其判斷和決策，改良和處置局勢；若發現王國蒙受任何負擔，他們應頒布法令，將其剷除……」，愛德華二世在位只有三年而已，卻需要採取這樣大膽和緊迫的措施，表明整個政界對愛德華二世的領導憂心忡忡。諸侯並非被狼子野心和無恥貪欲驅動著去侵犯王權的惡徒，也不是不通情理的宵小。總的來講，他們只是希望有一位強大而公正的國王。

愛德華二世在議會剛開始的時候或許還沒有認識到問題的嚴重性，但他很快就發現，諸侯的確是玩真的。《愛德華二世傳》記載稱，諸侯指控國王違背了自己的加冕誓言，並威脅他，如果不滿足他們的要求，就要廢黜他：「諸侯團結一致……表示，假如國王不滿足他們的要求，他們就不要他當國王，也不遵守對他發出的效忠誓言，這尤其是因為，他自己也沒有遵守在加冕時許下的諾言。」

愛德華二世意識到別無辦法，只能屈從於民意。一三一〇年三月二十日，二十一名改革派諸侯，負責執行改革條令的領主們被選舉出來，並宣誓就職。這個委員會中的保王黨和改革派勢力均衡，包括坎特伯里大主教和英格蘭的多位主教，以及除了牛津伯爵、薩里伯爵以及康沃爾伯爵加韋斯頓之外的所有英格蘭伯爵（加韋斯頓被排除在外，不足為奇）。他們同意於一三一一年九月公布改革條令。

一三一〇年九月，為了跟改革派諸侯保持距離，愛德華二世動身前往蘇格蘭邊境。改革派諸侯正在忙碌地（在國王看來，是放肆地）制定改革王政的計畫。愛德華二世在邊境一直待到一三一一年七月。與十年前他父親在宏偉戰役中指揮北上的大軍相比，愛德華二世的軍隊遜色不少，但約三千步兵、一千七百騎兵仍然是一支相當強大的力量。

但他沒有取得任何進展。羅伯特．布魯斯繼續游擊和撤退，避免正面交鋒。蘇格蘭和英格蘭國王之間有一些外交接觸。加韋斯頓率領一支強大的部隊奔赴珀斯，希望能夠透過軍功贏得民心，但無功而返。最終，愛德華二世的資金和給養消耗殆盡，也沒能在愛爾蘭或英格蘭招募到更多軍隊，於是結束了這場失敗的遠征，於一三一一年夏季南下回國。愛德華二世剛剛離開，羅伯特．布魯斯就入侵了英格蘭北部，造成很大的破壞和苦難。國王返回西敏時發現，政治改革的完整方案已經在運作，而他的政敵們力量大增、虎視眈眈。

在他討伐蘇格蘭期間，有好幾個重要人物去世了。特勒姆主教安東尼．貝克就是其中一個。對國王統治生涯餘下時光更為重要的，是林肯伯爵亨利．德．萊西的死。林肯伯爵（同時擁有索爾茲伯里伯爵領地）在很多方面算得上是權貴中的元老政治家。他威名遠播、經驗豐富、德高望重。他的辭世使英格蘭政治損失了一位有影響的人物，還改變了英格蘭貴族權力的微妙平衡。

林肯伯爵的女兒愛麗絲嫁給了國王的堂兄，蘭開斯特伯爵湯瑪斯。林肯伯爵沒有兒子，所以在他死後，蘭開斯特伯爵繼承了林肯和索爾茲伯里這兩個伯爵領地。於是，蘭開斯特伯爵得到一個極其強大的勢力範圍，他會毫不猶豫地對其加以利用。甚至在林肯伯爵去世之前，三十三歲的蘭開斯特伯爵就已經是一個令人生畏的強悍角色。他已經擁有三個伯爵領地：蘭開斯特、萊斯特和德比。他的父親是愛德華一世的弟弟埃德蒙；他的母親曾經是那瓦勒國王亨利一世的王后；他的同母異父妹妹，那瓦勒的瓊是法蘭西王后。因此，蘭開斯特伯爵是英格蘭國王亨利三世和法蘭西國王路易八世的直系後裔。①他比國王年長約六歲，兩人在孩提時代是親密夥伴。蘭開斯特伯爵在國王統治早期的困難時期曾支持他，但就像其他許多英格蘭貴族一樣，他也被加韋斯頓的放肆行為和政府權力的濫用（尤其是強行收購物資的嚴厲舉措）激怒，投向改革派陣營。一三〇八至一三〇九年冬季，他離開了國王的親信圈子。他往往遠離西敏，待在自己在北方的領地，在那裡隨心所欲地扮演該地區最強大諸侯的角色。

蘭開斯特伯爵繼承了林肯伯爵的領地之後，一夜之間成為英格蘭實力最雄厚的領主。林肯伯爵的遺產使得他的收入暴增到一萬一千鎊，這差不多是第二強大的權貴格洛斯特伯爵吉伯特的兩倍，也使得他的領地遍布王國全境。他有資本招募數量龐大的私人武裝，在全國和地區兩個層級都有著極大權力。

就像歷史上的另一位伯爵和金雀花王朝的王親國戚，西蒙·德·孟福爾（他是亨利三世的剋星）一樣，蘭開斯特伯爵湯瑪斯也是個粗暴無禮的角色。他傲慢、易怒、專橫跋扈，往往會疏遠其他諸侯，很少贏得下屬的忠誠。他是個非常不得人心的地主，常常違法侵犯佃戶的利益。他得不到人們的愛戴，而他崛起成為英格蘭第二強大的人物之後，他的缺乏政治頭腦也令人擔憂。蘭開斯特伯爵終其一生都是改革派諸侯中最狂熱的一位。四十一條的改革計畫於一三一一年八月底被呈送給愛德華二世，並在當年十一月昭告天下。蘭開斯特伯爵在這計畫的籌劃起草過程中扮演了極其重要的角色。

一三一一年的改革條令包羅萬象，極其詳盡。它攻擊了一些司空見慣的濫用權力的行為（這些行為可以追溯到愛德華一世統治時期），諸如強行徵用和收購物資；為了還債，海關關

①第二代蘭開斯特伯爵湯瑪斯的外祖父是第一代阿圖瓦伯爵羅貝爾，即法蘭西國王路易八世的兒子。

稅被交給義大利銀行家；國王不跟議會協商，就發動戰爭。愛德華二世受到了極大的束縛，包括在償清債務之前，他如果要以土地封賞他人，必須徵得議會中諸侯的許可；稅收被直接交付國庫，而不是國王內廷；議會應每年召開一次或兩次，並設置特別委員會，以聽取對國王濫用權力行為的指控。愛德華二世的整個官僚系統，從他的大法官和財政大臣到各郡的郡長，都將由相應的委員會任命。

一二五八年的事件又重演了一遍。諸侯奪走了一位昏庸無能的金雀花國王的政權，然後以嚴格和規範性的方式將政權重新強加於他。但是，國王盛氣凌人而滿心不情願，諸侯在實踐中如何對抗他的意志，並執行這些改革條令呢？這個問題在過去的政體危機時刻沒有得到解答，在一三一一年也沒有得到很好的解答。在此之前，這樣的事情在歷史上一再上演，且以內戰告終：諸侯試圖強迫金雀花國王踐行改革，後者堅決抵觸。但諸侯別無選擇，只能嘗試。

有一個要求是可以執行的，也就是放逐皮爾斯·加韋斯頓。就像一三〇八年一樣，改革派諸侯向加韋斯頓發起了新一輪攻擊，指控他是王政有所欠缺不足的罪魁禍首。改革條令中寫道，加韋斯頓「蠱惑國王誤入歧途」，「巧舌如簧，以各種伎倆誘騙國王，敗壞朝綱」，並且「讓國王跟他的封臣們疏遠」。諸侯還怪罪加韋斯頓在沒有得到他們許可的情況下就發動戰爭，控訴他在空白的特許狀上蓋章，「欺騙國王和王室，盜竊其產業」，並「舉止狡猾、奸詐和陰險，令王國蒙羞、遭受損害」。這是愛德華二世一生中第三次面對諸侯的憤怒要求，只好流放他的義兄加韋斯頓，這一次不僅僅「逐出英格蘭，還應逐出蘇格蘭、愛爾蘭和加斯科涅，以及英格蘭國王治下的每一塊海外領地，永遠流放，不得歸國」。

十一月三日，加韋斯頓從多佛啟航，離開了英格蘭，在佛蘭德登陸。愛德華二世事先已經給布拉班特公爵及夫人寫了信，請求他們好好照顧自己被流放的朋友。但這次流放又是很短暫的。十一月底，英格蘭諸侯頒布了第二套改革條令，可能是蘭開斯特伯爵和瓦立克伯爵下令發布的。新的改革條令的唯一目的是，將國王親信圈子中所有跟加韋斯頓有關係的人清洗出去。但事與願違。這些新條款極其嚴厲、充滿挑釁，只是讓國王反抗的決心更強。備受羞辱、怒火中燒的國王在加韋斯頓流亡僅幾週之後就祕密召回他。一三一二年一月初，失勢的伯爵又一次返回英格蘭，剛好趕上在約克郡見到自己的妻子瑪格麗特，後者剛生下他們的第一個孩子，一個叫做瓊的女嬰。

愛德華二世幾乎立刻開始向全國發布公告，宣布他拒絕同意改革條令，並證實自己已經召回了加韋斯頓，並恢復他的伯爵地位。二月底，愛德華二世和加韋斯頓慶祝了瑪格麗特的安產感恩禮拜。這是他們一起度過的最後一次節慶活動。

第四十七章　搜捕

牛津郡的德丁頓村（Deddington）坐落在一座城堡周圍。征服者威廉的兄弟，貝葉主教奧多在諾曼征服不久之後建造了這座城堡。彭布羅克伯爵艾默爾・德・瓦朗斯對這個地區耳熟能詳。一三一二年六月九日晚上，他抵達德丁頓村的時候，他的妻子就在二十二英里之外的班普頓（Bampton）莊園。

他押解著一名臭名昭著的犯人：皮爾斯・加韋斯頓。彭布羅克伯爵、薩里伯爵和另外兩位諸侯攻打了國王寵臣的斯卡伯勒城堡。加韋斯頓於五月十九日向他們投降，隨後一直被關押著。彭布羅克伯爵以英格蘭諸侯的名義羈押著加韋斯頓。他非常認真地看待自己的職責：在約克與愛德華二世談判的時候，彭布羅克伯爵同意，如果加韋斯頓在他手中遇到任何傷害，他將交出自己的全部財產。

英格蘭的大權貴們精誠團結，一同籌劃和執行搜捕加韋斯頓的計畫。加韋斯頓回到英格蘭幾週之後，伯爵們就在英格蘭和威爾斯全境徵集兵馬，藉口要組織比武大會，「以免國民被動刀動槍的景象嚇壞」（這是《愛德華二世傳》的記載）。招兵買馬的真正目的當然是準備向國王和他令人憎惡的寵臣開戰。密謀的主要領導人包括溫奇爾西大主教（他向加韋斯頓發出了絕罰令）、蘭開斯特伯爵、彭布羅克伯爵、赫里福德伯爵、阿倫德爾伯爵、瓦立克伯爵，以及兩位勢力較小的男爵：亨利・珀西（Henry Percy）和羅傑・德・柯利弗德。其他諸侯，如薩里伯爵和格洛斯特伯爵知曉密謀，也參與其中，但起到的作用較小。每一位權貴都負責在王國的某個地區維持治安，而彭布羅克伯爵和瓦立克伯爵則負責抓捕加韋斯頓。

彭布羅克伯爵、薩里伯爵、珀西和柯利弗德在一場短暫的圍攻之後，就將加韋斯頓從他的藏身之地，斯卡伯勒城堡揪了出來。諸侯馬上開始跟愛德華二世就釋放加韋斯頓的問題展開談判，預定於夏季在更靠近倫敦的地方繼續商談。彭布羅克伯爵押解著加韋斯頓南下，在一個溫暖的六月夜晚抵達了德丁頓。彭布羅克伯爵儘管莊嚴宣誓要保護加韋斯頓的安全，但在這夜晚卻做出了一個奇怪的決定。他宣布自己要離開德丁頓，去班普頓與自己的妻子團聚。他留下了加韋斯頓，只安排少量衛兵警戒。

這是愚蠢，還是陰險的有意為之呢？彭布羅克伯爵始終堅持這是疏忽大意，但讓英格蘭最受眾人怨恨的人單獨過夜，並被大量敵人環繞，實在是太天真了。彭布羅克伯爵剛動身幾個鐘頭，瓦立克伯爵就率領一大群武士衝進了村裡。被加韋斯頓鄙夷地稱為「黑狗」的那個人，現在要來撕咬他的仇敵了。《愛德華二世傳》將這個故事描繪得繪聲繪影：

> 瓦立克伯爵得知皮爾斯的境況之後，便率領一支強大的隊伍，祕密接近皮爾斯的所在地。星期六清晨，他衝進村莊，進入庭院大門，包圍了加韋斯頓待的房間。
>
> 然後，瓦立克伯爵厲聲喝道：「叛賊，起來，我抓住你了！」皮爾斯聽到伯爵的呼喊，還看到對方兵力雄厚，而看守自己的衛兵沒有反抗的意思，於是穿上衣服，從房間走出來。皮爾斯就這樣被抓住，沒有被當作一位伯爵，而是被視為竊賊，被押走了。他慣於騎乘駿馬，現在卻不得不步行。

瓦立克伯爵春風得意地離開了德丁頓村，他的扈從們吹響號角，在牛津郡延綿起伏的田野上大肆宣揚這場勝利。人群熙熙攘攘地擠在隊伍兩旁，辱罵失勢的寵臣。加韋斯頓被押解到瓦立克城堡，在那裡做為叛國賊被投入監牢。

這並非僅僅一位伯爵的謀逆行為。加韋斯頓被抓一週之內，蘭開斯特伯爵、赫里福德伯爵和阿倫德爾伯爵都率領著他們的私人武裝和僕役，前往瓦立克。參與密謀的小諸侯也動身前往那裡。彭布羅克伯爵現在開始對其他諸侯的冷酷無情感到恐懼，向蘭開斯特伯爵抗議說，自己曾發誓要保護加韋斯頓，諸侯卻讓他非常為難。諸侯置之不理，只是告誡他，下回發誓的時候要格外小心。

做為王親國戚，蘭開斯特伯爵是在場諸侯中資歷最深的一位，於是開始掌控加韋斯頓的命運。蘭開斯特伯爵和瓦立克伯爵主持法庭，審判犯人，罪名是違反了禁止他歸國的改革條令。加韋斯頓顯然是有罪的：這個法庭之所以組成，就是為了定他的罪，法庭所依據的法律也是專門為了抹殺他而制定的。

加韋斯頓被判處死刑。六月十九日，他被帶出牢房，押到蘭開斯特伯爵面前。編年史家們描繪了一個淒慘的場景：犯人涕泗橫流、哀求開恩。蘭開斯特伯爵鐵石心腸，將加韋斯頓交給兩名武裝衛兵。衛兵拖行加韋斯頓兩英里，抵達瓦立克以北的布萊克洛山（Blacklow Hill）。在山頂上，他被交給兩個威爾斯人。兩人各自向加韋斯頓發出了致命打擊，其中一人刺穿加韋斯頓的身體，另一人砍下他的首級。首級被送到蘭開斯特伯爵面前，驗明正身。屍體被丟棄在原地，後來有一些多明我會修士收殮了遺體，將首級縫合到軀幹上，然後將遺體送往牛津。多明我會跟國王的關係特別親密，愛德華二世的教師就是多明我會修士，他在成年之後也格外恩寵這個修會，慷慨予以賞賜。因此，國王朋友的屍體被做好防腐處理，穿上金線織就的華服，停放在多明我會的房舍內達兩年半之久。但善舉也只能做到這一步了，加韋斯頓死時仍處在絕罰狀態，因此不能下葬。儘管加韋斯頓傲慢自負且恣意橫行，但做為國王寵臣，卻死得如此淒慘，也著實令人震驚。

愛德華二世得知自己義兄的命運之後，悲痛欲絕。他沒有檢討自己的錯誤，卻更加頑固地抗拒改革條令。他永遠不會原諒自己的堂兄蘭開斯特伯爵做出如此傲慢的暴行。在隨後十年的大部分時間裡，兩人之間的血仇愈演愈烈。

加韋斯頓的死遠遠沒有讓英格蘭團結起來，而是令政界愈發四分五裂。諸侯當中出現了永久性的分裂：身揹殺害加韋斯頓責任的諸侯徹底失去了國王的好感，而彭布羅克伯爵和薩里伯爵感覺到自己在某種程度上，被蘭開斯特伯爵和瓦立克伯爵欺騙了，於是變成了堅定不移的保王黨。

一百五十多年來，金雀花王朝依法治國。在政治和憲法糾紛中，只有在極端的情況下，才有達官貴人因鬥爭而喪命，諸如湯瑪斯．貝克特悲慘地遇害；西蒙．德．孟福爾戰死沙場；布列塔尼的阿爾蒂爾在自己牢房中被殘忍殺害。現在，國王的一名親信在另外一名伯爵的命令下，被深思熟慮地蓄意謀殺。加韋斯頓罪過再大，根據王國的法律，也罪不至死。加韋斯頓是一位貴族，卻在布萊克洛山被刺穿身體和斬首。不管其他貴族願不願意承認，他是被謀殺的。

綁架、暴力和謀殺在中世紀社會屢見不鮮，但除非在極其嚴重的情況下，它們在王國政府的正常運作中是絕對不可接受的。現在暴力變成英格蘭的政治工具。潘朵拉的盒子被打開了。愛德華二世和蘭開斯特伯爵陷入不共戴天的仇恨，金雀花王族出現自相殘殺的危機，而英格蘭亦將隨之受苦受難。

第四十八章　希望與災難

一三一三年夏天的巴黎見證了中世紀法蘭西的頂級愉悅和享樂。六月初，街頭熙熙攘攘、摩肩接踵，客棧擠滿了不計其數的貴族老爺、年輕騎士、歐洲各國的年輕貴婦小姐，以及來自外國的貴賓。人山人海的觀眾欣賞各種表演、儀式和遊行。五光十色的織物裝飾著大街小巷，市民們建造了一座能夠噴灑葡萄酒的噴泉，噴泉上還雕刻著各種奇思妙想的生物：美人魚、獅子、豹子和神祕動物。在某城區一座有天篷遮擋的市場內，人們建造了一座有柵欄環繞的人工樹林，在裡面放養許多兔子，遊客們可以追逐這些溫馴的動物，以此為樂。露天戲劇演出和音樂會令人們流連忘返。法蘭西的編年史家們斷言，這是法蘭西曾有過的最輝煌隆重的節慶活動。這個夏季有眾多奢華典禮和儀式。英格蘭國王愛德華二世和伊莎貝拉王后處於這一切的中心。

英格蘭國王和王后於五月底到訪，陪同他們的有彭布羅克伯爵、里奇蒙伯爵和其他保王黨人，包括老休・德斯潘塞和亨利・博蒙特（Henry Beaumont）。他們應愛德華二世的岳父，腓力四世的邀請，來到法蘭西，參加後者冊封近兩百名青年為騎士的典禮，受封的青年當中包括腓力四世的兒子們：那瓦勒國王路易①、腓力和查理。這次典禮有點像一三〇六年愛德華一世最後一次出征蘇格蘭前夕，舉行的盛大天鵝慶典，當時愛德華一世和他的新騎士們發誓先要征服蘇格蘭，然後要奪回聖地。但如同在其他事務中一樣，法蘭西王室下定決心，要讓這次慶典勝過之前的任何儀式，令它的光輝燦爛前無古人、後無來者。

英格蘭人於六月一日騎馬進入巴黎時，受到了萬眾歡呼、熱情洋溢的歡迎。為了慶祝他們的到來，一連舉辦了六場盛大宴會，愛德華二世為此付出了相當昂貴的代價：為了籌辦這些宴會，他為岳父提供了近一百頭牛、兩百隻豬、三百八十隻公羊、兩百條狗魚、兩百條鯉魚和八十桶葡萄酒。在英格蘭人主持的宴會上，人們可以在帳篷內縱情饗宴。帳篷是敞開式的，可供公眾觀賞和仰慕。愛德華二世為宴會安排了馬背上的服務。即便是在白天，也有數百支火炬照亮宴會所在的帳篷。他僱傭了著名的歌手和音樂家為客人助興，而那瓦勒國王的部下則建造了一座「愛情的城堡」，在各道菜之間提供娛樂。

愛德華二世在國內軟弱無能、不得人心，但在法蘭西卻受到萬般尊崇，被接納進了王室的狂歡。《愛德華二世傳》的作者將他最初六年的統治一筆勾銷，稱其悖逆了金雀花王朝的價值觀，還說國王「除了締結了光耀門庭的婚姻、生了一個俊美的兒子之外，沒有取得任何值得讚揚或者令人難忘的成績……理查一世國王的開端是多麼不同啊，他在位還不到三年，就將他勇武的光輝播散到遠近各地」。但在法蘭西，愛德華二世是國王的女婿，因此受到了與他地位相稱的歡迎。

英格蘭和法蘭西王室之所以歡聚一堂，有許多理由。腓力四世在與羅馬的長期鬥爭中最終得勝，可喜可賀：一個法蘭西人，而且是他孩提時代的朋友成為教宗，史稱克雷芒五世（Clement V）；羅馬教廷還在一三〇九年遷往亞維儂（Avignon，此後教宗常駐亞維儂，一直到一三七七年，這個時期被義大利詩人和學者佩脫拉克稱為教廷的「巴比倫之囚」）。法蘭西國王還徹底消滅了聖殿騎士團，這個參加十字軍東征的騎士團的巨大財富和放債的本領，讓他們在歐洲四處樹敵。腓力四世凶殘地鎮壓聖殿騎士團，而教宗克雷芒五世以聖殿騎士團犯有異端罪和雞姦罪的理由，支持腓力四世，導致數百名騎士遭到毒刑拷打和殺害。一三一一年，教宗正式解散了聖殿騎士團，它的大部分財富直接落入了法蘭西王室手中。另外，英格蘭和法蘭西關於加斯科涅的糾紛也將得到解決，兩國會締結一項和約。愛德華二世和腓力四世還做出了最符合基督教精神的決定：發動一場新的十字軍東征，討伐埃及的穆斯林。六月六日，他們在巴

① 路易是腓力四世的長子，一三〇五年繼承其母那瓦勒女王瓊一世的王位，一三一五年父王死後他又成為法蘭西國王。

黎聖母院宣誓將發動十字軍東征。愛德華二世是金雀花王朝連續第六位發出如此神聖誓言的國王。

前一年六月，加韋斯頓被害，導致險些爆發內戰，自那以後，局勢有了很大好轉。愛德華二世在公開場合哀嘆加韋斯頓是多麼愚蠢，居然落到了瓦立克伯爵的手裡，但私下裡打算征討蘭開斯特伯爵及其盟友。不過他身邊的謀臣們進諫說，如果開啟內戰，就會給羅伯特·布魯斯一個入侵的可乘之機，國王這才作罷。

花了六個月時間，好不容易才阻止英格蘭發生叛亂、陷入無政府狀態。愛德華二世和伊莎貝拉參加巴黎的遊樂活動時，都會覺得，現在局勢正在好轉。首先，他們已經為人父母了。加韋斯頓死後，伊莎貝拉王后在她的姑姑，法蘭西的瑪格麗特（即國王的繼母）教導下，逐漸成長起來，成了一位稱職的王后。夫君糗事纏身，而她矢志不渝，最後於一三一二年十一月十三日在溫莎誕下麟兒。法蘭西人希望這個孩子能夠叫做路易或腓力，但愛德華二世堅持為他取名為愛德華。據聖奧爾本斯的一位僧侶說，這個男孩的降生使得國王暫時忘卻了加韋斯頓之死帶來的哀傷。王后寫信給倫敦市民，宣布王子的誕生，首都街頭為此歡呼雀躍。溫莎的愛德華（Edward of Windsor）的出生讓大家都鬆了一口氣。他在出生十二天的時候便被冊封為切斯特伯爵。他的存在給政權增添了一分穩定。喜得麟兒之後，愛德華二世還將自己十二歲的異母弟，布拉澤頓的湯瑪斯晉升為諾福克伯爵。

七月中旬，愛德華二世和伊莎貝拉結束了在法蘭西的奢華旅行，啟程回國。此刻，他們最嚴重的危機似乎已經安然度過了。國王和諸侯政敵之間的關係仍然很緊張，這些諸侯繼續對國王的其他一些夥伴抱有莫大的鄙夷，其中最重要的是休．德斯潘塞，他差不多是唯一一個支持國王、為加韋斯頓辯護（一直到他被殺）的貴族。德斯潘塞在諸侯當中是個稀罕的角色，他為了晉升和財富，為了獲得土地、官職和頭銜，願意姑息國王的毛病。他大力為加韋斯頓搖旗吶喊，毫無保留地力挺王室政策，這都使得他成為蘭開斯特伯爵及其盟友猜疑的對象。

儘管如此，在十月的西敏議會上，國王和諸侯間正式取得了和解。法蘭西和教廷派出使節，花了幾個月時間從中斡旋調解。最終，愛德華二世同意赦免蘭開斯特伯爵、赫里福德伯爵、阿倫德爾伯爵、亨利．珀西和羅傑．德．柯利弗德及其盟友，饒恕他們殺害加韋斯頓的罪行。做為交換條件，諸侯同意原諒加韋斯頓生前的盟友，如德斯潘塞。雙方都沒有提及改革條令，諸侯也沒有要求罷免任何大臣的職務。加韋斯頓及其支持者不再被描述為君主和國家的敵人。這不算是完全的和解，但也向那個方向走了重要一步。

更多喜訊接踵而至。十一月底，愛德華二世獲得了議會的許可，向蘇格蘭人開戰。十二月，他出訪法蘭西，尋求岳父的許可，以加斯科涅公國為抵押，向教宗借款。此事取得了成功，次年春天，羅馬送來了兩萬五千鎊貸款，於是愛德華二世得以在北方開展一場大戰役。看來，他終於要接過父親的衣缽，完成他的未竟事業了。

愛德華二世的蘇格蘭戰役起初進展順利，前景一片大好。一三一四年六月十七日或十八日，國王率領一支聲勢浩大的軍隊從伯立克出征。這支隊伍裝備精良、資金充裕、物資充足。據說，輜重車隊從頭到尾足有七里格（約二十英里）長，此外還有船隻在近海航行，隨時為部隊補充給養。這是自一二九八年愛德華一世的福爾柯克戰役以來，英格蘭徵集的兵力最雄厚的一支軍隊。格洛斯特伯爵、赫里福德伯爵、彭布羅克伯爵、休・德斯潘塞和羅傑・德・柯利弗德都帶來了相當強大的隊伍，此外國王的私人武裝和整個軍隊中還有數千名騎士和步兵。蘭開斯特伯爵、瓦立克伯爵、阿倫德爾伯爵和薩里伯爵沒有親自到場，只是派來了（按照他們的說法）法律義務規定的最少數量士兵。他們聲稱，這場戰役沒有得到議會的批准，但這是一派胡言。他們不肯出兵的真正原因是，如果愛德華二世在蘇格蘭得勝，就有能力轉過來對付他們，剝奪他們在英格蘭的土地。

愛德華二世率軍從伯立克北上五十英里。根據《愛德華二世傳》的說法，英格蘭大軍氣勢洶洶的推進給人的印象是，「它足以橫掃整個蘇格蘭……有人認為，就算把蘇格蘭全國的兵力都集結起來，也無力抵擋國王的軍隊。」但對愛德華二世來說不幸的是，事實並非如此。他在六月二十三日抵達史特林附近，發現羅伯特・布魯斯的軍隊駐紮在「新獵苑」，這是通往史特林道路上的一座林木茂盛的獵苑。羅伯特・布魯斯只有五百輕騎兵和不到六百步兵。半英里之外流淌著一條叫做班諾克本（Bannockburn）的小溪，它常常淹沒周圍的土地，形成一片險惡的沼澤地。布魯斯的部下利用了這個地利，特意在地面上挖掘了一些坑洞，然後用成堆的樹枝和野草將其偽裝起來。

班諾克本戰役分成兩個階段。第一階段發生在六月二十三日，英格蘭和蘇格蘭騎士之間發生了一些小規模交鋒。赫里福德伯爵的姪子亨利·德·博漢向羅伯特·布魯斯發出挑戰，要和他單挑。蘇格蘭國王揮動戰斧，將博漢的天靈蓋削去了一半，當場將他斬殺。然後，二十三歲的格洛斯特伯爵吉伯特②與赫里福德伯爵（英格蘭的司廄長）爭搶前鋒的指揮權，給英格蘭陣營造成了糾紛。當時的軍隊按照傳統分為三個部分，前鋒是其中最靠前的部分，指揮前鋒是相當大的榮譽。格洛斯特伯爵雖然贏得了前鋒指揮權，但沒能從中得到多少好處。在戰鬥中，他被打落馬背，好在逃脫了性命。在當天的另外一場交鋒中，英格蘭騎兵出發偵察史特林城堡，為攻城做準備，卻遭到蘇格蘭長槍兵攻擊。湯瑪斯·格雷爵士胯下的戰馬被刺死，他落馬被俘。還有許多騎士也被俘虜。

出師不利，但很快地，英格蘭軍中又出現了更多爭端。格洛斯特伯爵當晚跟國王吵了一架。伯爵認為，官兵在北上的行軍過程中已經筋疲力竭，急需休整，才能與布魯斯再戰。愛德

②這是第八代格洛斯特伯爵吉伯特，他的父親第七代伯爵也叫吉伯特，曾支持愛德華一世反對西蒙·德·孟福爾（前文有詳述），注意不要混淆。

華二世則希望打下去。他責罵伯爵是叛徒和騙子，兩人吵得不可開交。

次日上午，兩軍再次對壘。格洛斯特伯爵努力捍衛自己的榮譽，率領英格蘭前鋒猛攻蘇格蘭步兵，這是個魯莽而衝動的決定。格洛斯特伯爵固然是個勇冠三軍的騎士，卻未能建立奇功，而是慘遭包圍，在混戰中血灑疆場。蘇格蘭長槍兵就像一二九八年在福爾柯克那樣，組成刺蝟陣型，大肆屠戮英格蘭騎兵。當年愛德華一世的弓箭手以致命的箭雨消滅了對方的長槍兵，但在班諾克本，愛德華二世的弓箭手待在後方，沒能及時介入，導致他的騎兵被鋒利的蘇格蘭長槍打得七零八落。

戰鬥演變成一場混亂的屠殺，彭布羅克伯爵和賈爾斯・德・阿讓唐爵士（Giles d'Argentein，他享有基督教世界第三大騎士的美譽）不得不將愛德華二世從戰場拖走。國王在撤退時戰鬥非常勇敢，他的戰馬被殺死後，他用硬頭錘猛擊撲過來的蘇格蘭人。彭布羅克伯爵和賈爾斯爵士使出渾身解數，才將愛德華二世救到安全地點（國王若是被俘，後果不堪設想）。但就連國王的逃跑也有一個令人膽寒的結局。賈爾斯爵士直面悲慘的敗局，為了踐行騎士的義務，離開國王，重新返回戰場，被砍得粉身碎骨。

愛德華二世和五百人的衛隊匆匆從鄧巴乘船撤退，逃離了蘇格蘭。他們將數千名士兵拋棄在戰場上，任其自生自滅。班諾克本、福斯河和四面八方的沼澤地中到處是已經戰死或垂死掙扎的英格蘭人。汙泥被鮮血染紅，滲入戰場上的各條小溪。基督教世界一些最偉大的騎士慘死在羅伯特·布魯斯軍隊手中，有的陣亡沙場，有的在企圖渡過班諾克本或福斯河時溺水。除了格洛斯特伯爵和賈爾斯爵士之外，至少有兩百名騎士戰死，包括羅傑·德·柯利弗德爵士。彭布羅克伯爵倖免於難。愛德華二世的御璽在戰鬥中被敵人繳獲。赫里福德伯爵和其他許多高貴的騎士被蘇格蘭人俘虜。英格蘭人狼狽撤退，蘇格蘭人驅趕他們，一直跨過邊境。英格蘭人之前劫掠的戰利品都被丟下。《愛德華二世傳》的作者哀嘆道：「如此之多優秀的貴族，如此之多軍械、貴重服飾和金餐具——全都在一個殘酷的日子、一個轉瞬即逝的鐘頭丟失殆盡。」

金餐具和貴重服飾都算不上主要的損失。儘管十四世紀初軍事策略已經發生變革，步兵與騎兵對抗時不再必然會吃虧，但在班諾克本的慘敗仍然是奇恥大辱。布魯斯在蘇格蘭達到了空前的強勢，甚至有能力自由地在愛爾蘭開闢新戰線。

而愛德華二世在與諸侯死對頭的關係中又一次處於下風。蘭開斯特伯爵、瓦立克伯爵、阿倫德爾伯爵和薩里伯爵此前拒絕出兵參加蘇格蘭戰役，因為他們覺得，愛德華二世在軍事上無能。現在他們揚眉吐氣了。眼前不是得勝的國王南下鎮壓境內敵人的局面，而是一位灰頭土臉的國王逃回來面對他的死敵。國王的時運來到了登基以來的最低點，於是心懷不滿的諸侯可以再一次強迫他實施改革了。

第四十九章　新的寵臣

一三二五年一月二日，皮爾斯・加韋斯頓的遺體（用香料做過防腐處理）被安葬在蘭利（Langley），這是愛德華二世最喜愛的居所之一。這座莊園位於赫特福德郡，曾經屬於他的母親埃莉諾太后。他年幼時曾經到訪此地，後來大規模裝修和重建該地，為王族創造了一座豪華宅邸。粉刷成鮮亮色彩的廳堂被大型壁爐的火光照得通亮，面積足以舉辦比武大會的場地裡豢養著野獸。在主宅周圍的園林和葡萄園中有一座叫做「小倫敦」的小屋。它曾經是王室享樂的場所，現在則是國王寄託哀思之地，因為他先前的寵臣終於得到了愛德華二世為他希冀的紀念碑。我們幾乎可以肯定，比較順從聽話的新任坎特伯里大主教沃爾特・雷諾茲（Walter Reynolds）解除了加韋斯頓的絕罰令。於是，他的遺體得以從多明我會的停屍所轉移到蘭利的冰冷土地中。經過防腐處理的遺體被包裹在金線織就的布匹中，國王為此花費了三百鎊。在英格蘭大多數主教的注視下，遺體被隆重地下葬。

參加下葬儀式的英格蘭伯爵不多。即便是奢華的守靈儀式（其間至少喝了二十三桶葡萄酒），也不足以吸引蘭開斯特伯爵和其盟友，來觀看他們手刃的那個人終於入土為安。愛德華二世和他的堂兄的支持者之間仍然存在著許多政治上的矛盾。一三一二年的幽靈也不大可能幫助他們握手言和。班諾克本戰役之後的歲月裡，國王和蘭開斯特伯爵努力去和平共處，但是最終徒勞無功。政治上的和好如此困難，一方面是因為伯爵頑固而傲慢，另一方面是由於國王又一次退縮到一個親信圈子當中，他百般信賴這些親信，但其他人卻覺得難以忍受這些新寵。

國王新的小團夥的核心成員都來觀摩老寵臣的葬儀。其中最主要的是兩位最忠君的伯爵：彭布羅克伯爵和赫里福德伯爵。彭布羅克伯爵在班諾克本救了國王的性命。而赫里福德伯爵前不久被布魯斯釋放，以交換布魯斯的妻子伊莉莎白·德·伯格（她此前被英格蘭人俘虜了）。參加葬儀的還有亨利·博蒙特和巴薩羅繆·巴德勒斯米爾（Bartholomew Badlesmere，他曾是已故格洛斯特伯爵的最重要臣屬之一，現在自己成了一位影響力愈來愈大的領主），以及五十多名騎士和愛德華二世的大部分王室官吏。但保王黨中最重要的還是休·德斯潘塞和他的兒子，也叫休·德斯潘塞。

「國王朝中的所有奸邪之事，莫不出自他的謀臣。」《愛德華二世傳》的作者如此寫道。他指的是德斯潘塞父子。德斯潘塞家族對愛德華二世的忠誠從來沒有動搖過一分一毫，加韋斯頓死後，他們就填補了他留下的空缺。父子倆都對國王忠心耿耿，因此不斷得到賞賜，獲取了土地、權力和國王的信任，因此他們得以為非作歹、逍遙法外。老德斯潘塞始終是國王的親密夥伴，常常陪同國王出國訪問。他在英格蘭西部逐漸積攢了許多頭銜和城堡，同時跟蘭開斯特伯爵勢不兩立。《愛德華二世傳》的作者稱，老德斯潘塞「以權謀私，不公正地傷害了許多人；他剝奪許多貴人和富人的財產」。小德斯潘塞也是如此，他逐漸成了國王的密友和同盟者，甚至比他父親更受國王信任。這父子倆對愛德華二世的影響愈來愈深遠，破壞性也愈來愈大，國王的統治正快速奔向大災禍。

一三一四至一三一七年，歐洲北部慘遭天災，先是毀滅性的寒冬，然後是大雨傾盆的盛夏。一三一五年五月至十月，傾盆大雨無休無止，引發了滾滾洪水，許多村莊被捲走，耕地被沖毀（有的耕地被永久性摧毀），並在約克和諾丁漢的低窪地區形成了巨大的湖泊。全國各地都有莊稼被暴雨摧毀，導致英格蘭陷入了一場持續兩年之久、觸目驚心的大饑荒。鄉村餓殍遍野。農作物收成驟然減少百分之八十，全村人淪為乞丐。老百姓能找到什麼就吃什麼：鳥糞、寵物、潮濕腐爛的作物，有時甚至吃人肉。為了少得可憐的食物，或者淹水莊稼地的少量收成，發生了許多暴力事件。牛羊染上疫病，英格蘭的羊毛收入和肉食供應慘遭打擊，給毗鄰蘇格蘭的駐軍增添了壓力。糧食短缺和潮濕環境使得邊境上的人們飢腸轆轆，且生活條件極不衛生。

在這令人灰心喪氣的大環境下，英格蘭權貴竭盡全力地締造長期性的政治局面。加韋斯頓的葬禮過後不久，議會再次召開。為了穩定王室財政並處置中央和地方蔓延的腐敗，諸侯重新頒布了改革條令，清洗了一些王室大臣，撤換英格蘭的所有郡長，下令撤銷國王封賞的土地，並向愛德華二世施加壓力，敦促他聽取來自全國各地的上訴和請願。在有些情況下，蘭開斯特伯爵和瓦立克伯爵似乎願意與保王黨權貴（如彭布羅克伯爵）和國王內廷大臣們合作。

合作是必需的，因為內政外交有諸多事務需要處理。腓力四世國王於一三一四年駕崩，由他的兒子路易十世（Louis X）繼承王位。法蘭西有了新國王，因此需要派出新的外交使臣，以保障加斯科涅的地位。蘇格蘭人在班諾克本得勝，同時英格蘭北部的多位強大領主也與世長辭（包括瓦立克伯爵，他於一三一五年八月去世），這讓蘇格蘭人膽子大了起來，開始侵犯英格蘭地界。羅伯特·布魯斯的弟弟愛德華·布魯斯（Edward Bruce）於一三一五年五月率領一支軍隊出征愛爾蘭，開闢了英蘇戰爭的新戰線。惡劣天氣和嚴重饑荒使得英格蘭人無法維持軍隊長時間作戰，因此邊境受到的威脅愈來愈嚴重。這一切又給愛德華二世施加了極大壓力。一三一六年初，在林肯召開的議會上，蘭開斯特伯爵被任命為御前會議的領導人，受命執行改革條令、改革王國的行政體系。

不幸的是，事實證明，蘭開斯特伯爵和他的表弟一樣無法做到君臣兩相情願、精誠團結的統治。他審視一切政務的視角是：必須執行改革條令，並且國王的所作所為應當受到諸侯集體意志的控制和核准。但在蘭開斯特伯爵看來，這就是目的本身。儘管他氣勢洶洶地堅持重新頒布和確認改革條令，但他沒有多少時間待在西敏、去真正處理朝政。他暴躁易怒，對國王的寵臣們滿腹狐疑（他相信寵臣們在陰謀勾結，要謀害他），因此在北方維持著自己的宮廷，裝腔作勢，卻很少有實際的做為。改革條令要求撤銷國王封賞的土地，並規定將來的任何封賞都要經過議會確認。蘭開斯特伯爵頑固地死死咬住這一點不放，這時常令人回想起一三一二年的爭端。他的這種態度也使他跟英格蘭的其他諸侯日漸疏遠，其中好幾位諸侯仍然對加韋斯頓被草率地殺害感到非常憤怒。

蘭開斯特伯爵近似攝政者的統治只持續了幾個月。從一三一六年四月起，他退回自己在北方的領地，常駐在龐蒂弗拉克特城堡。他不在朝中期間，愛德華二世的新寵臣們權勢日增，炙手可熱。其中德斯潘塞父子的地位最為顯赫。蘭開斯特伯爵一呼百應，領地又特別廣大，因此他仍然是英格蘭政治的主導力量，而且他在北方幅員遼闊的領土和極大的權力使得他成為蘇格蘭戰爭中的關鍵人物。但除了堅持要求國王遵守改革條令（國王對條令深惡痛絕）之外，蘭開斯特伯爵並不願意參與朝政。

愛德華二世也沒有努力去安撫自己的堂兄。他如天女散花一般封賞土地給自己的新寵臣們（包括德斯潘塞父子、休·奧德利〔Hugh Audley〕、羅傑·達默里〔Roger Damory〕和威廉·蒙泰古〔William Montagu〕），其中大部分土地在威爾斯和英威邊境。在班諾克本陣亡的格洛斯特伯爵沒有兒子，於是國王安排小德斯潘塞、奧德利和達默里在不同時期分別與他的年輕女繼承人們結婚，將他的產業瓜分了。全部五位寵臣都一夜暴富，這公然違反了改革條令，因為改革條令要求國王收回已經封賞的土地，再封賞出去時要得到議會確認。就連那些比較溫和的諸侯（如彭布羅克伯爵和赫里福德伯爵，他們並不對國王阿諛奉承，而是秉承原則地支持國王），國王也給了他們利潤豐厚的使命，在戰爭與和平中為國王效力。愛德華二世並不指望諸侯和領主們出於臣子的本分而效忠他，而是用金錢收買他們，將他們與王室聯繫在一起（這手段非常有效）。他把王政變成了私人事業，而非公共事業，形成了一種執政黨與在野黨對立的文化，使得敵視他的堂兄愈發站到了朝廷的對立面。

一三一七年，危機更加嚴重。夏季，愛德華二世率領一支相當強大的軍隊北上討伐蘇格蘭人，卻發現蘭開斯特伯爵正在龐蒂弗拉克特城堡附近集結自己的軍隊。在無政府狀態一觸即發、國王權威遭到蘭開斯特伯爵破壞（蘭開斯特伯爵的權威也遭到了國王的壓制）的氣氛下，混亂開始升級。九月，繼任特勒姆主教的路易斯·博蒙特（Louis Beaumont）和兩名到訪的紅衣主教，在從達靈頓（Darlington）趕去參加主教就職典禮的途中，遭到國王內廷騎士吉伯特·米德爾頓（Gilbert Middleton）爵士的搶劫。這個事件讓國王和諸侯雙方都陷入了莫大的窘困。愛德華二世南下回國後，蘭開斯特伯爵的支持者開始攻擊屬於國王親信的城堡。

公共權威瓦解之後，彭布羅克伯爵和巴德勒斯米爾這樣的溫和派諸侯開始採取絕望的措施，努力挽救和平。他們向愛德華二世的寵臣們表示願意跟他們簽訂私人契約。羅傑·達默里就簽訂了這樣一份契約，彭布羅克伯爵和巴德勒斯米爾承諾保護達默里免受任何人（其實就是指蘭開斯特伯爵）的攻擊，而做為交換，達默里承諾不再騷擾國王、尋求土地封賞，或者做任何有損王室利益的事情。彭布羅克伯爵等人出了如此蠢招，說明他們確已無計可施。可以說，王權已經蕩然無存，僅僅是由於英格蘭主教們的調停，彭布羅克伯爵、赫里福德伯爵和巴德勒斯米爾等溫和派謀臣的斡旋和教宗使節的調節，內戰才沒有在一三一七年爆發。

在隨後三年中，愛德華二世的親信圈子愈來愈小，他也愈來愈受到德斯潘塞父子的深刻影響。尤其是小德斯潘塞在一三一八年被任命為國王內廷的宮務大臣，於是他得以跟國王朝夕相處。這個職務曾經由加韋斯頓擔任，這可不是巧合。小德斯潘塞利用自己在愛德華二世那裡的得寵，逐漸擴張自己在威爾斯南部、原屬於格洛斯特伯爵的領地。他透過自己的妻子①繼承了格洛斯特伯爵產業的一部分，但繼承格洛斯特領地其他部分的得寵諸侯，如羅傑·達默里和休·奧德利對此十分不滿，與他產生了矛盾。愛德華二世允許德斯潘塞氣勢洶洶地吞併土地、城堡，並在威爾斯南部出租土地，這導致國王親信圈子內部的關係也變得凶險歹毒、一觸即發。

一三一八年初，一個叫做約翰·鮑德勒姆（John Powderham）的製革工人從埃克塞特來到牛津，面見國王，聲稱自己是愛德華一世的兒子，因此英格蘭王國「理應屬於他」。他說自己在襁褓之中被換走，而國王並非王室血脈。他還提出跟國王單挑、爭奪王位。鮑德勒姆堅持自己才是真正的英格蘭國王，而愛德華二世是冒牌貨。這個人顯然是精神失常，但他的故事不脛而走。據多位編年史家記載，國王起初對這個怪誕奇譚感到好笑，但後來隨著鮑德勒姆的故事開始流傳到英格蘭各地，不禁怒火中燒起來。戰爭、洪災、饑荒和政治動盪給人民造成了莫大苦難，他們非常願意相信這個醜聞和身分交換的傳說。

鮑德勒姆沒有活躍多久。愛德華二世在一個短暫時期曾想把他當作滑稽的弄臣養起來，但這實在太危險了。鮑德勒姆的父母被傳來審訊，他自己則受到審判，於七月二十三日在北安普敦被處以絞刑（在受審時，他聲稱自己的寵物貓被魔鬼附身，唆使自己犯罪。這隻貓也被絞死了）。但愛德華二世為自己的合法地位如此大動干戈，是否反應過激了呢？在鮑德勒姆的故事於全國流傳的同時，愛德華二世正處在一個招搖撞騙的多明我會修士，威斯貝奇的尼古拉（Nicholas of Wisbech）影響之下。尼古拉自稱擁有一小瓶聖油，是湯瑪斯・貝克特大主教流亡法蘭西期間給他的。愛德華二世開始相信，如果用這聖油給自己施行塗油禮，那麼不僅他的政治煩惱會消失，他自己還會擁有美德和力量，能夠從異教徒手中收復聖地。他急於奇蹟般地重

① 小德斯潘塞的妻子是埃莉諾・德・克雷爾，第七代格洛斯特伯爵吉伯特的長女、第八代伯爵的妹妹。第八代伯爵在班諾克本戰死後，埃莉諾與其妹妹伊莉莎白（第三任丈夫是羅傑・達默里）和瑪格麗特（她的第一任丈夫就是皮爾斯・加韋斯頓，第二任丈夫休・奧德利獲得了第一代格洛斯特伯爵的頭銜）分別繼承了格洛斯特伯爵領地的一部分，並將其帶給各自的丈夫。

整朝綱，於是向亞維儂的教宗發出緊急請求，希望教宗允許他重新舉行一次塗油禮。即便在充滿迷信和陳腐觀念的中世紀社會，這也顯得荒誕不經，凸顯了愛德華二世脆弱的政治地位和他的愚蠢輕信。最終，他之所以能夠避免內戰，不是因為聖湯馬斯加以干預，而是要感謝跟蘭開斯特伯爵進行漫長而令人疲倦的政治談判。一三一八年八月，問題終於解決，國王和他的堂兄之間達成了正式的和約：《利克條約》（*Treaty of the Leake*）。根據該條約，組建了一個永久性的十六人御前議事會（包括八名主教、四名伯爵和四名男爵；蘭開斯特伯爵不是成員），愛德華二世則再一次同意遵守一三一一年的改革條令。

但這項和約跟之前的所有和約一樣，非常脆弱，因為它的基礎原則無法令任何一方滿意。不到四年時間，和約就宣告破產。一三一七至一三二一年間，英格蘭不可避免地走向了內戰。

第五十章　內戰

一三二一年五月，大批武裝人員或徒步，或騎馬，穿過了威爾斯南部和英威邊境。他們劫掠財物，洗劫莊園，摧毀禁獵區的籬笆，屠戮其中的動物。膽敢阻擋他們的僕役和衛兵都被他們殺害或者擄走。他們偷竊武器和糧食，銷毀珍貴的特許狀和法律文件。他們搶走馬匹、牛羊、豬、大車、馬車和犁鏵。他們闖入民宅，搗毀或偷走貴重物品。據後來的法律檔案記載，失竊物品包括一副配有水晶棋子的堅果木棋盤、象牙飾品、黃金製宗教物品和富麗堂皇的壁毯與衣物。

這些人打著國王的旗號，宣稱對王室效忠。但他們並不是愛德華二世的部下，而是威爾斯邊境領主們麾下的士兵。這些領主包括赫里福德伯爵、徹克的羅傑．莫蒂默及其姪子威格莫爾的羅傑．莫蒂默、休．達默里、休．奧德利、羅傑．達默里，還有很多貴族。其中很多人曾經是德斯潘塞父子的盟友，但現在他們竭盡全力去消滅德斯潘塞父子的勢力和財產。諸侯對德斯潘塞父子的憎惡到了非理性的地步，就像之前痛恨加韋斯頓一樣。溫和派諸侯和教士們不知疲倦地努力維持和平，但戰爭最終還是爆發了。愛德華二世在恬不知恥、肆無忌憚的佞臣慫恿下，疏遠了國內兩個極其強大的勢力集團：以蘭開斯特伯爵為首的北方諸侯和西部的邊境領主。

在這次叛亂之前的幾年中，愛德華二世顯示出一些令人信服的跡象，表明他有能力做一個強有力的國王。一三一八年八月，他與蘭開斯特伯爵達成和解，十月又在蘇格蘭取得一場輝煌勝利。保王黨勞斯（Louth）伯爵率領王軍，在愛爾蘭的福格哈特戰役中擊敗並殺死了羅伯特·布魯斯的弟弟愛德華。這是愛德華二世在位期間最重要的軍事勝利，一下子就徹底挫敗了布魯斯的圖謀，他意圖將金雀花王朝逐出愛爾蘭，讓蘇格蘭統治愛爾蘭。這表明蘇格蘭戰爭的整體局勢大有希望。

然後在一三二〇年，國王訪問了法蘭西，以蓬蒂厄和阿基坦領主的身分向法蘭西的新國王腓力五世臣服。法蘭西人要求他以個人身分向他的內兄效忠，這意味著比僅僅臣服更為卑躬屈膝的從屬關係。愛德華二世堅決不從，即席發表了態度強硬的演說，捍衛自己的王權。他告訴腓力五世及其謀臣，兩位國王之間的臣服關係是「根據我們的先祖之間締結的和約來進行的，依照他們當年行事的方式……沒有任何人能夠合理地要求我們按照其他方式進行；我們也絕不會那麼做」。愛德華二世流露在外的憤怒令法蘭西代表團大為震撼，噤聲不語。

另外，這些成功的背景是，愛德華二世似乎的確是真正在重視王權。伊莎貝拉王后於一三一六年生下了另一個兒子，埃爾特姆的約翰（John of Eltham），在一三一八年生下了一個女兒，伍德斯托克的埃莉諾（Eleanor of Woodstock）。愛德華二世在考慮傳承大統的事情。據說他很早起床，關注議會事務，在案件審理中寬大為懷。儘管如此，他的朝政已經被寵臣們牢牢控制了。這一次的寵臣不是皮爾斯．加韋斯頓那樣的輕浮傲慢之徒，而是滿肚子陰謀詭計的國民公敵。

一三一七至一三二一年間，德斯潘塞父子飛黃騰達。他們在威爾斯和英威邊境的實力日漸強大。小德斯潘塞的勢力範圍是格拉摩根的土地和城堡，包括卡地夫、蘭特里森特（Llantrisant）和卡菲利（Caerphilly），他的迅速擴張讓該地區的幾乎所有領主都大為光火。德斯潘塞父子，尤其是小德斯潘塞，利用他們在國王身邊的得寵地位，殘暴地踐踏其他領主的土地權益，攫取英威邊境的土地，並鞏固他們在那裡原本就已經面積遼闊的產業。他們不僅激怒了無力運用王室司法體制保護自已權益、抵抗他們的小民，還得罪了大部分邊境領主。邊境領主們認為，國王偏袒一個人的私利，全然不顧邊境地區傳統的力量平衡，踐踏了該地區的傳統法律。德斯潘塞父子還開始把持朝政、隔絕中外。其他諸侯若要接觸國王，都必須經過他們這一關。編年史家亞當．穆里穆斯（Adam Murimuth）記載稱，任何人跟愛德華二世面談的時候，小德斯潘塞都會在一旁，並且放肆地代國王回答。冒犯德斯潘塞父子的人就有可能會被剝奪土地或財產，或者被投入監牢。

一三二〇年底，格洛斯特伯爵的孀居母親去世了，她名下的高爾（Gower）領地（其統治中心在斯旺西〔Swansea〕）成為多位諸侯，包括赫里福德伯爵、威格莫爾的羅傑·莫蒂默和另一位邊境領主約翰·德·莫布雷（John de Mowbray）爭奪的對象。愛德華二世悍然插手，將該領地收歸王室所有，然後將其賞給小德斯潘塞。許多邊境領主，包括赫里福德伯爵、奧德利、達默里和羅傑·德·柯利弗德都對此極為不滿。兩個羅傑·莫蒂默（分別來自徹克和威格莫爾）原本就敵視德斯潘塞，這下子更加義憤填膺（愛德華一世的盟友，早年的一位羅傑·莫蒂默曾在伊夫舍姆戰役中幫助他抓捕和殺死了一位早先的休·德斯潘塞，因此兩家是世仇）。諸侯向國王參奏的時候，國王直截了當地不肯聽取他們的抱怨，而德斯潘塞指控他們叛國。一三二一年初，邊境領主們開始自行其是，入侵德斯潘塞的領地。戰爭爆發了。

邊境領主們怒氣沖天。蘭開斯特伯爵則對國王虎視眈眈，在一三二一年開始組成一個北方諸侯聯盟，共同反對國王。愛德華二世顯然是將英格蘭諸侯的大部分都推到了自己的對立面。就連巴薩羅繆·巴德勒斯米爾和彭布羅克伯爵這樣的溫和派諸侯也傾向於反對派陣營（彭布羅克伯爵只是短暫動搖，後來又回到了國王那一邊）。一三二一年八月，在西敏召開的議會列舉了德斯潘塞父子的罪狀，要求在月底之前將他們逐出英格蘭。發出這個放逐令的是伯爵和男爵們，得到了議會批准。反對派諸侯聲稱他們的權威高於國王的權力。伊莎貝拉王后（她在一三二一年七月初生下了夫婦倆的第四個孩子，一個叫做瓊的女孩）跪在地上苦苦哀求愛德華二世，為了江山社稷向諸侯讓步。他妥協了，於是德斯潘塞父子被流放了。但愛德華二世的投降絕非心甘情願。他雖然答應了妻子的懇求，卻語氣激烈地發誓賭咒，說在六個月之內他「會做出改正，令世人矚目、為之戰慄」。

一三二一年十二月一日，坎特伯里大主教雷諾茲在聖保羅大教堂召開了一次緊急會議，提及了金雀花王族古代史的一個不吉祥篇章。在召集其他高級教士前來開會的書信中，他強調了局勢的緊迫。他寫道，國家曾經安享太平，如今卻面臨內戰和觸礁的危險。

一百八十多年前，一對表兄妹打了近二十年內戰，山河變色、哀鴻遍野。當時的編年史家曾經用「觸礁」來比喻國家所處的危局。當年，史蒂芬國王的權威受到他的表妹，瑪蒂妲皇后的挑戰。而現在，以國王的堂兄，蘭開斯特伯爵湯瑪斯為首的叛亂諸侯興兵作亂，愛德華二世面臨著喪失權柄，甚至是整個王國的危險。

小德斯潘塞的流亡僅僅持續了幾週。十月初，他被召回英格蘭，在樸茨茅斯和南安普敦之間的南海岸跟國王會合。愛德華二世在內戰中的第一個舉動是攻打他的前盟友巴德勒斯米爾在里茲（位於肯特郡）的城堡。巴德勒斯米爾的一些部下被處決，他的妻兒被關入倫敦塔。這場攻城戰由愛德華二世親自指揮，所以他對此應負有直接責任。

愛德華二世並非孤立無援。儘管德斯潘塞父子不得人心，但還是有很多人害怕與國王決裂，因此選擇和德斯潘塞站在同一陣營。在伯爵當中，支持愛德華二世的有：他的兩個異母弟，諾福克伯爵（布拉澤頓的湯瑪斯）和肯特伯爵（伍德斯托克的埃德蒙），還有彭布羅克伯爵、里奇蒙伯爵、阿倫德爾伯爵和薩里伯爵。愛德華二世還指揮著一支由國王內廷騎士組成的精銳部隊。

反對派諸侯的成分比較複雜。其中為首的是邊境領主：赫里福德伯爵、兩個羅傑・莫蒂默、巴德勒斯米爾和之前的寵臣達默里和奧德利，並得到蘭開斯特伯爵的有限支持。蘭開斯特伯爵自己一直到一三二二年一月才參戰。反對派儘管不夠團結，但起初打得很好，在一三二一年秋冬占領了格洛斯特、布里奇諾斯（Bridgnorth）和伍斯特這幾座邊境城鎮。但在一三二二年初，他們遭到一個沉重打擊：兩個羅傑・莫蒂默麾下出了不少叛徒，而且他們遭受忠於愛德華二世的威爾斯領主的攻擊，支撐不住，於是向國王投降，被關進了倫敦塔。他們的投降使得反對派同盟開始垮台：二月，莫里斯・德・伯克利（Maurice de Berkeley）和老休・奧德利也投降了。愛德華二世沒收了莫里斯爵士的伯克利城堡，這個決定後來會給國王造成很大困擾。

愛德華二世雖在政治上愚不可及，在軍事策略上卻相當精明。他繼續逐個擊破敵手，使得邊境領主們愈來愈驚慌失措。突然間，反對派開始緊急集合。一三二二年一月底，赫里福德伯爵、小休・奧德利和羅傑・達默里與蘭開斯特伯爵聯起手來。但到這個階段，國王已經占據了軍事主動權。愛德華二世開始攻打蘭開斯特伯爵的城堡，並且成功地占領了其中一些，包括凱尼爾沃思要塞（它在十三世紀反對西蒙・德・孟福爾的戰爭中起到了重要作用）。在整個戰役中，蘭開斯特伯爵逐漸眾叛親離。他的至少十名臣屬要麼不願意跟國王對抗，要麼害怕蘭開斯特伯爵一旦戰敗就要跟著倒楣，於是改換了門庭。

儘管英威邊境和英格蘭北部傾向於反對愛德華二世，但他在一三二一和一三二二年還是從威爾斯本土的領主們，尤其是格魯菲茲之子里斯和盧伊德之子格魯菲茲那裡獲得了寶貴的支持。威爾斯領主們受到的威脅主要來自英格蘭的邊境領主，而不是國王。而且他們跟愛德華二世結盟，希望由此獲得國王的支持，從他們的鄰居那裡奪得更多領土利益。

除了軍事鎮壓之外，愛德華二世還發動了極其精采的宣傳攻勢。一三二二年二月，朝廷起獲足以證明蘭開斯特伯爵企圖勾結蘇格蘭人、共同反對英格蘭國王的書信。於是蘭開斯特伯爵在道義上垮台了，他的軍事防禦也土崩瓦解。愛德華二世在全國大肆宣揚證明蘭開斯特伯爵通敵的書信。朝廷向大主教、主教和郡長們發出命令，指示他們公開宣讀這些信件。蘭開斯特伯爵在信中力勸蘇格蘭人入侵英格蘭，幫助他對抗國王。這對伯爵來說是致命打擊。書信被公開十天之後，愛德華二世和效忠於他的諸侯便宣布蘭開斯特伯爵是賣國賊，並命令肯特伯爵和薩里伯爵攻打龐蒂弗拉克特城堡。

叛亂諸侯逐漸垮台，龐蒂弗拉克特城堡內部雞飛狗跳、手足失措。諸侯們發生了激烈爭吵，有的人主張留下來堅守城堡，有的人則主張突圍北上、逃往蘇格蘭。羅傑・德・柯利弗德拔劍威脅蘭開斯特伯爵，後者才答應放棄自己的要塞。

最後的攤牌發生在約克郡的巴勒布里奇（Boroughbridge）。蘭開斯特伯爵及其盟友企圖逃往諾森伯蘭，在途中被安德魯・哈克雷爵士（Andrew Harclay，卡萊爾城堡的總管）截住。哈克雷麾下有四千人，將蘭開斯特伯爵的人馬打得潰不成軍。赫里福德伯爵在戰鬥中被長矛刺死；其他諸侯，包括蘭開斯特伯爵，雖然殺出一條血路，後來喬裝打扮成乞丐，企圖逃走，但幾天後也被擒獲。

三月二十一日，蘭開斯特伯爵從約克的監獄被轉往龐蒂弗拉克特城堡，此時這座城堡已經被王軍占領。他抵達的時候，國王冷嘲熱諷、出言不遜地迎接了他。據《愛德華二世傳》的作者說，後來蘭開斯特伯爵被囚禁在他自己建造的、打算用來囚禁愛德華二世的一座塔樓內。

次日上午，伯爵被從牢房帶出，押解到法庭前。裁判團包括愛德華二世、德斯潘塞父子、保王黨諸侯和一位專業法官。「他的諸多罪行被逐項審理，每一項都獲得了相應的刑罰。」《愛德華二世傳》記載道。蘭開斯特伯爵受到的判決是：絞刑、開膛和斬首。鑑於他是王親國戚，絞刑和開膛被取消，但他自我辯護的權利也被剝奪。命運得到裁決的時候，蘭開斯特伯爵氣急敗壞地說道：「這是一個仗勢欺人的法庭，氣焰囂張，不聽被告的辯護，也不肯開恩。」隨後，他被帶離自己的城堡，遭到斬首。他是自諾曼征服以來，英格蘭被處決地位最高的貴族。劊子手用斧頭砍了兩三次，才將他的首級砍下。

在有些人看來，他是罪有應得。「蘭開斯特伯爵砍掉了皮爾斯・加韋斯頓的腦袋，如今在國王的命令下，伯爵丟掉了自己的腦袋。」《愛德華二世傳》的作者寫道，「國王對伯爵以牙還牙，這或許是相當公道的，因為聖經裡寫道：因為你們用什麼量器量給人，也必用什麼量器量給你們。」①

但這絕非伸張正義、懲處惡人，而是朝綱淪喪、爾虞我詐的政治鬥爭的醜惡升級。愛德華二世在位時慘死的伯爵和男爵的數量超過了他之前五位國王統治時期的總和。蘭開斯特伯爵無數次向自己的表弟挑釁。他謀殺了國王的寵臣，向國王開戰，還勾結他的敵人。但不管怎麼說，他畢竟是王親國戚。他受到了審判，被草率地處決，這沒有糾正殺害加韋斯頓的錯誤，而是惡化了以加韋斯頓之死為開端的暴力流血、政治紊亂的危機。內戰或許是結束了，但英格蘭仍然處於觸礁的險境。

① 典出《新約·路加福音》，六章，三十八節。

第五十一章 國王的暴政

一三二二年五月在約克召開的議會，被描述為國王與臣民「研討」和「磋商」的機會。傳喚開會的命令被發送到全國各地。五港同盟在德斯潘塞父子流亡期間曾經庇護他們，因此得到獎賞，在議會有了自己的代表；威爾斯親王領地在對抗邊境領主的戰爭中協助國王，也得到了類似的獎勵。儘管吸納了新代表，並且侈談協商與議和，愛德華二世召開此次議會只有一個明確的目的：賞賜德斯潘塞父子，恢復其地位，並正式剷除已故蘭開斯特伯爵的整個改革計畫。

愛德華二世對叛亂諸侯的報復可以說是冷酷無情。議會代表在約克能看到絞刑架，上面懸掛著約翰·德·莫布雷、羅傑·德·柯利弗德和喬斯林·德·艾維爾（Jocelin d'Eyville）腫脹的屍體，他們都曾是擁有相當的聲望與財富的領主，在蘭開斯特伯爵死後的第二天被絞死，死時還身披鐐銬。四月十四日，溫和派諸侯巴薩羅繆·巴德勒斯米爾（在愛德華二世統治早期，他曾充當重要的議和調停者角色）在坎特伯里被凶殘地處決。他被拖過大街小巷，被吊上絞刑架，然後斬首，他的首級被放在博蓋特城門（Burgate）上方示眾。

隨後更多人被處決。除了上述的幾個犧牲品之外，還有二十人因為起兵反叛愛德華二世的統治而被處死。愛德華二世瘋狂報復敵人，造成了極恐怖的氣氛，令國人震驚不已。倫敦、溫莎、布里斯托、卡地夫和斯旺西都豎立起了絞刑架。死刑犯的屍體披掛著鐐銬，腫脹腐爛，在絞刑架上懸掛了兩年之久。一三二二至一三二四年間，幾乎在每一座大城鎮都能看到這樣的慘狀，令人心驚膽寒：曾經的達官貴人像豬一樣慘遭屠戮，被懸掛起來。《歷史之花》（*Flores Historiarum*）編年史的作者，文多弗的羅傑記載道，國王「對他的權貴們恨之入骨，到了瘋狂的地步，企圖徹底地、永久性地消滅國內所有顯貴」。

兩個羅傑·莫蒂默，即最早攻擊德斯潘塞領地的兩位邊境領主，被判處死刑，但後來被減刑為終身監禁。在腥風血雨的大環境下，這種寬大有些出人意料。莫里斯·德·伯克利、老休·奧德利和小休·奧德利也保住了性命，只是被囚禁（他們曾經是國王的忠臣，但後來因為對德斯潘塞父子的仇恨而轉到了國王的對立面）。倫敦塔擠滿了出身顯貴的犯人，而反對派諸侯的親人則被剝奪土地和財產，被關押在英格蘭和威爾斯各地的城堡內。

一三二二年五月在約克召開的議會幾乎取消了一三一一年以來，蘭開斯特伯爵及其盟友企圖向國王施加的所有限制。改革條令大部分被撤銷，只有六條所謂的「好條款」被保留下來，重新發布在《約克條例》中。內戰爆發前啟動的針對德斯潘塞父子的訴訟程序被中止，而蘭開斯特伯爵的廣袤領土開始被收回國王手中。議會還商討其他一些事務，如貿易管制和法律程序，並將其交給御前會議處置，但所有在約克的與會者都深知，這僅僅是國王報復政敵外的小事。

在很有限的範圍內，沒有在大清洗中喪命的反對派諸侯被允許以天價買回自己的土地，但總的來講，愛德華二世把沒收充公的財產都分發給了自己的支持者。擒獲蘭開斯特伯爵的安德魯·哈克雷被晉升為卡萊爾伯爵（這是一個新設立的頭銜）。保王黨諸侯彭布羅克伯爵和薩里伯爵在一三一八至一三一九年間，曾有一些土地被蘭開斯特伯爵沒收，現在這些土地被歸還，另外蘭開斯特伯爵自己的一些土地被賞賜給了他們。徹克的羅傑·莫蒂默的土地以及「威爾斯大法官」的頭銜被賞給了阿倫德爾伯爵。國王的異母弟，肯特伯爵埃德蒙得到了英格蘭中部和威爾斯的一些城堡，而愛德華二世的幼子，埃爾特姆的約翰在一三二二年雖然只有六歲，也得到了原屬於蘭開斯特伯爵的塔特伯里（Tutbury）城堡。

絲毫不足為奇的是，得到賞賜最多的當然是德斯潘塞父子。時年六十一歲的老德斯潘塞被晉升為溫徹斯特伯爵，並得到五片領土以支持他的新頭銜，包括珍貴的登比領地，它位於威爾斯北部，是從蘭開斯特伯爵名下奪來的。小德斯潘塞則得到了格洛斯特伯爵領地的幾乎全部土地（儘管沒有得到這個頭銜）。他在內戰中遭襲擊和喪失的所有威爾斯領地：格拉摩根、茅爾郡（Cantref Mawr）和高爾，都被重新收回。隨後兩年內，國王又將阿斯克（Usk）、肯南（Is

Cennen）、布雷肯（Brecon）、切普斯托（Chepstow）和彭布羅克的一些領地賞賜給他，幫助他把這些西部地產連成一片。他成了南威爾斯事實上的主人，富可敵國，年收入或許達到五千鎊，而且是王權在西部的託管人，不受任何約束。一三二二年之後，德斯潘塞父子和愛德華二世一共控制了威爾斯差不多四分之三的領土。

德斯潘塞父子平步青雲，國王也獲利豐厚。充公土地的數萬鎊收入和失勢諸侯繳納的罰金如今直接流入國王的金庫。約克議會批准他徵收一筆超過四萬鎊的賦稅，以開展針對蘇格蘭人的戰爭。但在一三二二年八月和九月，愛德華二世入侵蘇格蘭的軍事行動一敗塗地，伊莎貝拉王后險些被俘。於是國王很快放棄了軍事行動，與蘇格蘭人締結了為期十三年的停戰協定。為保衛北方邊境而籌措的款項中有一大半都沒有花出去，被裝在大木桶裡，送回倫敦塔保管。隨後國王又以對蘇格蘭作戰為由向教會徵稅，得到了一筆新的款項。國王對徵稅非常關心，他的金庫也愈來愈充實。《布魯圖編年史》（*Brut Chronicle*）的作者稱，愛德華二世是征服者威廉以來最富有的一位國王。

錢包滿滿之後，愛德華二世膽子愈來愈大，變成了一位暴君。在國民看來，他似乎是和德斯潘塞父子一起統治國家；後來的編年史家湯瑪斯·德·拉莫爾（Thomas de la More）寫道，愛德華二世在位期間，英格蘭同時擁有三位國王。小德斯潘塞主宰著國家的最高層，在國王簽章的文件上附加自己的指示，插手朝中大事，並在政府中擴張自己的黨羽網絡。

殘酷的暴行司空見慣。入侵蘇格蘭的戰役失敗之後，愛德華二世向新任卡萊爾伯爵安德魯·哈克雷發起了瘋狂報復（僅僅幾個月前，他還享受著君主的恩寵）。哈克雷東窗事發：他在一三二三年初曾私下裡與羅伯特·布魯斯談判。他被當作一個普通叛國賊，先被處以絞刑（一直到瀕死，隨即解開絞索），然後開膛、肢解。巴勒布里奇戰役的英雄在忠君報國的最偉大壯舉幾個月後就丟掉了性命。

國王的所有敵人都無處藏身、不堪一擊。從加韋斯頓被殺，到德斯潘塞父子一三二一年遭攻擊，彭布羅克伯爵對國王一直忠心耿耿，就連他也被迫向國王宣誓效忠，以自己的生命、土地和財產做保。他在政治上失意，後來在一三二四年死去。與此同時，蘭開斯特伯爵死後，他的年輕孀妻愛麗絲·德·萊西（Alice de Lacy）和她母親被關押在約克城堡。德斯潘塞父子強迫這母女倆交出自己的土地，而只給她們一些空洞的頭銜和一小筆現金；如果不從，就要燒死母女倆。被株連的有數百人之多。同時，小德斯潘塞在卡菲利城堡為自己建造了一座配得上君王威儀的豪華廳堂，花費巨款去聘請工藝大師、購買最精美的建材。他是國王最信賴的謀臣，盡情享受這地位帶來的好處，把持朝政，處處伸手。

在他影響下，一三二二至一三二六年間，國王的暴虐殘忍到了令人毛骨悚然的地步。「國王愈來愈殘暴，任何人，不管他多麼強大或者睿智，都不敢違逆國王的意志，」《愛德華二世傳》的作者寫道，「議會、協商和御前會議沒有任何決斷的權力……因為國內的貴族看到其他人遭到的威脅和懲罰，噤若寒蟬，任憑國王恣意妄為。因此，國王的意志壓倒了理智。國王打定主意的事情，哪怕缺乏理智，也具有法律的效力。」

愛德華二世打敗了自己的敵人，充實了王室的金庫。但他卻沒有做任何事情去加強自己的統治。他行使王權，卻只為自己和寵臣們的利益服務，因此對於所有那些得不到他的法律保護、正義得不到伸張的人們來說，他的宗主地位一文不值。儘管在內戰中贏得了許多榮光，他卻毀壞了自己的統治根基。

第五十二章　莫蒂默、伊莎貝拉和愛德華王子

一三二三年八月一日夜，倫敦塔內靜悄悄地活躍了起來。塔內擠滿了愛德華二世的政治犯，其中最主要的是兩個來自英威邊境的領主：徹克的羅傑．莫蒂默（時年六十多歲）和他的姪子威格莫爾的羅傑．莫蒂默（二十六歲）。這些曾經的反對派諸侯自向國王投降以來一直被羈押在此。他們接受了審判，被判處死刑。到目前為止，叔姪倆都保住了性命，但國王喜怒無常，而且處在德斯潘塞父子的控制之下，而德斯潘塞父子對整個莫蒂默家族恨之入骨，因此莫蒂默叔姪前景堪憂。

他們在威爾斯和英威邊境地帶的土地被敵人們瓜分，而他們束手無策。但他們打定主意，絕不能無限期地任人宰割下去。在鐵窗生涯的幾個月中，小莫蒂默設計了越獄計畫。八月一日深夜，倫敦塔的副獄長傑拉德．德．艾爾斯佩（Gerard d'Alspaye），在獄長和莫蒂默叔姪的警衛們的飲料中放入了蒙汗藥。然後，他匆匆跑到威格莫爾的羅傑．莫蒂默的牢房，打開牢門，

帶著這位騎士穿過城堡的廚房，來到倫敦塔的南牆下。

兩人爬到城牆頂端，放下一具繩梯。繩梯悄無聲息地沿著石牆滑了下去，落到下方的泰晤士河中，那裡已經有幾個接應的人駕著小船恭候多時。莫蒂默和艾爾斯佩從繩梯爬下，鑽進逃命小舟，划到泰晤士河南岸，然後騎馬逃往英格蘭南海岸。莫蒂默在波切斯特搭船出海，幾天後就逃到了法蘭西。

這是一場精采的大逃亡，令愛德華二世的宮廷手足無措、陷入迫害妄想症。倫敦塔被認為是國內最戒備森嚴的要塞，國王的不共戴天之敵竟然從那裡成功出逃了！內廷得知了一些傳言，聲稱這只是一個規模更大的陰謀的一部分，亂臣賊子圖謀奪取王室城堡，甚至派遣刺客去暗殺愛德華二世和德斯潘塞父子。從一三二三年秋季開始，歐洲大陸各地的間諜開始發出報告，大談涉及莫蒂默的陰謀和入侵英格蘭的計畫。毀滅性的連鎖反應開始了。

莫蒂默得到了法蘭西新國王的歡迎。一三二二年一月，查理四世（Charles IV）繼承了他的兄長腓力五世，成為自一三一四年腓力四世駕崩之後七年中的第五位法蘭西君主。就像所有剛登基的法蘭西國王一樣，他急於表明，自己非常質疑英格蘭國王對加斯科涅公國的權利，甚至抱有敵意。法蘭西人在屬於英格蘭領土的聖薩爾多（St-Sardos，位於阿熱內）建造了一座設防城鎮，雙方為此發生激烈衝突。查理四世以這番爭吵為藉口，舉兵入侵了加斯科涅。愛德華二世派遣肯特伯爵和彭布羅克伯爵去抗議，但兩位伯爵卻被法蘭西國王傲慢地打發走了。查理四世的目的是盡可能多地給英格蘭人製造麻煩。一三二四年八月，他調動數千軍隊到加斯科涅公國的邊境，開始攻打它的主要城鎮。英格蘭和法蘭西一夜之間又開戰端。

在英格蘭，戰爭的爆發使得愛德華二世陷入了一個莫大的困境，也暴露出這樣的事實：他咄咄逼人、製造紛爭的治國之道只能毀掉他自己。他沒有辦法信任自己的臣民會服從他的統治，因為除了一小撮得到豐厚賞賜的寵臣之外，絕大多數臣民都沒有理由對他死心塌地。他逮捕了在英格蘭的所有法蘭西人，沒收了所有法蘭西公民的土地（包括王后名下的土地）。但他開始籌劃御駕親征加斯科涅的時候，就遇到一個進退兩難的難題。如果他要率軍離開英格蘭，就必須將大多數仍然忠於他的官吏和權貴一併帶在身邊，而信任自己十一歲兒子和繼承人，切斯特伯爵愛德華的攝政政府。但那樣的話，英格蘭面對陰謀、叛亂和入侵就顯得非常脆弱。如果他將德斯潘塞父子留在國內維持秩序，那麼他就很可能像失去加韋斯頓一樣失去他們。另外，關於羅傑．莫蒂默在歐洲大陸搞陰謀的傳聞還讓他膽戰心驚，他想像著自己或者德斯潘塞父子如果在海外遇到莫蒂默的鷹犬，可能會被其劫持。

愛德華二世沒有率軍渡過海峽，而是派出更多使節去求和。他派出的第一個使團包括溫徹斯特主教、諾里奇主教、里奇蒙伯爵和亨利．德．博蒙特。失敗之後，他派出了規格高得多的使節：伊莎貝拉王后。她之前就有兩個哥哥被加冕為法蘭西國王，查理四世是第三個也是最後一個當上國王的哥哥。她和自己的家族一直有著親密的關係，儘管她也曾捲入一三一四年的奈斯勒塔醜聞。在這樁醜聞中，查理四世的妻子布朗什因通姦被囚禁，她的所謂姦夫則被當眾活活打死。愛德華二世和德斯潘塞父子認為，伊莎貝拉王后應該能夠說服她的哥哥查理四世，停止侵犯加斯科涅。

事實證明，這是個致命的決定。儘管王后在夫君的統治風雨飄搖的時期對他始終忠心耿耿，但國王給她的卻仍然是侮辱和冷落，就像她少女時代在自己的加冕禮上被加韋斯頓排擠那樣。戰爭爆發之後，她也被迫忍受了許多凌辱：她的土地被沒收、僕人被流放或者囚禁、日常開銷被小德斯潘塞縮減或挪用（她曾寫信給自己的哥哥查理四世，抱怨愛德華二世把她當成女僕來對待）。除此之外，小德斯潘塞還派自己的妻子埃莉諾·德·克雷爾（Eleanor de Clare）去偷看伊莎貝拉的書信。王后忍受了這一切羞辱，在公共場合不動聲色，但內心裡一定是怒火中燒。「王后萬般喜悅地離去了。」《愛德華二世傳》的作者如此寫道。她「很高興訪問自己的故國和親屬，很願意離開自己不喜歡的人」。這麼說實在是輕描淡寫。伊莎貝拉是心急如焚、唯恐避之不及地離開了德斯潘塞父子和她那軟弱無能、令人生厭的丈夫。

三月底，英格蘭王后和她的哥哥歡樂地團聚。一三二五年四月一日，伊莎貝拉在盛大儀式中進入巴黎。她身穿黑色騎馬裝，腳踩黑色皮靴，頭戴金色帽子。她的談判技巧並不比任何一位英格蘭外交官更厲害，但她盡了自己的義務，盡可能維持了加斯科涅的脆弱停戰狀態。使命完成後，伊莎貝拉理應返回英格蘭，但她沒有這個打算。她在法蘭西度過了一三二五年的夏天，周遊兄長的領地，並等待自己的丈夫來訪法蘭西並在波威向法蘭西國王宣誓效忠。

她等了又等，但愛德華二世就是不肯離開英格蘭。他既不願意離開自己的王國，也不肯和德斯潘塞父子分離。何況，他也不願意降低身分、向比自己年輕的法蘭西國王卑躬屈膝。最後，雙方達成了妥協。最後決定讓年輕的溫莎的愛德華代替父親去法蘭西。他將得到蓬蒂厄和阿基坦領地，然後前往法蘭西，親自向國王宣誓效忠。

愛德華二世對這個解決方案很滿意，但伊莎貝拉更高興。她的十二歲兒子被父親指定為阿基坦公爵，於一三二五年九月中旬來到法蘭西的文森，代表自己的新領地向法蘭西國王宣誓效忠。危機順利度過之後，伊莎貝拉和她的兒子原本應當即刻返回英格蘭。但他們堅決不要回到那個危機重重的王國。十一月底，伊莎貝拉寫信給自己的丈夫，措辭激烈地表達了自己對德斯潘塞父子的憎惡和鄙夷，並直截了當地宣布自己不想回國。《愛德華二世傳》的作者轉述了她這封信的內容。「我覺得，婚姻將男女結合在一起，夫婦理應共同生活、其樂融融，」伊莎貝拉寫道，「但有人硬擠到了我和丈夫之間，企圖打破婚姻的紐帶；我宣布，在入侵者消失之前，我絕不回國；我要拋棄為人妻的服裝，而穿上寡婦哀悼亡夫的黑袍，直到我的大仇得報，直到這個法利賽人①被剷除。」

王后此處的意思應當是，小德斯潘塞破壞了她的婚姻政治層面的紐帶；而不是抱怨愛德華二世和德斯潘塞之間存在性關係。無論如何，伊莎貝拉都在兄長心滿意足的支持下留在了法蘭西。她對嚴重羞辱自己的英格蘭國王百般嘲諷，並吸引一群心懷不滿的英格蘭貴族和高級教士圍繞在自己身邊，形成一個聯盟。她信守諾言，果然穿上了寡婦的黑袍，臉上罩著面紗。這是一個強有力的政治宣言，表達她遭受的不公，以及她逃離的國家的頽敗。

在英格蘭，愛德華二世暴跳如雷。他給妻子寫去了怒氣沖沖的書信，並指示英格蘭的所有重要主教都寫信給王后，告訴伊莎貝拉，她拒不回國的行為讓國民擔心法蘭西人會入侵英格蘭，還指控她「因為對一個人的仇恨，竟企圖摧毀如此愛戴你的整個民族」。但伊莎貝拉不為所動。她控制著他的繼承人，而且還得到自己的兄長，法蘭西國王的保護。她的特殊地位將會使得她的丈夫更加窘困。一三二五年底，伊莎貝拉犯下了在愛德華二世看來是最怙惡不悛的罪行：她和逃犯威格莫爾的羅傑·莫蒂默，組成了同盟。

---

①法利賽人（Pharisees）是猶太人歷史上第二聖殿時期（B.C. 536-A.D. 70）的一個政黨、社會運動和思想流派。法利賽人是當時猶太教的四大派別之一，另外三大派別為撒都該人（Sadducess）、艾賽尼人（Essenes）和奮鋭黨（Zealots）。法利賽人為保持純潔而與俗世保持距離，與撒都該人追求俗世的權力及物欲相對。「法利賽」成為英語常用詞彙，用於形容偽善自大、並將律法教條凌駕於精神綱領之上的人。

第五十三章 最終的較量

從低地國家到英格蘭的海路非常艱險。九十五艘船組成的艦隊掙扎著航向埃塞克斯海岸，風暴捶打著它們，迅猛疾風和驚濤駭浪顛簸著它們。兩天內，艦隊七零八落，但在一三二六年九月二十四日終於看到了海岸線。艦隊在薩福克（Suffolk）海岸的奧威爾（Orwell）河口靠岸，匆匆卸下了貨物。人員、馬匹和物資上岸之後，這些船隻就迅速出海，返回歐洲大陸。

這支在東盎格利亞港口登陸的軍隊規模不大。其核心力量是七百名荷蘭和日耳曼僱傭兵。此外還有一群英格蘭流亡者，包括曾參加巴勒布里奇戰役的出身高貴老將、逃離內戰之後國王血腥報復的逃亡者，以及一些在德斯潘塞父子把持朝政期間逃離英格蘭而始終未回國的著名權貴。其中有國王的異母弟肯特伯爵埃德蒙，還有里奇蒙伯爵（布列塔尼的約翰），他們在愛德華二世統治期間幾乎始終毫不動搖地忠於國王，但現在終於加入了反對派。

這支入侵軍隊的領導人是英格蘭王后伊莎貝拉、威格莫爾的羅傑·莫蒂默和英格蘭王位繼承人，切斯特伯爵與阿基坦公爵愛德華。這些流亡者終於回到了英格蘭。但他們不是憂心忡忡地前來悔罪的。他們的目標是一勞永逸地除掉國王及其寵臣。

伊莎貝拉王后和羅傑·莫蒂默是一對驚世駭俗的鴛鴦。他們於一三二五年耶誕節前後相識，很快成為情人。不久之後，他們就相當公開地同居。一三二六年五月，在查理四世的第三任妻子讓娜·德·埃夫勒（Jeanne d'Evreux）的加冕禮上，伊莎貝拉王后和羅傑·莫蒂默以夫妻的姿態正式出席，莫蒂默還為愛德華王子捧著袍子（查理四世的第一任妻子，勃艮地的布朗什在所謂的奈斯勒塔醜聞中因通姦罪而被囚禁，與國王的婚姻被撤銷；他的第二任妻子，盧森堡的瑪麗於一三二四年在一起馬車事故中喪生）。一三二六年二月，愛德華二世得知了自己妻子的不忠，惱火地說道：「王后不肯到國王身邊來，也不允許他的兒子回國。國王還知道，她對莫蒂默言聽計從。而莫蒂默是國王最惡名昭彰的敵人和叛賊。」愛德華二世向教宗約翰二十二世（John XXII）施壓，要他譴責法蘭西國王庇護這對姦夫淫婦的行為。在絕罰的威脅之下，查理四世只得命令伊莎貝拉和莫蒂默離開法蘭西。莫蒂默在歐洲大陸的時候已經建立了一個盟友圈子。這對情人在低地國家的埃諾伯爵領地找到了一個安全的避風港。年輕的愛德華王子與埃諾伯爵的女兒菲利帕（Philippa）訂了婚，這讓伯爵很高興。

有了埃諾人的支持，伊莎貝拉和莫蒂默成功組建了一支軍隊。他們能夠安全登陸，要感謝愛德華二世和德斯潘塞父子的偏執狂。英格蘭處於戒備狀態，但防備的是另一場入侵。愛德華二世堅信查理四世會從諾曼地出發、入侵英格蘭南海岸。他錯了。查理四世沒有這樣的打算。

伊莎貝拉和莫蒂默率軍抵達東海岸的消息傳到倫敦的時候，愛德華二世正在倫敦塔和小德斯潘塞一起用膳。聽到這消息，他垂頭喪氣。抵達薩福克的那支軍隊兵力不多，可能不到一千五百人。但國王做出了正確的結論：他的大部分敵人早已在英格蘭國內。據《布魯圖編年史》記載，愛德華二世哀呼道：「嗚呼！嗚呼！我們全都被出賣了，因為若是沒有全國民眾的支持，她絕不會帶領這麼少的軍隊登陸。」就像之前的約翰國王一樣，愛德華二世瘋狂的偏執和迫害妄想症導致人們當真背叛了他。

伊莎貝拉和莫蒂默抵達的消息傳遍了英格蘭，人們爭先恐後地投奔她的陣營。《阿諾尼瑪萊編年史》中記載了王后發給倫敦市民的一封用法文寫的公開信，其中宣稱王后「此行對神聖教會及親愛的我主國王陛下抱有極大善意，旨在維護和保障全國」。她向所有公民懸賞緝拿「休．德斯潘塞爵士，我們的敵人，也是國家公敵，此乃眾所周知」。這封公開信的抄本被貼在窗戶上，而帶有封印的原本被釘在倫敦齊普賽（Cheapside）大街的埃莉諾十字架上，王后的宣傳攻勢選擇這樣的地點，大有深意。伊莎貝拉此舉意在聲明，她是在繼承先王及其摯愛的王后的衣鉢。她得到了群眾的信服。

十月十五日，倫敦市民揭竿而起。他們將小德斯潘塞的親密盟友約翰．馬歇爾從其家中拖走，帶到齊普賽大街（貫穿倫敦城的通衢大道）上，斬首示眾。曾任王室財政大臣的埃克塞特主教被人發現藏匿在聖保羅大教堂的門廊上，企圖躲在這座聖殿。儘管他全副甲冑，還是在接近大教堂北門的時候被群眾從馬背上拖下，帶到了齊普賽大街。馬歇爾殘缺不全、血淋淋的屍體還俯臥在地上。市民剝去了主教的鎧甲，用一把切麵包的刀砍掉了他的腦袋。他的兩名扈從也被殺死。

王國陷入無政府狀態。體制內人士，不管是主教、伯爵、法官還是下級僕役，都抱頭鼠竄、四散逃命。愛德華二世最寵愛的多明我會修士們藏匿起來保命。與德斯潘塞政權有關聯或者為其效勞的官衙都遭到搶劫、縱火和破壞。蘭開斯特伯爵湯瑪斯曾豎立銘碑，以紀念一三一一年的改革條令，後來銘碑被拆除。如今，這些銘碑自伯爵喪命以來第一次在聖保羅大教堂被重新豎立起來。

與此同時，伊莎貝拉率軍西進。愛德華二世和德斯潘塞父子幾乎剛得知她抵達的消息，就倉皇逃離倫敦塔，奔向他們在威爾斯的基地，那些領地在一三二一至一三二二年的內戰中巍然不動。他們發出消息，請他們的老盟友，格魯菲茲之子里斯和盧伊德之子格魯菲茲招兵買馬，準備抵抗。國王名下有差不多三萬鎊巨款，當然有足夠的資金徵集一支大軍來保護自己。

到十月底，愛德華二世和小德斯潘塞在塞文河灣西岸的切普斯托，而溫徹斯特伯爵（老德斯潘塞）則據守布里斯托城堡。王后和莫蒂默穩步追擊。埃克塞特主教的首級被送到王后面前的時候，她已經到了格洛斯特。他們率軍穿過英格蘭的時候，權貴們紛紛前來投奔。國王的另外一個異母弟諾福克伯爵（布拉澤頓的湯瑪斯），以及已故蘭開斯特伯爵的弟弟萊斯特伯爵（蘭開斯特的亨利①）都加入了他們。

十月十八日，布里斯托城堡遭到蘭開斯特軍隊的圍攻。溫徹斯特伯爵拚命想討價還價，保住自己的性命，但莫蒂默和蘭開斯特的亨利都不肯饒恕德斯潘塞家的任何人。攻打八天之後，他們的軍隊殺入了布里斯托城堡，用鐐銬鎖鏈將溫徹斯特伯爵五花大綁，押了出來。

布里斯托城堡遭到攻打的時候，愛德華二世和小德斯潘塞決定，他們最佳的生存機會就是逃往愛爾蘭。他們在一小隊武士的護衛下，在切普斯托登上一艘船。但是風向不對。一位修士的絕望禱告也沒能換來上帝的支援，國王一行人在驚濤駭浪的大海上掙扎了五天之後，被迫在卡地夫登陸，逃往恢弘雄偉、據說堅不可摧的德斯潘塞家族城堡卡菲利。

在他們亡命的同時，伊莎貝拉和莫蒂默在布里斯托發布公告，宣布既然國王已經逃離國家，他的兒子愛德華應當掌管政府。這份公告被保存在王室書記處檔案中，據說得到了許多高級教士和諸侯的支持，其中包括都柏林大主教、溫徹斯特主教、伊利主教、林肯主教、赫里福德主教、諾里奇主教、國王的兩個異母弟、蘭開斯特的亨利，以及「在布里斯托的其他諸侯和騎士」。

根據這份公告，愛德華公爵被推舉為國家領導人，「得到了在場所有人士的同意……公爵和攝政應以其父國王陛下的名義和權力統治和治理國家」。國王被剝奪了權力，而權力被暫時交給一個十四歲的孩子，這個孩子完全處於王后及其情夫的控制之下。他於十月二十六日正式接管政權。

次日，老德斯潘塞被押解到一個法庭面前，法庭由威廉·特拉塞爾（William Trussel）爵士主持，刻意模仿當年審訊蘭開斯特伯爵湯瑪斯的那個法庭。老德斯潘塞被指控犯有搶劫、叛國和侵犯教會罪。法庭還告訴他，由於他當年在審判蘭開斯特伯爵時拒絕給予後者辯白的權利，現在對他要以牙還牙。披著司法程序外衣的暴力迴圈持續著：在布里斯托的行刑台上，眾目睽睽之下，老德斯潘塞先被處以絞刑，然後開膛、肢解，最後被斬首。他的首級被送往溫徹斯特示眾。

在愛德華二世身邊的人看來，他們顯然徹底完蛋了。德斯潘塞在威爾斯領地的佃戶們對他沒有好感，不願出來保衛他。十月三十一日，國王的內廷近侍也拋棄了他們，只剩下愛德華二世和他的寵臣，以及少數僕人。

國王愈來愈手足無措、走投無路。他原本可以在卡菲利待很長時間，因為這座城堡固若金湯，物資儲備也很充足。他還擁有大量金錢和珠寶，以及國璽、御璽和政府的其他重要物件。但在十一月初，愛德華二世和小德斯潘塞動身前往馬格姆（Margam）和尼思（Neath）的熙篤會修道院。在尼思，他們發現蘭開斯特的亨利和一群諸侯正在到處搜捕他們，這些諸侯或其親

① 後來繼承了哥哥的蘭開斯特伯爵頭銜，稱為第三代蘭開斯特伯爵。

人在內戰期間或戰後蒙受了冤屈，現在要報仇雪恨。國王、小德斯潘塞和王室大法官羅伯特·鮑多克（Robert Baldock）企圖逃跑，可能是沿著一座高山小徑逃跑，目的地是蘭特里森特城堡。途中，他們遭遇了搜捕他們的人馬。國王和他所剩無幾的追隨者們躲在一座樹林裡瑟瑟發抖的時候被俘虜了。

十一月二十四日，赫里福德全鎮百姓都聚集在集市廣場上。他們看到的是一個已經很熟悉的法庭，為首的是威廉·特拉塞爾爵士。不到一個月前，他把溫徹斯特伯爵老德斯潘塞送上了絞刑架。曾經挾天子以令諸侯、氣焰囂張、好不威風的小德斯潘塞站在法庭前，蓬頭垢面，如同喪家之犬。當天早些時候，在鼓點和號角聲中，他被押解到了這座城鎮。

垮台的寵臣被押進城鎮的時候，一大群百姓聚集起來，歡呼雀躍，向他發出噓聲。他騎在馬背上，頭戴蕁麻編成的王冠，以象徵他篡奪王權的罪行，他短上衣的紋章被顛倒過來，以宣示他是個亂臣賊子。他的短上衣的正面寫著一句出自《舊約》的詩句：你為何以作惡自誇？②在被押解到赫里福德之前的近一週時間裡，這個犯人都在絕食，想把自己餓死。但他可沒有資格這麼輕鬆地死掉。群眾將他拖下馬背，剝去他的衣服，在他身上亂塗亂畫聖經裡的口號。然後他被拖到法庭前。

毫無疑問，被告一定會丟掉性命，而且一定會被剝奪自我辯護的權利。阿倫德爾伯爵於一週前在赫里福德被梟首，國王的寵臣也一定會遭遇同樣的命運。

法庭宣讀了德斯潘塞的罪狀。他的罪狀清單非常長，也非常詳細，包括違反流亡法令、違反《大憲章》和一三一一年的改革條令、謀殺、非法監禁、對國民施以暴政、唆使國王在蘇格蘭開戰從而導致數千人喪命、篡奪王權，以及圖謀在伊莎貝拉王后及其子愛德華公爵在法蘭西期間殺害他們。審案的威廉爵士判處德斯潘塞死刑，按照強盜、叛徒和暴君的死法處置。他將被處以絞刑，然後開膛、閹割，內臟將被挖出並在他面前燒毀，最後被斬首。「受死吧，叛徒！暴君！逆賊！」特拉塞爾咆哮道，「接受正義的裁決吧，賣國賊！惡棍！罪犯！」

德斯潘塞和一同受審的同夥西蒙·德·雷丁（Simon de Reading）一起被拴到四匹馬上，拖過了赫里福德的大街小巷，一直拖到城堡的外牆下。在那裡，劊子手在兩名死刑犯的脖子上繫好絞索。德斯潘塞被吊到一座特製的五十英尺高的絞架上，好讓全鎮百姓都能目睹他的下場。絞刑架下燃起大火。劊子手登上梯子，用刀割掉德斯潘塞的陽具，然後將其丟進大火。然後他被開膛破肚：腸子和心臟被挖出來，也丟進火焰。最後，他的身體被放回地面，遭到肢解。他的首級被砍下送往倫敦，圍觀群眾歡呼雀躍。他的軀體則被大卸八塊，分送到全國各地。

這就是英格蘭最臭名昭著的叛徒的結局。在愛德華二世登基以來席捲全國的暴力狂潮中，又有一位大貴族慘遭屠戮。但如何處置國王本人呢？這是個棘手的難題。

---

② 典出《舊約·詩篇》，五十二章，一節。

二十個災禍連連的年頭向世人證明，國王沒有治國理政的本領。但金雀花王朝近一百七十五年的統治，一直都建立在國王與諸侯之間不斷演化的關係的基礎之上。曾有國王受到廢黜的威脅，例如約翰、亨利三世和愛德華一世在危機時刻都曾被警告會喪失王位，但並沒有國王被真正廢黜。英格蘭的法律和政府在大多數情況下都能高效運轉，並且符合大多數英格蘭臣民的利益，而法律和政府的最終根基是王權。國王聽取謀臣的諫言，在徵稅和戰爭的問題上還要徵詢議會的意見。但他仍然是全部公共權力的源泉，而且如果政府運作正常的話，他還是抵禦無政府混亂的堅強壁壘。誰有權力去廢黜他，並宣布另外一個人是國王？誰能代表這更高的權威？如果王國單方面地廢黜，或者（更糟糕地）弒君，那麼王國難道不是在自殺？如果一位國王因為得罪了國內的一個派系就被草率地廢黜，那麼國家還能有什麼秩序可言呢？

在某種程度上，這些都是沒辦法回答的問題。但所有人都認同這樣的事實：必須剝奪愛德華二世的權力。為了這個目的，伊莎貝拉和莫蒂默的宣傳機器開始運作。赫里福德主教亞當·奧萊頓（Adam Orleton）非常活躍地宣傳，伊莎貝拉及其子之所以返回英格蘭，是因為國王和德斯潘塞是雞姦者和暴君。他們究竟是不是同性戀關係，我們不得而知；但第二項指控是毋庸置疑的。從那以後，當代的編年史開始大肆宣傳愛德華二世是個墮落敗德的同性戀者的說法。

耶誕節的節慶剛剛結束，議會就在西敏碰商，該如何裁斷國王的命運。就連王后也不被允許去凱尼爾沃思城堡探望丈夫，他在一三二六年的耶誕節期間一直被關押在那裡。奧萊頓主教說，如果愛德華二世見到妻子，有可能會謀害她。有人說，奧萊頓曾有過這樣的言論（儘管奧萊頓本人否認），愛德華二世「在緊身褲裡藏著刀子，要謀害伊莎貝拉王后，如果他沒有別的武器，就用牙齒把她咬死」。愛德華二世堅持拒絕離開凱尼爾沃思去接受審判。他或許認為，他若是不在場，議會就沒有合法性。但他又一次判斷錯了，司法程序在沒有他在場的情況下仍然照常進行。一月十二日，赫里福德主教在議會發言，詢問眾人，應當讓愛德華二世繼續當國王，還是讓他的兒子繼位。到當晚，議會決定廢黜國王，請王子繼位，於是撰寫了指控國王的罪狀錄。

次日，羅傑·莫蒂默在西敏廳發言，向聚集在那裡的高級教士和世俗貴族宣示，權貴們集體決定廢黜無道昏君。隨後，西敏議會聽取了國內主要主教的佈道，給這個決定增添了宗教意義。赫里福德主教圍繞《舊約·箴言》，第十一章，第十四節（「無智謀，民就敗落」）做了佈道。溫徹斯特主教援引「我的頭疼痛」（Caput meumdoleo）③這種說法，解釋道，王國的首腦若是奸邪，便會在政體中散布邪惡。最後，坎特伯里大主教用法語做了佈道，援引中世紀流行的警句「人民的聲音便是上帝的聲音」（Vox populi, vox dei）。他告訴眾人，上帝已經聽到了他們糾正愛德華二世統治弊端的禱告，然後向大家介紹了即將成為新國王的十四歲阿基坦公爵

③典出《列王記下》，四章，十九節，和合本譯為「我的頭啊」。

愛德華。大家吟唱了「榮耀尊貴和頌讚」讚美詩。當天晚些時候，諸侯在倫敦市政廳宣誓保護和捍衛伊莎貝拉王后和她即將登基的兒子的榮譽。

現在唯一要做的，就是勸服愛德華二世接受國民的意願，知趣地自動退位。為了達到這個目的，二十四名貴人組成的代表團前往凱尼爾沃思，跟他當面交涉。

蘭開斯特的亨利、溫徹斯特主教和林肯主教在代表團大部分人之前被派往凱尼爾沃思，他們在一月二十日見到了國王，告訴他，他的時代已經過去了。愛德華二世頑抗不從。編年史家傑弗里．貝克爾記載稱，諸侯告訴國王，若不主動退位、讓他的兒子繼承，就將面臨廢黜；然後諸侯會選出一位非金雀花血統的新國王，於是不僅僅他自己，他的整個家族都將被剝奪王權。國王潸然淚下，與諸侯繼續爭執。到剩餘的二十一名代表抵達的時候，愛德華二世已經傷心欲絕，必須由蘭開斯特的亨利和溫徹斯特主教扶著他，才能站穩。

一三二七年一月二十四日，倫敦市民一覺醒來，聽到這樣的宣言：愛德華二世「完全自願地辭去國王的位子，並得到王國全體高級教士、伯爵、男爵、其他貴族和所有平民的同意」。同時還指定了一位新國王。阿基坦公爵愛德華現在成了愛德華三世（Edward III）國王，而老國王則又一次僅僅被稱為「卡那封的愛德華」。法官威廉．特拉塞爾爵士（他曾隨王后殺回英格蘭，後來又將德斯潘塞父子處死）代表整個王國，正式撤銷了對愛德華二世的效忠誓言。諸侯向新國王宣誓效忠。所有反對的聲音暫時都被革命派的喧囂鼓譟淹沒了。

第五十四章　虛假的黎明

二月一日，孩童國王愛德華三世在西敏加冕，此次典禮安排的速度之快，史上前所未聞。在他父親治下，王權崩坍到了可悲的境地；新國王及輔佐他的大臣的當務之急是重新確立王權的尊嚴。好在一月底的時候英格蘭絕大多數諸侯都聚集在倫敦，因此儘管時間倉促，還是能夠將他們召集在西敏，去見證愛德華三世及羅傑·莫蒂默的三個兒子，被三十六歲的蘭開斯特的亨利（已故蘭開斯特伯爵湯瑪斯的弟弟）冊封為騎士。加冕禮那一天，西敏寺內擠滿了權貴和高級教士。坎特伯里大主教雷諾茲將懺悔者愛德華的王冠戴在了這位十四歲國王的頭上。這頂王冠對小國王來說太大，也太重，因此在王冠內放置了額外的軟墊，免得它在什麼關鍵時刻從國王頭頂上滑落，那樣的話就太不吉利了。

愛德華三世發出了愛德華二世在一三〇七年曾發出的誓言，包括他父親嚴重違反了的第四條誓言：他將「維持和捍衛國民所選擇的法律和符合公義的風俗習慣」。加冕禮之後，在西敏廳舉行了更為奢侈華麗的宴會，慶祝新國王的登基，這樣的奢華在此後的半個世紀中將不復出現。大廳內價值連城的珍貴織物和貴重餐具熠熠生輝。寶座的每一邊都懸掛著金線織物。歡慶氣氛平衡了前一年的腥風血雨（人們的確也急需這樣的平衡），並且發出明確無誤的政治資訊：老國王或許是垮台了，但王室本身仍然是至高無上、光輝燦爛的。

但顯而易見的是，王權並未真正恢復元氣。十四歲的愛德華三世已經有充分的理智，但還沒有能力獨立主持朝政。這是一種非常尷尬的局面：國王年紀已經夠大，不能僅僅將他當作傀儡；但又不夠成熟，無法自行統治。儘管他從一三二七年三月開始掌控自己的內廷，但真正的社稷大權很快落入伊莎貝拉太后手中，國王受到怎樣的影響、誰能接觸到國王，全部取決於太后的喜怒。羅傑·莫蒂默則控制和影響著太后。沒過多久，這對情人就扭曲了他們理應保護的王權準則。

新政權的第一個使命是恢復老國王統治時期流亡者的地位。加冕禮之後第二天舉行的議會，撤銷了一三二二年蘭開斯特伯爵湯瑪斯及其盟友的叛國罪判決，並允許其家族產業和頭銜正常地傳承下去，其大部分利益都歸屬蘭開斯特的亨利。莫蒂默收復了自己的土地和頭銜，然後開始氣勢洶洶地吞併其他邊境領主的土地，從他的叔叔，徹克的羅傑·莫蒂默（他前不久去世了）的財產開始。這一切都不算稀罕，因為莫蒂默和蘭開斯特的亨利一樣，完全有權收回被愛德華二世和德斯潘塞父子不公正地奪走的財產。但很早就出現了一些跡象，表明伊莎貝拉和莫蒂默跟之前的掌權者一樣貪得無厭。

在丈夫退位、愛德華三世加冕之前血洗政敵的混亂時期，伊莎貝拉太后就已經收回了做為她嫁妝的所有土地，價值約四萬五千鎊。她的兒子加冕時，她又得到了更多土地，於是她的土地收入達到了兩萬馬克。她一躍成為英格蘭最大的地主，比任何一位權貴都更富有。太后的富可敵國，再加上她能夠得到丈夫和德斯潘塞父子的大量金銀珠寶，令旁觀者憂心忡忡。

但更讓人煩惱的是，太后悍然插手外交政策。在這方面，新政府有三件緊急的大事要處理。阿基坦領地飽受困擾，為了防禦它的有爭議邊界，必須跟伊莎貝拉的哥哥，法蘭西國王查理四世正式締結和約。蘇格蘭人也蠢蠢欲動。在二月一日，也就是愛德華三世加冕的當天，一群蘇格蘭人成功襲擊了英格蘭人控制的諾勒姆城堡，因此需要動用武力平定蘇格蘭人的騷動。最後，愛德華三世還需要一位新娘，為王室添枝增葉、傳承大統。

英格蘭朝廷的每一個舉措都失敗了。匆匆與法蘭西王室簽訂的《巴黎條約》，在四月中旬被呈送給身在林肯郡的國王。顯然，這項條約不僅要羞辱他，還要在經濟上嚴重地挫傷他。英格蘭在法蘭西西南部的領地被壓縮為波爾多與巴約訥之間的加斯科涅海岸，其他領地將由法蘭西國王直接控制。為了保住曾經的金雀花帝國剩下的這一山半水的代價是，愛德華三世必須繳納五萬馬克的巨款。伊莎貝拉和莫蒂默顯然也深知為了和平而付出的代價太高，於是他們在英格蘭境內隱瞞了條約的具體細節。這表明英格蘭朝廷在絕望無助之下默認了既成事實，承認英格蘭陷於內部糾紛，無暇考慮在法蘭西收復失地。

一三二八年，查理四世駕崩，沒有留下直接的繼承人。但英格蘭朝廷沒有做多少努力，去利用這個天賜良機。愛德華三世是腓力四世的三個仍然在世的外孫之一，因此擁有法蘭西王位的繼承權，但查理四世的表弟，瓦盧瓦的腓力（Philip of Valois）按照嚴格的男性繼承順序（這後來被稱為薩利克法①）被加冕為王（史稱腓力六世）的時候，英格蘭朝廷只是做了象徵性的抗議。愛德華三世透過他的母親擁有法蘭西王位的繼承權，但他只能在一三二九年前往亞眠，做為阿基坦殘部和蓬蒂厄伯爵領地的領主，向法蘭西新王宣誓效忠。英格蘭人顯然沒有打算利用他的法蘭西王位繼承權做為談判的槓桿，去為他在歐洲大陸的領地爭取更多的安全。

蘇格蘭的局面更糟糕。從二月到夏季，邊境屢次遭到襲擊，成群蘇格蘭人越境進入英格蘭北部，恣意燒殺擄掠。就在愛德華三世在林肯郡讀到《巴黎條約》條款而大失所望的時候，王室的命令正在被送往北方，準備按照老規矩，在泰恩河畔紐卡索和約克徵集一支軍隊。

愛德華三世和他的母親於五月底前往約克，在那裡和五百名佛蘭芒騎士會合，他們是伊莎貝拉在歐洲大陸的盟友，埃諾的約翰的屬下。這支精銳部隊在約克（英格蘭的第二大城市）與英格蘭士兵打架鬥毆，在街頭橫衝直撞，很快就讓市民怨聲載道。儘管這個開頭很不吉利，愛德華三世還是在七月初將伊莎貝拉留在約克，自己動身前往蘇格蘭邊境，打算在那裡迎戰敵人（由老將詹姆斯·道格拉斯爵士指揮）。此次行動一敗塗地。道格拉斯一連幾週都在逃避追擊他的英格蘭軍隊，在月底突然殺了個回馬槍。他襲擊了史坦霍普園林（特勒姆附近）的國王營地，將國王的侍從殺散。據一部編年史記載，他還衝到國王營地的正中，高呼「道格拉斯！」砍斷了國王大帳的兩三根繩索。幾天後，道格拉斯率領橫衝直撞的軍隊，撤回了蘇格蘭境內。

---

①薩利克法（lex Salica）是中世紀西歐通行的法典。薩利克法發源於薩利克部族（法蘭克人的一支）通行的習慣法，因此得名。六世紀初，這些習慣法被法蘭克國王克洛維一世（Clovis I）彙編為法律。薩利克法是查理曼帝國法律的基礎。

薩利克法包括女性後裔不得繼承土地的條款。在歐洲的大多數國家，女性無權繼承土地的規定逐漸演變為對女性繼承權的剝奪，並對中世紀和近代歐洲歷史產生了很大的影響。西班牙的歷次王位繼承戰爭，起源都是旁系男性繼承人對直系女性繼承人權利的爭議。

英法百年戰爭的起因之一，就是法蘭西卡佩王朝查理四世死後沒有男性繼承人，英格蘭國王愛德華三世因是查理四世妹妹伊莎貝拉的兒子，要求得到法蘭西國王寶座，法蘭西方面則認定薩利克法不支持女性系後裔的繼承權，查理四世的堂兄腓力六世隨之加冕，開創法蘭西的瓦盧瓦王朝，愛德華三世雖然妥協，但衝突的火種已然埋下。

英國君主允許女性繼承，但漢諾威實行薩利克法，因此漢諾威王朝的維多利亞女王在繼承英國王位時，不得不把漢諾威王位轉讓給其叔父恩斯特。此外，在唯一仍由英國統治的原諾曼地公國領土，海峽群島（Channel Islands）上，英國女王伊莉莎白二世的頭銜是諾曼地公爵（Duke of Normandy），而非「女公爵」（Duchess）。

另外，為了回避薩利克法的不利影響，波蘭女王雅德維加（Jadwiga）在一三八四年繼承波蘭王位時，宣布自己為國王（Hedvig Rex Poloniæa），而非女王（Hedvig Regina Poloniæa）。

據多位編年史家記載，愛德華三世為了自己的失敗怒不可遏、潸然淚下。他的確有理由哭泣：這場戰役耗資巨大，為了讓英格蘭政府有錢打仗，不得不典當了王室的珠寶。莫蒂默和伊莎貝拉接受了事實，他們沒有力量在北方開展一場戰爭，於是簽訂了《愛丁堡—北安普敦條約》（之所以如此命名，是因為先由羅伯特・布魯斯在一三二八年初於愛丁堡簽署，後於五月在北安普敦由英格蘭議會批准）。他們跟蘇格蘭人達成和解，可恥地放棄了英格蘭對蘇格蘭的宗主權，僅收了區區二十鎊貢金。條約承認蘇格蘭為獨立王國，由布魯斯及其後嗣統治，兩國邊界與亞歷山大三世時期相同。愛德華三世年僅六歲的妹妹瓊被許配給布魯斯尚在襁褓中的兒子大衛，並很快結婚。但這掩蓋不了這樣的事實：自一二九五年愛德華一世的輝煌戰役以來，英格蘭人為之奮鬥的一切在一夜之間灰飛煙滅了。

至少愛德華三世的婚姻已經安排妥當了。伊莎貝拉和莫蒂默在入侵英格蘭之前跟埃諾伯爵締結了聯姻同盟，於是年輕的埃諾的菲利帕（她出生於一三一〇至一三一五年間，跟愛德華三世年齡相仿）於一三二七年底被帶到了倫敦。這對年輕人於一三二八年一月二十六日在約克大教堂喜結連理，婚禮非常奢華隆重，旨在向愛德華三世的北方臣民宣示，王權並沒有衰敗，就像他的加冕禮向他的南方臣民發出同樣的訊息那樣。（在兵荒馬亂、民窮財盡的背景下還能維持這般奢華，要感謝慷慨大方的義大利銀行世家巴爾迪〔Bardi〕家族。多年之後，巴爾迪家族才會吸取教訓，愛德華三世屢次欠款不還，致使巴爾迪家族破產，這場財政災難也導致了美第奇〔Medici〕家族在義大利崛起）。聯姻是伊莎貝拉和莫蒂默的外交政策中唯一成功的方面，儘管伊莎貝拉希望繼續行使攝政太后的權力，因此直到差不多兩年之後才允許年輕的王后加冕。但在愛德華三世婚禮期間，英格蘭本土發生了一件奇怪的事情。

一三二七年九月二十三日深夜，年輕的國王在林肯的寢室內被喚醒，得知自己的父親去世了。自四月以來，卡那封的愛德華就被關押在格洛斯特郡的伯克利城堡的地牢內。據信使說，他於兩天前在獄中因自然原因死亡。由於年輕的國王急需處理跟蘇格蘭局勢相關的議會事務，於是指定在十二月下葬老國王。卡那封的愛德華去世時，很少有人質疑他的死因。愛德華三世肯定接受了他父親自然死亡的說法，並為他安排了葬禮。但隨著時光流逝，一些關於卡那封的愛德華死因的描述，逐漸流傳開來，向人們暗示他的死沒有那麼簡單。最初的說法是，老國王是因悲傷或疾病，或某種痛楚而死的。但很快就有人推測，他是被殺害的。

卡那封的愛德華被囚期間，朝廷破獲了三起企圖營救他的陰謀：第一次是在四月，當時他被囚禁在凱尼爾沃思；後兩次分別在七月和九月，他被關押在伯克利的期間。前兩起陰謀的策劃者是多明我會的修士，最後一次的主謀是威爾斯人，其中為首的是格魯菲茲之子里斯，他是愛德華二世的長期盟友，曾在一三二一年和一三二二年幫助愛德華，也在愛德華一三二六年最後逃亡中鞍前馬後。有傳聞稱，連續發生的劫囚行動讓伊莎貝拉和莫蒂默耗盡了耐心，於是莫蒂默下令在獄中殺死老國王。一三三〇年十月，有人在議會宣稱，卡那封的愛德華是被謀殺的。卡那封的愛德華死去二十年之後，見聞廣博的編年史家，穆里穆斯的亞當記載道，國王死於奸險詭計，是羅傑·莫蒂默指使人將他扼死的。

隨著卡那封的愛德華的死訊傳播到全國各地，眾人也愈來愈懷疑他死於謀殺，而關於死因的說法也變得更為極端。逐漸出現了這樣一則傳說：凶手先是將一個小號狀的裝置插入他的直腸，然後把燒得紅熱的撥火棍從肛門插進他體內，讓他內臟灼燒、生不如死，最後才將他扼死。這成了描述卡那封的愛德華死因的標準說法。因為炮製這種說法的始作俑者似乎刻意營造一種恐怖的、詩意的意象：娘娘腔、腐化墮落，也許是同性戀的國王是被爆菊至死。這種說法幾乎可以肯定是捏造的。但卡那封的愛德華很有可能確實是被謀殺的，而幕後元凶的確是羅傑·莫蒂默。凶手可能是莫蒂默的盟友威廉·奧格爾（William Ogle）和湯瑪斯·格尼（Thomas Gurney）爵士，負責看押愛德華的王室內廷總管約翰·梅爾特萊弗斯（John Maltravers）爵士也是同謀。

無論如何，卡那封的愛德華在一三二七年十二月二十日入土為安。他沒有被安葬在西敏寺的金雀花王室陵墓、長眠於祖父和父親身邊，而是被埋葬在格洛斯特的聖彼得修道院（一二一七年的內戰期間，年僅九歲的亨利三世就曾在那裡加冕）。除了他之外，唯一一個被埋葬在那裡的王族成員是羅貝爾·柯索斯，即征服者威廉的兒子。柯索斯原本可以成為英格蘭國王，但被他的弟弟亨利一世囚禁在迪韋齊斯和卡地夫近三十年之久。將卡那封的愛德華埋葬在柯索斯身邊，恰如其分。愛德華下葬時穿著他在一三〇八年倒楣的加冕禮上穿的內衣。他的墓地上飾有他的肖像雕刻，這是英格蘭歷史上的第一次，後來幾百年中歷代國王的陵寢都帶有雕像。這固然算不上一場盛大的王室葬禮，但對這樣一位國王來說，仍然是個出人意料的莊嚴尊貴的結局。畢竟，他玷汙了英格蘭王室，遭受能夠想像得到的最為嚴重的判決，即他的政敵於一三二七年一月指控他的罪行錄。這些指控如此描述他，「沒有獨立治理國家的本領……被奸臣控制和影響，聽信讒言」，並且不肯「從善如流，不肯採納諫言，也不肯致力於妥善地處理朝政」。在他被廢十一個月之後，所有人都清楚地認識到，愛德華二世「將國家壓榨得山窮水盡，無所不用其極地毀壞自己的王國和人民。更糟糕的是，他生性殘忍、缺乏個性，沒有絲毫悔改，無可救藥。這些事情如此臭名昭著，無可否認」。

但是，取代他的新政權就比他好多少嗎？跡象愈來愈明顯，答案是否定的。伊莎貝拉和莫蒂默牢牢把持著年輕國王，人們對此憂心忡忡，遠不止於外交政策方面。在國內，這對情人的行為舉止愈來愈和愛德華二世如出一轍。到一三三〇年，他們變本加厲，英格蘭又一次陷入了陰謀詭計、腥風血雨的深淵。

莫蒂默得寵於太后，日益躊躇滿志。他和加韋斯頓、德斯潘塞一樣，無法控制利用自己御前近臣的身分中飽私囊的誘惑。他逐漸在威爾斯和英威邊境積攢了許多領地，其中很多都是從一三二六年的叛軍那裡沒收來的。在英格蘭各地舉辦的一系列比武大會上，莫蒂默以近似國王的身分照顧著愛德華三世，主持圓桌會議，將自己打扮成亞瑟王（這是暗示他有威爾斯血統）。他縱情享受自己身為太后情夫的地位，在一三二八年的索爾茲伯里議會上，他終於完成了飛黃騰達的最後一步，崛起成為上層貴族的一員。他獲得一個超常而新穎的頭銜：馬奇伯爵②。

德斯潘塞擾亂朝綱的事情還沒過去多久，莫蒂默的所作所為實在是氣焰囂張。在他主持下，英格蘭在戰爭和外交這兩條戰線上都蒙受了奇恥大辱；國王的年輕妻子還沒有得到加冕；負責審理盜匪案件的專門巡迴法庭被派往各郡，處置肆虐蔓延的暴力和擾亂治安罪案，但都不了了之；而王室雖然從老國王那裡繼承了許多財產，還跟巴爾迪銀行大量借款，還是瀕臨破產，危機重重。然而，新任馬奇伯爵卻以公謀私，來到了富可敵國的地步。對新政權的幻想破滅後，英格蘭再次分裂為許多互相攻殺的派系。到一三二九年一月，以蘭開斯特伯爵亨利③為首的反對派已經威脅要起兵反抗。許多人大肆宣揚，國王沒有聽取良諫、有理有利地治理國家，因此違反了《大憲章》和他自己的加冕誓言。戰爭似乎一觸即發，以至於朝廷為愛德華三世訂做了一套新的甲冑。在差不多整個一三二九年，十七歲的國王都一直被擋在西敏和倫敦之外，無法親自執掌政權；他的貪婪母親跟母親的情夫，就像對待娃娃一樣嬌寵著他。

好在全面內戰最終被避免，但到了一三三〇年春季，愛德華三世不可能再被當成小娃娃架空起來了。埃諾的菲利帕懷孕了，因此她必須於二月在西敏寺接受加冕。同時，非常令人擔憂的消息傳到了宮廷。有傳聞說，兩年前在格洛斯特下葬的卡那封的愛德華仍然活著，藏匿在民間。關於愛德華二世保住了性命的故事一直流傳到今天，尤其是有一個版本的故事中，這位被廢黜的國王逃脫了牢獄之災，躲到義大利，隱居起來，了卻殘生。這些故事並沒有說服力，但這不重要。重要的是，在一三三〇年，曾經參與逼迫老國王退位的人們都非常害怕他會突然出現。

這些謠言的來源之一很可能就是謀害國王的元凶。到一三三〇年，馬奇伯爵已經極其不得人心。法蘭西人極有可能在籌劃吞併阿基坦的殘餘部分，而莫蒂默企圖強行從地方鄰里和諸侯手中徵斂軍費去保衛加斯科涅，他這個做法遭到了普遍的唾罵。他樹敵甚多，不僅包括蘭開斯特伯爵亨利，還有國王的叔叔們：諾福克伯爵湯瑪斯和肯特伯爵埃德蒙。儘管兩位王叔都宣稱效忠王室，但莫蒂默認為，他們威脅了自己做為國王守護者和監護人的地位。

一三三〇年三月，在溫徹斯特召開的議會緊急商討了籌措軍費以保衛加斯科涅的問題。在議會的最後，莫蒂默向肯特伯爵發起了攻擊。正要散會時，肯特伯爵突然被以叛國罪逮捕。莫

---

② 馬奇（March）的意思是邊境，這裡指英格蘭與威爾斯的邊境，此爵位通常被授予居住在此邊境地區的大封建主。後來逐漸演化成僅僅是頭銜而已，領有者不必真的在邊境擁有領地。

③ 第三代蘭開斯特伯爵亨利，就是前文所說的「蘭開斯特的亨利」，是跟愛德華二世做對的第二代蘭開斯特伯爵湯瑪斯的弟弟，他繼承了哥哥的爵位。

蒂默指控他陰謀勾結（據說還活著的）異母兄愛德華二世（據說在科夫堡）。肯特伯爵被拖到一個匆匆組建、以莫蒂默為首的法庭前。他被指控叛國，法庭上出示了證明他有罪的書信，於是被判定有罪。他被草率地剝奪財產，他的妻兒被關押到索爾茲伯里城堡，而他自己被帶到溫徹斯特城堡牆外，執行死刑。莫蒂默的裁決野蠻殘暴，令人毛骨悚然，一時間竟然找不到敢於執行這個判決的人。最後，被監禁在溫徹斯特的另一名犯人（負責掃廁所）砍下了可憐的肯特伯爵的首級，以此換取自己的自由。又一位伯爵喪了命，而且是一位擁有王族血統的伯爵。埃德蒙是愛德華一世的兒子，因此地位比之前的蘭開斯特伯爵湯瑪斯更高。

議會解散了，國王前往伍德斯托克去探望臨產的妻子（這是他們的第一個孩子，生於六月十五日，取名為愛德華）時，心情非常頹喪。他曾打算赦免肯特伯爵，但莫蒂默推翻了他的決定。愛德華三世是一位丈夫、父親和國王，但另一個男人統治著國家，跟他母親上床，而且恣意殺害他的親族。國家被愛德華三世的父親敗得一貧如洗，而在莫蒂默殘忍、貪婪的暴政之下，瀕臨土崩瓦解。莫蒂默暴政的三個災難性年頭給英格蘭帶來的禍端幾乎和老國王在位時一樣多。行動的時刻到了。愛德華三世處於絕望之中，但他勇敢大膽，開始祕密籌劃奪回自己的王權。賢君明主的光輝新時代即將拉開大幕。

第六部

光榮的年代

Age of Glory (1330–1360)

願年輕的愛德華福壽永昌！
願他擁有曾令歷代先祖得益的美德。
願他像亨利二世國王一樣勤勉，
像威名顯赫的理查國王一樣勇猛無畏，
願他像亨利三世國王一樣高壽，
願他擁有愛德華一世國王的智慧，
並像他的父親一樣體格健壯、相貌英俊。
——《愛德華二世傳》中寫到愛德華三世出生的段落

第五十五章　宮廷政變

密謀者小心翼翼、盡可能悄無聲息地走過諾丁漢城堡地下深處的一條祕密通道。他們至少有十六人，或許超過二十人，全副武裝，大多很年輕，對國王忠心耿耿。為了自保，他們都豁出去了。在他們頭頂上，城堡正在安靜下來，準備過夜，白天的訪客都離開城堡，返回城堡之外城鎮中的住宿地。地道中只能聽得見粗重的呼吸聲、鎧甲移動時沉悶的撞擊聲，以及火把燃燒的劈啪聲。

他們此行是遵照御旨。當天早些時候，此刻在地道中的五名密謀者和十七歲的國王被帶到一個對他們滿腹狐疑的議事會面前。為首的是馬奇伯爵羅傑·莫蒂默，王后的情夫，他把持英格蘭朝政已有三年之久。探子向莫蒂默報告稱，國王身邊的一群人正在企圖刺殺莫蒂默。所有人都堅決否認這個指控。在離開這個審訊時，他們都知道，必須採取行動了。

密謀者的首領是二十九歲的威廉·蒙泰古（William Montagu），他是愛德華三世內廷的一名方旗騎士①，是國王的朋友。不久前，他曾陪伴愛德華三世前往法蘭西處理要務，剛從亞維儂的教廷返回，他在那裡向教宗約翰二十二世傳達了一些密信。蒙泰古是一名軍人、保王黨人和國王親信，就像他父親曾經是愛德華二世的親信一樣。他擔心莫蒂默會謀害國王，因此在這一天告訴國王，必須立刻採取行動。他對國王說：「把狗吃掉，總比被狗吃掉強。」愛德華三世聽取了他的建議，批准他們的計畫。這要麼是一場自殺行動，要麼是拯救王權的偉業。

在蒙泰古身邊彎腰行進的還有愛德華三世內廷的另外四名夥伴：愛德華・博漢（Edward Bohun）、羅伯特・厄福德（Robert Ufford）和威廉・克林頓（William Clinton）（三人均為方旗騎士），以及內廷騎士霍恩比的約翰・內維爾（John Neville of Hornby）。他們都是勇士，做好了在凶險的行動中以死報效主公的準備。行動的關鍵是第六個人，威廉・伊蘭（William Eland），諾丁漢城堡的警衛。伊蘭比在世的任何人都更熟悉這座要塞的眾多走廊和通道。

莫蒂默控制著城堡的鑰匙，夜間會將鑰匙放在王后枕下，因此蒙泰古及其夥伴正在潛行的

---

①方旗騎士（Knight Banneret）是中世紀的一種騎士。他們在戰爭中可以在自己的旗幟下率領部隊，而比他們級別更低的騎士則不得不打著別人的旗號來率領部隊。方旗騎士的旗幟是方形的，以區別於更低級的騎士們的三角旗。方旗騎士高於下級騎士（Knight Bachelor），而低於男爵。雖然大多數方旗騎士都出身貴族，但這個頭銜通常不是貴族頭銜，也不是世襲的。

這條地道是進入城堡的唯一路徑。地道一頭連接著城堡外的河岸，另一頭是處於城堡心臟位置的伊莎貝拉太后寢室。一三三〇年十月十九日，伊蘭脫離了自己的崗位，故意將地道內的邊門敞開，沒有關閉。現在，他利用自己對城堡的熟悉，引導密謀者們在黑暗中行進。

諾丁漢城堡內到處上演著陰謀詭計。密謀集團成員，御醫潘西奧·德·孔特羅內（Pancio de Controne）為國王在當晚脫身打掩護，甚至幫忙打開連接密道與城堡主樓的門。伊蘭和蒙泰古帶領部下從地下深處登上螺旋形樓梯、來到王室居所心臟位置時，一定會祈禱，在他們抵達最終的那扇門之前，密謀不要敗露。如果莫蒂默抓獲了他們的任何一名盟友並從其口中得到真相，那麼或許已經派兵在地道中尾隨他們了。等待他們的將是死亡和徹底垮台。在太后的大廳內，伊莎貝拉正與莫蒂默、他的兩個兒子傑弗里和埃德蒙、西蒙·貝里福德（Simon Bereford）、休·特平頓（Hugh Turpington）爵士和林肯主教亨利·伯格什（Henry Burghersh）一同商議如何處置密謀者。他們全然不知，這些密謀者已經離開了地道，進入城堡主樓，正在殺氣騰騰地逼近會議廳。

蒙泰古和夥伴們衝進王室寓所時，撞上了內廷總管特平頓，他是保安的最終負責人，當然現在保安已經被破壞了。內維爾上前殺死了特平頓。這聲響警醒了守衛在大廳入口處的少數幾名內廷侍從。密謀者猛衝進去，將兩名衛兵砍死在原地。

莫蒂默拔腿就跑，衝向自己的房間去拿劍。但他和兩名謀士被抓住並逮捕。密謀者留了馬奇伯爵一條性命，準備將其做為叛國賊送上法庭。莫蒂默的兩個兒子和西蒙．貝里福德也被俘虜。據《布魯圖編年史》史家記載，伯格什主教將自己做為教士的尊嚴丟了個一乾二淨。他跑向廁所，企圖鑽進通往城堡外護城河內排放糞尿的滑道。蒙泰古的部下追了上去，最終把主教從這骯髒的處所拉了出來。伊莎貝拉太后站在大廳門口，在黑暗中哀嚎，呼喊她的兒子，她相信自己的兒子躲在密謀者的背後。

借助這戲劇性的手段，十七歲的愛德華三世粉碎了束縛自己的鐐銬，親自執掌了政權。政變的次日，國王向英格蘭各郡的郡長發布宣言，通知他們，馬奇伯爵羅傑．莫蒂默已經被逮捕，愛德華三世「從此將遵循法理和理智，以符合自己君主尊嚴的方式，統治他的人民。國家大事將由全國的權貴公議裁決，別無他途」。

莫蒂默被捕後遭到羈押，等待議會發落。這次議會於一三三〇年十一月在西敏廳召開。他被五花大綁，口裡塞著東西，喪盡顏面地被押解到全國諸侯面前。根據議會的官方記載，他受到的指控是「篡奪王權，把持朝政，以君主自居」，並驅使僕人約翰．雷（John Wray）「監視（愛德華三世）的言行，以至我主國王陛下被歹人環繞，無法自行決斷，如同生活在牢獄之中」。莫蒂默遭指控十四項罪名，其中包括以自己的伯爵領地分裂王室土地、向蘭開斯特伯爵及其盟友開戰、誣陷肯特伯爵叛國，以及貪汙王室金錢（包括蘇格蘭人遵照合約繳納的貢金）。

但最重要的是，議會明確地指控莫蒂默謀殺了愛德華二世。「羅傑擅用篡奪來的權力……

下令將（老國王）押解至伯克利城堡。在那裡，羅傑及其走狗惡毒、陰險、虛偽地殺害了國王。」檔案如是說。這是官方第一次聲明愛德華二世是被謀殺的，光是弒君這一項罪名就足以讓莫蒂默這「背叛國王和江山社稷的逆賊，被開膛和絞殺」。就像之前幾位被判死刑的大貴族一樣，莫蒂默也不被允許為自己辯護。但是，隨著他於一三三〇年十一月二十九日在泰伯恩（Tyburn）以叛國賊罪名處死，英格蘭歷史上一個腥風血雨的章節便結束了。

伊莎貝拉沒有受到嚴懲。做為太后，她被解除政權，進入退隱狀態。在隨後二十七年中，她居住在諾福克的賴辛城堡（Castle Rising），過著錦衣玉食、奢華富麗的生活，在王室的外交事業中扮演重要角色，並參加她兒子愈來愈奢侈輝煌的典禮宴會和家庭節慶活動。

愛德華三世還不到十八歲，就能夠大膽地發動如此戲劇性的宮廷政變，決定性地奪取了政權。這是讓人心頭燃起希望的跡象，看來他有足夠強大的性格和才幹，去恢復這個朝綱敗壞的王國秩序，令其走上正軌。事實證明，他果然是一位蓋世明君。從青年時代開始，他的一舉一動便很好地體現了他的施政之道：發現問題之後，他便會採取激進的，甚至是魯莽的行動去解決它；他身邊圍繞著一群親密而深受信賴的謀臣。他的統治效率很高，令人心醉。但在愛德華三世被普遍尊為英明賢君（或許是金雀花王朝最偉大的一位國王）之前，還有許多困難重重的年頭。

第五十六章　光榮的國王，一貧如洗的王國

諾丁漢政變之後，愛德華三世在國內受到普遍讚譽。一三三〇年十一月，他十八歲了，終於可以獨立自主地掌控自己的王權和命運。他的私人紋章圖案是燦爛的旭日——金色的陽光從濃雲背後迸射出來。年輕的國王希望他的臣民們認識到，他掙脫了母親的情夫的束縛之後，獨立掌權，必將撥開烏雲見天日；新國王能夠為人民帶來光明、勇氣和希望。

親政伊始，他便舉辦了一系列比武大會，主要是在倫敦周邊和東南部。他表現出絕佳的騎士風度；他的宮廷是狂歡、享樂、浪漫和武藝較量的中心。「這位國王熱衷於比武大會和與貴婦相伴，不亦樂乎。」北方的編年史家湯瑪斯·格雷爵士如此記載道。這是他在位時期的一大特色，幾乎每個月都要舉辦比武大會。這是王國的貴族男女縱情狂歡的好機會，他們換上五光十色、奢侈富麗的服裝，扮演起猛獸、神話傳說中的異獸和天使仙女的角色，重演歷史和傳奇中膾炙人口的精采故事，或者淘氣地打扮成修士、商販或神父，嬉戲打鬧，以此為樂。大型的

模擬戰爭打得煞有介事，既讓參與其中的貴族們增強了彼此之間的紐帶，也是非常有價值的軍事訓練，畢竟這個時期又是狼煙四起、戰火延綿。

國王處於這一切火熱活動的正中心。他是一個身強體健、具有運動員體魄且雄心勃勃的青年。大多數肖像都將他描繪為面貌略顯清秀、眼睛寬闊、眼窩深陷、眉脊平坦、鼻子又長又細。他天庭飽滿，並且遵照當時的風俗，成年之後始終蓄著長鬍鬚，一三五〇年代的一首詩說他的鬍子是「漿果一般的褐色」。他要麼戴著精美的帽子，要麼佩戴軍事統帥的頭盔，濃密而波浪形的頭髮遮擋住了他的耳朵，從帽子或頭盔下凸顯出來。他精通騎術，武藝高強，是騎士威嚴的典範。他和菲利帕王后都嗜好精美的衣服，並且衣服上繡有口號和神祕莫測的王室箴言。愛德華三世後來最喜愛的一些箴言包括「事當如此」（It is as it is）和「白天鵝啼鳴，以上帝之靈起誓，我是你的男人」（Hay Hay the wythe swan / By Godes soule I am thy man）。以及「像忍冬一樣堅強」（Syker as ye wodebynd）。菲利帕王后喜愛的口號包括「我纏繞著你」（Ich wyndemuth）和「我的吩咐」（Myn biddeneye）。為紀念愛德華三世加冕而打造的錢幣上印有這樣一句口號，凸顯了國王一生的自信和治理國家時的從容：「我不曾索取，只是接受。」

外在的作秀和華麗典禮是任何一位國王必備的核心技能，但愛德華三世在這方面的直覺比任何一位前任都更敏銳——只有亨利三世是個例外。他從遠東進口最精美的金線織物，他的袍服上裝飾著充滿異國情調的動物形象：豹子、猛虎、鵜鶘和隼。他酷愛音樂，他出門宮廷旅行的時候，總伴有吟遊歌手的曲調，有鼓點和笛子助興。國王處在這一切的中心，為自己創造的盛景笑逐顏開。他開設著一座動物園，豢養著獅子、豹子、一頭熊和形形色色的猿猴。他像之前的國王們一樣，對狩獵興致勃勃。他在自己的獵苑、森林和英格蘭鄉間縱馬奔馳、追逐和獵殺野獸，從中得到極大的樂趣。他的先祖當中，或許只有亨利二世在這方面能和他相比。他揮金如土，在奢華的服裝和盛大的娛樂活動上花費數千鎊，供自己、朋友和家人享受，展現出了值得頌揚的王室光輝。愛德華三世是個魅力無窮的人，把宮廷中的女士們迷得神魂顛倒，和男人們則能建立起親密的、兄弟一般的深厚情誼。自親政伊始，他便將英格蘭的貴族和騎士們與自己的統治緊緊地聯繫了起來（所有成功的國王都會將這個階層團結到自己身邊）。

愛德華三世受過傳統的貴族式教育，精通與他地位相稱的知識和文化。他既會說英語，也會講宮廷語言，即法蘭西北部方言。在成長過程中，他身邊簇擁著理查．伯里（Richard Bury，牛津大學的學者和教士，後來成為政府高官和國王最親信的謀臣之一）這樣的學者，從他們那裡汲取到了極大的知識養分，文化水準遠遠超過當時的一般標準（能閱讀拉丁文和法文即可）。他是第一位有御筆墨蹟留存至今的英格蘭國王。他從五花八門的古典文本中學習為君之道。這些文本被稱為「君主明鑑」，是歐洲學者們編纂起來的，分析了古今統治者的偉大成就和可恥失敗，旨在向他們的君王解釋優良的統治原則。

自孩提時代起，愛德華三世就對歷史和神話中的偉大英雄心醉神迷，尤其仰慕十四世紀流行文學的主流故事，即所謂「九位偉人」的傳說。九位偉人包括三位「好的異教徒」：赫克托爾（Hector）、亞歷山大大帝和凱撒，三位聖經中的賢君：約書亞、大衛和猶大．馬加比①，以及三位偉大的基督教國王：亞瑟王、查理曼和第一代耶路撒冷國王布永的戈弗雷（Godfrey of Bouillon）。他認真研讀了帝王們的生平，努力學習他們的優良特質，而避免他們的錯誤。他對歷史的天意注定非常著迷，因為歷史既能夠預示他一生中的一些事件，也能夠為後人的生活奠定基礎。同時代人對他在諾丁漢宮廷政變中表現出的勇敢非常景仰，急切地希望看到他實現梅林的預言。愛德華三世沒有讓群眾失望，於一三三一年訪問格拉斯頓伯里，參觀了亞瑟王和格溫娜維爾的宏偉陵寢，這座陵墓是他的祖父當年下令建造的。事實上，在金雀花王朝的所有先王之中，愛德華三世特別崇敬愛德華一世，命人用金線織物裝飾位於西敏的愛德華一世陵墓，像祖父一樣熱衷於亞瑟王傳說，並保證每年都隆重地紀念「蘇格蘭人之錘」（愛德華一世的綽號）的冥壽。愛德華一世年輕時的貶義綽號「豹子」如今成了愛德華三世王權的象徵。愛德華三世的紋章是舉右前足向前行進、面部正對觀看者的獅子。②

雖然酷愛榮華富貴，但愛德華三世深切地懂得，王權是國家與君王之間的神聖紐帶。當前如此，甚於以往。在有些比武大會上，他喜歡隱去自己的真實身分，喬裝打扮成一般戰士，與同時代人和夥伴們一起比拚。雖然喜愛亞瑟王傳說，但他小心謹慎，不去效仿羅傑．莫蒂默的狂妄做法——竟企圖扮演這位傳奇國王的角色。一三三〇年代，愛德華三世更願意將自己比作一位比較普通的圓桌騎士，常常是萊昂內爾（Lionel）爵士。最早給他賦予這個角色的恰恰是莫蒂默。一三二九年，在威格莫爾舉辦的一次比武大會上，莫蒂默向國王獻上了一隻帶有萊昂內爾爵士紋章的杯子。愛德華三世一直堅持扮演萊昂內爾爵士的角色，在一三三〇年代的許多比武大會上始終佩戴他的紋章，而且還用這位傳奇騎士的名字給自己的第三子（一三三八年出生於安特衛普）取名。這表明，他沒有忘記積極進取和努力奮鬥的價值，正是這些價值觀幫助他推翻了莫蒂默的統治。當然這或許也是個詼諧的玩笑。

從一三三〇年愛德華三世親政開始的七年中，他逐漸熟悉了自己的王國。幾乎持續不斷的比武大會使得他在象徵意義和社交這兩個層面，都跟自己的臣民走得更近。他與菲利帕王后的婚姻非常多產，一三三〇年生下了王子，伍德斯托克的愛德華（Edward of Woodstock）之後，每隔一段時間就有兒女呱呱墜地：伍德斯托克的伊莎貝拉（Isabella of Woodstock）於一三三二年五月出生，倫敦塔的瓊（Joan of the Tower）生於一三三三年底，哈特菲爾德的威廉（William

---

① 猶大．馬加比（Judas Maccabeus，即「鐵錘」猶大），是猶太人歷史中與約書亞、基甸、大衛齊名的英勇戰士。他是古以色列人祭司長亞倫的後裔，猶太祭司瑪他提亞的第三個兒子。馬加比繼承父親對抗塞琉古帝國的統帥職位，是猶太人的民族英雄。猶太人的馬加比節，就是為了紀念馬加比在西元前一六五年收復耶路撒冷的聖殿。

② 紋章學裡的豹子和獅子外形差不多。行走（passant）中的獅子一般被稱為「豹子」，而揚起前爪躍立（rampant）的獅子才被稱為「獅子」。這種區分源自法國紋章學，英國紋章學後來不再做此區分。

of Hatfield）生於一三三六年十二月（後來夭折），安特衛普的萊昂內爾（Lionel of Antwerp）生於一三三八年。儘管這位年輕的國王躊躇滿志、八面威風，英格蘭仍然處於極大的困境中。十四世紀的最初三十年中，朝綱敗壞，公共秩序幾乎蕩然無存。一三一五至一三二二年間發生大饑荒，哀鴻遍野。愛德華二世自登基一直到去世的幾十年中始終動盪不安，給無法無天的犯罪造就了滋長的溫床。在英格蘭中部，福爾維爾匪幫（Folville gang，一個來自萊斯特郡的腐化墮落鄉紳家族）公然大規模燒殺擄掠，目無王法，肆無忌憚地殺害自己的政敵，甚至將巡迴法官扣為人質。峰區③也有一個類似的匪幫，叫做科特里爾家族（Cotterils）。朝廷雖然多次嘗試向各郡派遣司法團隊，去恢復秩序、執行王法，但都遇到了抵抗，地方上的濫用職權使得中央政府無力打擊犯罪。

為了處置這種局面，愛德華三世決心開展激進的司法改革。巡迴法庭制度已經過時，而且過於笨重。（郡一級的法庭緩慢地周遊各地，一個巡迴可能需要七年，甚至更久）在一三三二年三月的議會上，愛德華三世聽取了大法官爵士傑弗里·斯柯洛普（Geoffrey Scrope）主持的關於法律和秩序改革的辯論。最終形成的新體制是，在各郡設立長期性的王室司法機構，以制裁刑事犯罪。這次改革產生了所謂治安官（keeper of the peace）的職位（後來演化成治安法官，justice of the peace）。在這個世紀餘下的時間裡，這些官吏將負責地方治安。在某些特殊案件中，比如福爾維爾匪幫案和科特里爾匪幫案，治安官會得到王室指派的臨時委員會的支援，包括聽證與裁判委員會（oyer and terminer）。王座法庭有時也會零星地處理一些地方治安事務。英格蘭司法制度比以往更加完備；此後，再也沒有一位國王像約翰國王那樣親自周遊全國、處理司法事務。但如果說國王的司法角色逐漸淡化，愛德華三世堅決要將國王做為軍事統帥的角色發揚光大。

他的第一個目標是愛爾蘭。自約翰於一二一〇年御駕親征的一百二十年以來，不曾有一位英格蘭國王踏上愛爾蘭的土地。但愛爾蘭秩序極其混亂，一派腥風血雨，英格蘭國王對定居當地的盎格魯—諾曼諸侯的控制幾乎蕩然無存。一三三二年夏，愛德華三世籌劃派遣一支大軍，渡過愛爾蘭海，重新確立自己在當地的統治。但計畫正要實施的時候，卻不得不放棄了。一三三二年八月十一日，在蘇格蘭珀斯附近的杜普林沼澤，支持蘇格蘭新國王大衛二世（David II，羅伯特·布魯斯的兒子，也是愛德華三世的妹夫）的軍隊與叛軍（被稱為「被剝奪繼承權者」④）發生了衝突。這些叛軍主要是在班諾克本戰役後喪失了自己全部土地的蘇格蘭人。他

---

③峰區（Peak District）是英格蘭中部和北部的高地，主要位於德比郡北部，也覆蓋柴郡、大曼徹斯特、斯塔福德郡、約克郡南部和西部等部分地區。

④注意，此處的「被剝奪繼承權者」與亨利三世時期英格蘭境內的「被剝奪繼承權者」（西蒙·德·孟福爾的支持者）不是一回事。

們的領導人是約翰・巴里奧的兒子愛德華・巴里奧（Edward Balliol），並得到愛德華的盟友亨利・博蒙特的支持。博蒙特是一位兩鬢斑白的老將，參加過自一二九八年福爾柯克戰役以來蘇格蘭的每一場主要戰役。

「被剝奪繼承權者」兵力很少，大約只有一千五百人，是布魯斯軍隊的十分之一，卻以少勝多，贏得了一場輝煌勝利，殺死許多蘇格蘭騎士和伯爵。九月二十四日，愛德華・巴里奧在斯昆被推舉為王，蘇格蘭再一次陷入混亂。愛德華三世放棄了入侵愛爾蘭的計畫，將自己的注意力轉向北方邊境。一三三三年一月，在約克召開的議會上，他宣布了入侵蘇格蘭的意圖。這將打破《愛丁堡—北安普敦條約》建立的停戰狀態，重新開啟爭奪蘇格蘭主宰權的戰爭（這場戰爭自愛德華一世死後就一直很不順利）。

一三三三至一三三七年間，英格蘭以約克為陪都。愛德華三世將整套政府機關遷往北方，以便集中精力作戰。他的軍隊中包括王室直屬的部隊、按照封建制度徵集的貴族及其騎士，以及外國僱傭兵，包括曾在伊莎貝拉和莫蒂默指揮下討伐蘇格蘭的那些埃諾僱傭兵（儘管那次戰役命運多舛）。普通士兵是強行徵募的，士兵們離開自己家鄉所在的郡之後，會得到按日支付的軍餉。除此之外還有輕騎兵、以長矛和刀劍為武器的步兵，以及騎馬機動、下馬作戰的弓箭手。騎馬弓箭手將會成為中世紀英格蘭軍隊中戰術最高效、殺傷力最強的單位。愛德華三世在其統治期間依賴騎馬弓箭手，視其為自己的精銳，將其地位提高到超過一般士兵。騎馬弓箭手的地位雖然還比不上貴族騎兵，但仍然是十四世紀歐洲最令人尊重和畏懼的一群戰士。他們和其他士兵的給養都來自對全國人民的橫徵暴斂，這對英格蘭臣民來說是長期的沉重負擔。

愛德華三世的戰役於一三三三年春季拉開帷幕。這年夏天，他的指揮官們，包括威廉·蒙泰古、亨利·珀西、蘭開斯特伯爵亨利的兒子格羅斯蒙特的亨利（Henry of Grosmont），這些諸侯的年紀與國王相仿。他們協助愛德華·巴里奧，越過邊境，發動襲擾作戰。隨後，英格蘭軍隊攻打了伯立克，最後在距離伯立克兩英里的哈立頓山（Halidon Hill）與蘇格蘭人交鋒。

英格蘭軍隊在哈立頓山採納的戰術就是亨利·博蒙特在杜普林沼澤設計的策略。在愛德華三世統治期間，這種戰術將為他贏得許多勝利。愛德華三世的兵力或許只有蘇格蘭人的一半，但他在哈立頓山上建立了牢固的防禦陣地，部隊分成三支，每一支的側翼都有弓箭手掩護。國王親自指揮中軍；愛德華·巴里奧指揮左翼；國王的叔叔諾福克伯爵⑤統領右翼，國王的弟弟康沃爾伯爵（埃爾特姆的約翰）在諾福克伯爵身邊。英格蘭軍隊不會向蘇格蘭人的刺蝟陣型發動騎兵衝鋒。班諾克本戰役已經教會了他們，這種戰術就是自殺。大群蘇格蘭長槍兵衝上山的時候，英格蘭弓箭手向他們射出冰雹一般的箭雨，令其陣腳大亂、驚慌失措。蘇格蘭人還沒有衝到英格蘭武士面前，就已經大部潰亂。兩軍展開白刃戰的時候，蘇格蘭人已經疲憊不堪、膽

⑤即布拉澤頓的湯瑪斯。

戰心驚。愛德華三世率軍勇猛地攻擊敵人，國王與羅伯特．斯圖爾特⑥（羅伯特．布魯斯的外孫，年僅十七歲，擔任蘇格蘭的王室總務官）展開了一對一的拚殺。蘇格蘭人很快潰不成軍，愛德華三世和巴里奧的部下重新上馬，追殺抱頭鼠竄的蘇格蘭人。戰鬥結束了，蘇格蘭的貴族菁英又一次遭到滅頂之災，有六位伯爵戰死。國王以恰當的騎士禮節安葬了這些敵人。

愛德華三世在哈立頓山取得了壓倒性勝利，於是扶植愛德華．巴里奧當蘇格蘭國王，奪回了伯立克，並對蘇格蘭低地的大片土地提出要求。一三三三年的下半年，他待在英格蘭東南部，遊獵享樂、舉辦比武大會。一三三四年初，巴里奧同意讓蘇格蘭恢復到一個附庸國的地位。蘇格蘭王室又一次成為英格蘭王室的臣屬。勝利來得實在太輕鬆。

這麼容易當然是不可能的。自一三三六年起，蘇格蘭便與法蘭西結盟。一三三四年六月，愛德華．巴里奧在紐卡索向愛德華三世宣誓效忠的時候，消息傳來，法蘭西國王腓力六世把已經被廢的蘇格蘭國王大衛二世及其妻子瓊⑦從蘇格蘭接走，庇護他們生活在諾曼地。大衛二世夫婦居住在加亞爾城堡，也就是獅心王理查建造的偉大要塞。大衛二世不在國內期間，蘇格蘭的抵抗力量團結在年輕的羅伯特．斯圖爾特和馬里伯爵約翰．藍道夫（John Randolph）周圍。一三三四年冬季和一三三五年夏季的大部分時間裡，愛德華三世都忙於率軍在蘇格蘭低地以恐怖手段鎮壓反抗者，殺得蘇格蘭噤若寒蟬。一三三六年七月，他又率軍討伐蘇格蘭高地，從洛赫因多布（Lochindorb）城堡營救了一群被關押在那裡的貴婦，給自己的騎士傳奇增添了不少光輝。除此之外，這場殘酷的戰役中就沒有什麼騎士風度可以稱道了。除了王弟埃爾特姆的約翰於九月病逝之外，英格蘭人春風得意。愛德華三世的策略後來被運用到了歐洲大陸，他在敵國鄉村燒殺擄掠、血腥鎮壓，讓英格蘭士兵獲得了基督教世界最凶悍軍人的威望。

儘管對蘇格蘭人施加了恐怖統治，但愛德華三世還是沒能平定這個國家。愛德華三世和他的朋友們逐漸奠定了驍勇善戰的猛將美名（尤其是格羅斯蒙特的亨利），也學到了戰爭的技藝，但僅僅透過屠殺是不能迫使蘇格蘭人去愛戴巴里奧的。問題的核心是，叛亂的蘇格蘭人和法蘭西國王之間有著盟約。在腓力六世看來，金雀花王朝在蘇格蘭的行動與金雀花王朝在阿基坦領地的地位是緊密聯繫的。只要英格蘭人不肯接受法蘭西擁有加斯科涅的完整宗主權，腓力六世就支持蘇格蘭人為其獨立而奮鬥。到了一三三七年，愛德華三世對透過燒殺擄掠來迫使蘇格蘭屈服已經不感興趣。他的為君之道的核心在於，直接地、強有力地處置問題。一三三七年的問題已經不再是蘇格蘭，而是法蘭西。開闢新戰場對他的誘惑是不可抵擋的。金雀花王朝最宏大的一場戰爭一觸即發。

---

⑥ 羅伯特．斯圖爾特（Robert Stewart）後來繼承大衛二世，成為蘇格蘭國王羅伯特二世（Robert II），開創了斯圖亞特王朝（一三七一至一七一四年間統治蘇格蘭，一六〇三至一七一四年間統治英格蘭和愛爾蘭）。

⑦ 即愛德華二世的女兒，倫敦塔的瓊，也就是愛德華三世的妹妹。

第五十七章　新的伯爵，新的敵人

一三三七年三月議會召開之時，西敏處於興奮和焦躁之中。人們有足夠的理由去興奮。激進的法律即將頒布。朝廷計畫對羊毛貿易實施改革。兩條戰線上都即將燃起狼煙。但至少在議會的觀察者和熱愛金雀花王朝富麗堂皇儀式典禮的人們看來，比這一切都更激動人心的是，王國即將設立六個新爵位。愛德華三世在位已經十年了，親政也已經七年，在此期間表現出對貴族的友好和善意。在他舉辦的比武大會上，他與國內富有的菁英武士們耳鬢廝磨。很自然地，他對這些人最為親近。

在此前幾十年中，英格蘭貴族階層存在普遍衰敗的趨勢。愛德華一世很不信任貴族們，因此很少封賞伯爵領地。他質疑貴族的權利，最顯而易見的證據就是所謂的「根據誰的權威？」（Quo Warranto）調查：他的法官們質詢諸侯，詢問他們行使了哪些權力和司法管轄權，以調查他們是否僭越了王權。愛德華二世在冊封大地產和高級頭銜時比較有創造性，也很慷慨，但他一般把重要的封賞保留給自己的親信寵臣，而不願意扶植大貴族世家，因為他害怕這些人會挑戰他的權威。愛德華二世將加韋斯頓封為康沃爾伯爵，冊封安德魯・哈克雷為卡萊爾伯爵，休・德斯潘塞為溫徹斯特伯爵，他的兩個異母弟被封為諾福克伯爵和肯特伯爵；但在這些新冊封的伯爵中，只有諾福克伯爵活過了一三三〇年。一三二八年受封為康沃爾伯爵的埃爾特姆的約翰在蘇格蘭作戰期間病逝，現長眠在西敏寺。

與他的祖父和父親不同，愛德華三世相信，國王和大貴族之間應當有休戚與共的利益關係，而不是互相對抗。在一三三七年的議會上，愛德華三世清楚地表達了這種哲學。他向與會的貴族們宣稱，「我認為，君主最主要的特質就是分封地位、頭銜和官職，以此換取睿智的諫言和強大力量的支持。」他認為，恰恰是因為英格蘭貴族（以強有力的伯爵和男爵為首）人丁減少，「長期以來，國家的名望、榮譽和尊嚴蒙受了莫大損失。」

愛德華三世向全國宣布，他要採取決定性的措施，培植新一代的英格蘭貴族，與其分享王權的威望、分擔王權的責任。這些新諸侯都是在他統治十年間證明了自己的菁英，其中有幾位當年和他一同參加了諾丁漢城堡的政變。他們是雄心勃勃的年輕國王的天然盟友和好夥伴，很快將會與他並肩作戰。

這次議會冊封了六位新伯爵。首先是威廉・蒙泰古，一三三〇年政變的領導者。自那次政變以後，蒙泰古向國王證明，他既是一位優秀的外交官，也是蘇格蘭戰爭中的一員猛將。在這場戰爭中，他失去了一隻眼睛。國王已經賞給他大量戰利品、財富和土地，現在又將他晉升為索爾茲伯里伯爵。

一三三〇年政變的其他參與者也同樣得到了賞賜。羅伯特・厄福德被封為薩福克伯爵，威廉・克林頓成為亨廷頓伯爵（這個頭銜此前是由蘇格蘭國王保有的）。同時，英格蘭名門望族的後嗣們也得到了頭銜，以彰顯其高貴地位。格羅斯蒙特的亨利被封為德比伯爵。威廉・博漢，一三三〇年政變的參與者和蘇格蘭戰爭的老將，成為北安普敦伯爵。為王室效力多年的軍人和羅傑・莫蒂默的早期反對者休・奧德利被封為格洛斯特伯爵。

一三三七年三月，愛德華三世和菲利帕的長子，伍德斯托克的愛德華是個健康的六歲男孩。從都鐸王朝時期開始，他被稱為「黑太子」，因為（據說）他的盔甲是黑色的，而且極其驍勇善戰。一三三七年，他獲得了一個新頭銜，以反映他做為英格蘭王位繼承人的重要地位。愛德華三世冊封他為康沃爾公爵。「公爵」（duc）這個頭銜源於法蘭西。這是公爵的頭銜第一次出現在英格蘭本土，以彰顯康沃爾這個王室直屬的伯爵領地如今享有的特殊地位。已故的埃爾特姆的約翰的頭銜被迅速重新授予，這也是在暗示，像加韋斯頓那樣出身卑微的人，再也不可能獲得如此崇高的王室頭銜了。

為了恭賀這些新諸侯，舉辦了一場盛大奢華的宴會，僅僅在膳食和娛樂上就花費數百鎊。還有二十名騎士得到冊封。大家歡聲笑語、載歌載舞。愛德華三世和菲利帕王后各自主持著自己的歡慶典禮。

此次前所未有的大規模土地封賞不是因為愛德華三世心血來潮、慷慨大方。這其實是一三三七年的形勢所逼。國王需要軍事上的支持者，這些支持者應當擁有資源、強大的私人勢力和為王室作戰的義務。不僅蘇格蘭始終動盪不安，與法蘭西的戰爭也是又一次迫在眉睫。但這一次，英法對抗的激烈程度將大大升級，風險也更大，而且兩位敵手也是自十二世紀末理查一世與腓力・奧古斯都較量以來，最為桀驁不馴和咄咄逼人的一對。金雀花王朝即將面臨的這場戰爭不會僅僅持續幾個月，或幾年，而是好幾個世代。

第五十八章　百年戰爭爆發

一三四〇年一月二十六日，愛德華三世率領他的內廷進入佛蘭芒城市根特。身懷六甲的王后也隨行抵達（這是他們在十年中的第六個孩子，於當年三月六日出生，被稱為岡特的約翰〔John of Gaunt〕，「岡特」是英語中對「根特」的稱呼）。為了歡迎國王駕臨，當地人準備了盛大的典禮，星期五集市所在的大型開放式廣場被奢華地裝飾，以迎接大群觀眾。廣場中心搭建起了平台，周圍懸掛著飾有愛德華三世紋章的旗幟。但旁觀者對這些紋章非常陌生。

自一一九八年（獅心王理查在位的倒數第二年）開始的一百四十二年中，歷代金雀花國王的紋章都是三隻（一般被稱為豹子）舉右前足向前行進、面部正對觀看者的獅子，背景是鮮紅色。現在的王室紋章卻發生了巨大變化。現在三隻獅子不是驕傲地橫跨整個紋章，而是變成了這種樣式：紋章分為四個部分，獅子只占右上和左下部分，其他部分則是藍色網底上的金色百合花，這是古老的法蘭西王室紋章。而且，法蘭西的百合花的位置更優先，處於整個紋章的左上角和右下角。對歷史悠久的英格蘭紋章所做的改造著實令人震驚。對聚集在廣場上的人們來說，愛德華三世即將傳達的訊息是毋庸置疑的。

愛德華三世走到平台上，兩側簇擁著他的宮廷顯貴，以及佛蘭德最重要的三座城鎮的市政官。他高聲疾呼，壓過人群的嘈雜，呼籲根特人民承認他不僅是英格蘭國王，還是法蘭西國王。他要求他們服從自己，並接受了許多佛蘭芒人的宣誓效忠，其中包括佛蘭德的居伊（Guy of Flanders，佛蘭德伯爵的異母弟）。愛德華三世向在場的人保證，將會尊重他們的自由，保護他們的商業權益。然後他主持了一場典型愛德華三世風格的慶祝活動：比武大會。

在人山人海的根特集市廣場上發生的這個事件，是自愛德華一世決心將自己打造為亞瑟王再世以來，金雀花王室形象的最深刻變革。愛德華三世正式自立為法蘭西國王，打起了這樣的旗號，這個舉動從根本上改變了英法兩國的關係，即便是在亨利二世時代也不曾有過這麼重大的變革。它也引發了兩國之間一場幾乎無休無止的戰爭（即百年戰爭），將兩國都拖得民窮財盡。

這場戰爭的根源錯綜複雜，涉及金雀花王朝歷史的深處，以及十四世紀的政治。英法兩國之間爭議的傳統焦點是：英格蘭國王做為阿基坦公爵的地位。一二五九年，亨利三世同意簽訂《巴黎條約》，以阿基坦公爵的身分向路易九世宣誓效忠，放棄了金雀花家族對諾曼地、安茹和曾經的金雀花帝國其餘部分的權利主張。自那以後，兩國摩擦不斷，議題都是阿基坦。

整個十四世紀，在歐洲西北部，英格蘭和法蘭西的利益連續發生衝突，而法蘭西王室也進入了大舉擴張的新階段。法蘭西歷代國王執著於確立自己的權益，開疆拓土，並擴大自己的政治影響力。自腓力二世的時代以來，法蘭西還不曾如此咄咄逼人地對外擴張過。這導致法蘭西與英格蘭在低地國家的貿易戰中發生了直接的競爭；蘇格蘭自一二九五年便跟法蘭西結盟，這是英法矛盾的另一個根源；英吉利海峽的航道和貿易路線的控制權也是雙方爭奪的焦點，英格蘭人渡過海峽向佛蘭德輸送羊毛（後來還有紡織品），並從波爾多進口葡萄酒。但在這些互相挑釁和衝突的表象之下，是兩國王室地位上的根本變化。

一三二八年，查理四世駕崩，腓力六世繼位。自西元九八七年于格・卡佩登基以來一直統治法蘭西的卡佩王族的直系絕嗣了，法蘭西王國迎來了充滿不確定性的新時代。愛德華三世年輕時曾訪問亞眠，代表自己在歐洲大陸的領地向腓力六世宣誓效忠，這表明他接受了腓力六世的繼承權，承認他根據薩利克法繼承法蘭西王位的權利。由於愛德華三世在位早期國內政局動盪，英格蘭朝廷當時並沒有積極地推動他對法蘭西王位的主張，就這麼放棄了。

莫蒂默和伊莎貝拉垮台之後，腓力六世做為法蘭西國王的地位已經得到鞏固。年輕的愛德華三世國王遠遠沒有力量去要求修正法蘭西王位繼承的問題，首先是因為一三三三至一三三七年間所有適合作戰的季節都被用於討伐蘇格蘭。因此英法兩國之間沒有發生武裝衝突，而是小心謹慎地進行外交。一三三二年，兩國進行了探索性質的對話，商討發動新的十字軍東征的可能性。但在一三三四年，腓力六世決定支持大衛・布魯斯，這對英格蘭來說是不可接受的挑釁。

並非只有腓力六世在庇護逃亡者。一三三四年，愛德華三世將阿圖瓦的羅貝爾（Robert of Artois）納入自己的羽翼之下。羅貝爾曾經是腓力六世最親信的謀臣和密友，後來非常不幸地變成他不共戴天的死敵。雖然年事已高，羅貝爾還是勇敢地逃脫了法蘭西法律的制裁。愛德華三世欣賞羅貝爾的騎士風度和軍事才華，慷慨地庇護他，這招致法蘭西國王和貴族的怒火。一三四〇年代一首佛蘭芒語的宣傳詩《鷺的誓言》（*The Vows of the Heron*）責怪羅貝爾引發了戰爭，因為他慫恿愛德華三世去奪回自己的合法遺產（即法蘭西王位）。

根據這首詩的描述，在一場奢靡而浪漫的宴會上，羅貝爾走到國王面前，呈上一隻烤熟的鷺，這是他的獵鷹在當天捕獲的獵物。「我相信，我抓住的是最怯懦的鳥兒，」羅貝爾向國王和他的廷臣們說道，「牠看到自己的影子，都會嚇個半死。牠慘叫起來，就好像要丟掉性命一樣……我打算將這隻鷺奉獻給人世間最怯懦的人，或者說是世間曾有過的頭號膽小鬼，那就是愛德華・路易（即愛德華三世），他原本是高貴的法蘭西土地的合法繼承人，卻被剝奪了這繼承權；但他沒有膽量，所以一直到死也不會得到法蘭西。」

在這首詩中，愛德華三世聽了這話，當即發誓「統領我的子民，渡過大海……在那國度點燃戰火……迎戰我的死敵，瓦盧瓦的腓力，他佩戴著百合花……諸君大可放心，我譴責他，用言辭和行動向他開戰」。

《鷺的誓言》純粹是宣傳作品，目的是將阿圖瓦的羅貝爾描繪為刁滑的煽動者，而把愛德華三世醜化為大呼小叫、無恥放肆的侵略者。它活靈活現地描繪這圖景，令聽眾們信以為真。的確，愛德華三世庇護阿圖瓦的羅貝爾一事給了腓力六世開戰的口實。一三三六年十二月，腓力六世派遣使臣到加斯科涅，要求遣返羅貝爾。英格蘭朝廷拒絕了這個要求，不到一年之後，愛德華三世就派遣使臣到巴黎，去面見「自詡為法蘭西國王的瓦盧瓦的腓力」，收回了英格蘭國王對其的效忠誓言。可以預見的是，腓力六世立即正式將蓬蒂厄和加斯科涅收為己有。戰爭爆發了。

一三四〇年，愛德華三世在根特的廣場平台上發表演說的時候，英格蘭和法蘭西在理論上已經處於戰爭狀態三年之久。這三年之中，主要還是一場虛假的衝突，雙方都在籠絡盟友、拉幫結派。愛德華三世的戰爭努力主要集中在低地國家，他向埃諾伯爵、布拉班特公爵和其他盟友送去了數萬鎊的賄賂，以建立一個反法蘭西國王的大同盟。這是一項傳統的代價昂貴的策略。除此之外，愛德華三世還從日耳曼皇帝路德維希四世（Ludwig IV）那裡購買了帝國總督的頭銜，這個頭銜賦予他對低地國家諸侯的完整宗主權。這場代價極高的外交活動中唯一的重要軍事行動發生在一三三九年秋季，愛德華三世率軍來到法蘭西北部，在康布雷西（Cambrésis）和韋爾芒杜瓦（Vermandois）的邊境地帶打了一場激烈而凶殘的戰役。同時，腓力六世派遣軍隊深入加斯科涅，往南一直進逼到波爾多。

但這都只是初步的小規模衝突。一三四〇年，愛德華三世正式宣稱對法蘭西王位享有權利，於是戰事升級。這不再是傳統的英法戰爭。的確，這場鬥爭的實質仍然是法蘭西國王堅持自己應當享有的權利，而金雀花王朝的阿基坦領主不願對其俯首稱臣。英格蘭人的策略是歷史上常見的手段：賄賂佛蘭德和法蘭西東部邊境的領主與諸侯，以建立一個北方聯盟；同時集結一支軍隊，從南面進攻。但是，愛德華三世對法蘭西王位宣示了主權，於是英法王室鬥爭的整個性質都發生了變化。

到一三三七年十月，愛德華三世已經在書信中自稱為「法蘭西與英格蘭國王」。三年後，在根特的典禮上，他將自己的權利主張昭告天下。這不再僅僅是領主與封臣之間的戰爭。這將是一場爭奪王位繼承權的戰爭，必定只有一方能夠生存下去。

第五十九章　愛德華三世在海上

一三四〇年六月二十四日黃昏，也就是愛德華三世宣稱自己是英法（差不多是西歐大部分地區）國王的六個月之後，他站在自己的旗艦「湯瑪斯」號上，縱覽佛蘭德的斯勒伊斯的大海。「湯瑪斯」號是一艘形似商船的大型柯克船①，只有一具方形風帆。翻騰的海水被成千上萬法蘭西人的鮮血染紅了。國王腿部負傷，但這個傷痛是值得的。在他眼前，腓力六世的「大海軍」所屬的兩百一十三艘法蘭西和熱那亞戰船，正與約一百二十至一百六十艘英格蘭戰船鏖戰。兩天前，這支英格蘭艦隊在愛德華三世的親自指揮下從東盎格利亞啟航。英格蘭人取得壓倒性勝利，正在屠戮敵人。

愛德華三世此次渡過海峽，目的是將一支軍隊送到佛蘭德。這是孤注一擲之舉，也是形勢所逼。兩個月前，他的夥伴和盟友索爾茲伯里伯爵與薩福克伯爵在里爾（Lille）城外作戰時被俘。佛蘭德被法蘭西軍隊占領，菲利帕王后在根特被扣押為人質。英吉利海峽上有法蘭西戰船遊弋巡邏，它們威脅要摧毀英格蘭的羊毛貿易。近兩年來，英格蘭南海岸一直受到法蘭西海盜的困擾，南安普敦已經幾乎被海盜夷為平地。

愛德華三世籌備一場大規模入侵已經有幾個月之久，不可避免地走漏了風聲到腓力六世耳裡。於是，一支龐大的法蘭西艦隊從諾曼地和皮卡第濱海地區集結起來，受命前去封鎖各港口，阻止英格蘭軍隊登陸。愛德華三世向海岸眺望，可以看見法蘭西艦隊排成了密集隊形，戰船停泊在茨溫河口，用鐵鍊鎖起來，分列三排。

整整一夜，英格蘭艦隊停泊在目視可及敵人的地方，只見法蘭西艦隊桅杆如林、有裝甲防護的船首虎視眈眈。次日，愛德華三世下令己方船艦於下午三點左右接近茨溫河口。英格蘭艦隊從西南方接近河口，陽光在他們背後，而且順風。看見敵人雄壯森嚴的檣櫓之後，愛德華三世一定感到焦慮，甚至是畏懼。他即將迎戰的是英吉利海峽上曾經集結起來的最龐大海軍力量之一。一旦戰敗，他必將徹底垮台。

法蘭西艦隊的第一線包括曾經投入英吉利海峽的一些最大的船隻。那些柯克船運載著成百上千的士兵，弩弓像鬃毛一樣密密麻麻。其中包括「克里斯多夫」號，這是一艘巨型戰船，是前不久從英格蘭人那裡擄得的。第二線是較小的船隻。第三線是商船和王室的槳帆船。

---

①柯克船（cog）是十世紀出現在波羅的海地區的一種單桅帆船，漢薩同盟在北歐的海上貿易中大量使用這種船隻。

進攻斯勒伊斯的英格蘭艦隊在啟航前往法蘭西之前，愛德華三世的大臣們（以坎特伯里大主教史特拉特福德〔John Stratford〕為首）曾強烈反對，並苦苦勸諫：法蘭西艦隊實力遠勝於己方，一旦交戰，處於弱勢的英格蘭艦隊必敗無疑。但愛德華三世心意已決，執意率軍從奧威爾河口出征。臨行前，他訓斥謀臣們道：「誰要是害怕，留在家裡好了。」

中世紀的海戰和陸戰十分相似，很少有機動作戰，或者追擊。兩支海軍交鋒時，先是猛烈衝撞，然後是登上敵船，展開絕望而血腥的近身廝殺。儘管戰船會攜帶投石機和巨型弩弓等重型武器，但發揮作用的主要還是弩箭和武士們的釘頭錘及棍棒的凶殘猛擊。「這場大海戰如此恐怖，」編年史家傑弗里．貝克爾寫道，「哪怕是只敢從遠距離觀看的人，也是傻瓜。」

法蘭西艦隊的指揮官是于格．齊艾萊（Hugues Quiéret）和尼古拉．貝於歇（Nicolas Béhuchet），他們為了密集陣型的所謂安全感，犧牲了機動性，用鐵鍊將船隻鎖在一起，分成三列，排列在茲溫河口。這個決定毀掉了整個艦隊。後兩排船隻被最前方的一排擋住，沒有辦法參加戰鬥。英格蘭人進攻的時候，法蘭西人發現自己沒有辦法躲避正面衝擊。

空中充滿號角聲、戰鼓聲、箭矢的嗖嗖聲，以及巨型戰船碰撞時的木材崩裂聲。英格蘭艦隊向法蘭西人發動了一波波攻擊。每艘英格蘭戰船都撞上一艘敵船，用鉤子和多爪錨死死咬住對方，同時英格蘭和法蘭西的弩手與弓箭手們向對方射出凶殘的箭雨。弓箭手們占據制高點，要麼是在戰船的高高艉樓，要麼是在桅杆上。英格蘭弓弩手殺死了足夠多的守軍之後，武士們就登上敵船，展開白刃戰。

法蘭西人被困在原地，動彈不得，慘遭屠戮。「這著實是一場血腥殘忍的戰役。」法蘭西詩人和編年史家讓・傅華薩（Jean Froissart，他筆下的百年戰爭紀錄是最偉大的十四世紀歷史著作之一）寫道。他記載稱：「由於無處撤退和逃跑，海戰總是比陸戰更激烈。每個人都不得不依賴自己的英勇和武藝，冒著生命危險，去爭取勝利。」此役中有一萬六千至一萬八千法蘭西和熱那亞士兵陣亡，要麼是在甲板上戰死，要麼是溺死。法蘭西的兩名指揮官都丟了性命：齊艾萊的旗艦被攻陷，他本人陣亡；貝於歇則被吊死在自己旗艦的桅杆上。

斯勒伊斯戰役是英格蘭歷史早期最偉大的海戰勝利之一。英格蘭人及其佛蘭芒盟友也不敢相信自己取得了如此輝煌的勝利，不禁歡呼雀躍。法蘭西艦隊幾乎全軍覆沒，要麼被俘，要麼被摧毀，英格蘭商船在英吉利海峽受到的威脅一下子就被解除了，而腓力六世喪失了封鎖歐洲大陸海岸線的能力。法蘭西方面的死亡人數令人震驚。英格蘭僧侶和編年史家伯頓的湯瑪斯（Thomas of Burton）寫道：「戰役三天之後，茨溫河中……血似乎比水還多。溺死的法蘭西人和諾曼人極多，有人譏諷地說，魚兒吃了那麼多死人，如果上帝給牠們說話的本領，牠們一定會說流利的法語。」

幾個世紀之後，伊莉莎白一世和詹姆斯一世（James I）時代的英格蘭人追溯斯勒伊斯戰役，會認為它是英格蘭大敗西班牙無敵艦隊的先兆。十六世紀戲劇《愛德華三世》（莎士比亞可能是其作者之一，但下面的段落一般不被認為是他寫的）的作者對戰役的結局做了這樣的設想：

> 海水化為紫紅色，海峽迅速充滿了
> 汩汩的汙血，從傷者身上流下，
> 海水洶湧地衝進被擊穿的木板的狹窄縫隙。
> 這裡有一顆頭顱飛過，與軀幹分離，
> 那裡有殘缺的手腳被高高拋起，
> 彷彿旋風捲起夏日的灰塵，
> 拋撒在半空中。

於是，斯勒伊斯戰役成為英格蘭航海史的一部分，永載史冊。但在當時，這只是民怨四起的浪潮中的僅僅一場勝利而已。

三年時間裡，愛德華三世的對法戰爭，已經對英格蘭政府和王室財政造成自第三次十字軍東征以來最嚴重的壓力。斯勒伊斯戰役無疑是一場偉大勝利，但它的代價也是極沉重的。

愛德華三世的戰爭被人們想像得極其宏偉輝煌。《拉納科斯特編年史》（*Lanercost Chronicle*）

史家估計，從一三三七至一三四〇年，英格蘭向佛蘭芒和日耳曼盟友支付的費用，「有人說達到了每天一千馬克，也有人說是兩千馬克」。這有些誇張了，但並沒有過分誇大其詞。

一三四〇年，愛德華三世屹立在「湯瑪斯」號上觀看法蘭西艦隊熊熊燃燒的時候，他已經花費了四十萬鎊軍費，其中大部分來自義大利銀行的借款，供款人主要是佛羅倫斯的巴爾迪和佩魯奇（Peruzzi）家族，但他也向佛羅倫斯的波爾蒂納里（Portinari）家族、盧卡的布斯德拉吉（Busdraghi）家族，以及日耳曼漢薩同盟（Hanse）和低地國家的銀行和商人借了很多錢。在國內，北方商人威廉·德·拉波爾（William de la Pole）組織倫敦和約克的商人協會向王室借了數目甚至更大的款項，達到幾十萬鎊。儘管當時仍然禁止高利貸，但基督徒的銀行和商人們動用了一系列巧妙手段以掩蓋這樣的事實：他們的貸款利率高達百分之四十。王冠和王室珠寶，以及從英格蘭宗教機構強借來的大量貴重餐具被當作貸款的抵押品。愛德華三世在歐洲各地債台高築，這已經開始給他帶來了一些政治上的困難。就在法蘭西艦隊被殲滅的整整一個月之後，北安普敦伯爵、瓦立克伯爵和德比伯爵在布魯塞爾被債主扣押。他們是貸款的擔保人，而貸款仍然逾期未付。愛德華三世花了一些力氣才把他們救出來。

在愛德華三世新戰爭的沉重負擔下，英格蘭民不聊生，苦不堪言。社會各階層都感受到了這壓力。賦稅極重，而且三天兩頭就有一筆新稅。從一三三七至一三三九年，每年都要徵收十分之一或者十五分之一的財產稅。一三四〇年，甚至徵收了普遍的九分之一重稅。官吏強行徵用物資的行為非常猖獗，深受人民痛恨。朝廷試圖操控羊毛市場，將貿易專有權賣給富商，但這個計畫後來失敗了。王室的橫徵暴斂比以往更加嚴酷，窮人不堪忍受痛苦，在歌謠中表達了自己的抗議。其中一首叫做《反對國王賦稅之歌》的詩抱怨道：「如此沉重的賦稅不可能維持長久；錢袋空空如也，誰還能拿出東西來，或者用手觸摸任何事物？民窮財盡，再也拿不出一分一毫；我擔心，若是有個領袖，他們會起來造反。失去財產，人們往往會變成傻瓜。」

在斯勒伊斯戰役時期，出生在一三〇〇年的農村工人很少有人能活過四十歲。當時在兩條戰線上狼煙滾滾，大饑荒一連持續了七年，碰巧又遇上薪資暴跌，再加上嚴酷的稅捐，而且還有傳聞說，愛德華三世非常喜歡自己在佛蘭德代價昂貴的戰役，因為這樣就有藉口舉辦豪奢的比武大會。要到四十年之後，英格蘭才會爆發一場人民叛亂，但在一三四〇年，愛德華三世對金錢的持續苛求已經逼得國家瀕臨一場政治危機，就像他的祖父在一二九七年、他的父親在位的大部分時間面對的境況一樣。他對金錢的極大胃口很快就將遏制他在法蘭西的進展，並讓國內怨聲載道。

國王乘坐的船隻從佛蘭德海岸掙扎著前往泰晤士河口的途中，在驚濤駭浪中苦熬了三天。此時是一三四〇年十一月，也就是斯勒伊斯戰役的五個月之後，冬季已經近在眼前，渡過海峽的航程險象環生。但愛德華三世心急如焚、怒火中燒，急不可耐地要回去，用自己的每一分精力鞭笞英格蘭和他的大臣們。他的對法戰爭正在土崩瓦解：缺乏資金、沒有贏得光榮、缺少盟友。愛德華三世堅信不疑，問題出在他留在國內的攝政政府（以坎特伯里大主教約翰・史特拉特福德為首）。國王確信，大臣們故意掐斷他的資金來源，阻撓他繼續作戰。「我相信，大主教希望斷了我的資金，好讓人背叛和謀害我。」他後來在給教宗的信中如此寫道。

他的解決辦法就是從佛蘭德回國，親自嚴懲違逆他旨意的人。

一三四〇年十一月三十日夜，國王乘坐的船隻艱難駛過灰濛濛、波濤洶湧的泰晤士河口，在倫敦城例行的宵禁開始許久之後才抵達城市。這段航程極其凶險，據《階梯編年史》（*Scalachronica*，當時的一部史書）的作者說，愛德華三世本人「險些溺死」。午夜前後，船停靠在了倫敦塔旁的碼頭。

渾身濕透、面色陰沉的乘客們在搖曳的火把光亮中登岸。他們疲憊不堪、瑟瑟發抖且渾身濕漉漉，舉頭望去，整個倫敦塔似乎都在酣睡。城牆頂端沒有任何動靜，也沒有人活動。大家沒有預料到，國王會在此時回國。天黑之後，要塞理應有嚴密的守備，但沒有人迎接國王一行的到來。

倫敦的這座要塞在戰時居然無人守衛，愛德華三世不禁暴跳如雷。他衝進倫敦塔，怒氣沖沖地四處查看，然後開始列了一個名單，命令部下將這些人帶來見他：他的財政大臣、大法官及各自官衙的官吏，他的法官們，倫敦市長，負責管理羊毛貿易的倫敦商人們，當然還有倫敦塔的總管——在他負責下，都城的關鍵要塞居然無人把守，實在可恥。愛德華三世如此大發雷霆，也是可以理解的。在三年的零星戰鬥之後，他已經瀕臨破產。斯勒伊斯戰役是一場輝煌勝利，但它之後的幾個月卻是一場代價高昂的僵局，腓力六世竭力避免交戰。英格蘭國王向腓力六世提出了匪夷所思的要求：要跟他單挑決鬥，或者雙方各出一百名騎士決鬥。法蘭西國王已經快五十歲了，而且身材矮胖，在決鬥中肯定不是二十八歲且身強體壯的英格蘭國王的對手；何況在一場以生命為賭注的決鬥中，他贏了也沒什麼好處，輸了卻後果不堪設想。在愛德華三世看來，腓力六世拒絕迎戰，是對他個人的侮辱。此後，英格蘭軍隊發動了兩次軍事行動，並且攻打邊境城鎮圖爾奈（Tournai）和聖奧梅爾，花費了大量金錢和人力，但都傷亡慘重、被迫撤退。騎兵掃蕩鄉村的唯一目的是在平民中製造恐懼和混亂，或許能讓參加行動的士兵們放鬆一下，但不能帶來戰略上的進展。最後，英法兩國簽訂了《艾普勒尚停戰協定》（*Truce of Esplechin*），宣布從蘇格蘭到加斯科涅的各地均停止軍事行動，於是一個作戰季節就這麼徒勞無功地結束了。這可不是愛德華三世三年前宣戰時希望取得的決定性勝利。

在愛德華三世眼中，英格蘭在斯勒伊斯戰役之後諸多失敗的原因就是長期缺乏資金。愛德華三世拖欠了佛蘭芒盟友巨款。他曾向盟友們許諾大筆金錢，以換取他們的支持。在得到這些金錢之前，盟友們不願意繼續作戰。因此，他需要大臣們想方設法從國內榨取更多資金。這個問題癥結觸發了他在位期間最嚴重的危機。

一三四〇年十二月一日，也就是在倫敦塔大發雷霆的次日上午，愛德華三世啟動了大規模清洗政府工作。他先是罷免了一些高層官吏，然後順道處理級別較低的官吏。首先被撤職的是大法官和財政大臣；然後，民事訴訟法庭的主審法官（英格蘭級別最高的兩名法官之一）遭到逮捕；被捕的還有其他四名法官、倫敦塔總管以及三名英格蘭大商人。財政部的一些官吏被免職，國王還指示財政部的剩餘職員們對近期的資金流向進行全面審計。隨後愛德華三世做了安排，讓賦稅收入直接交付設在倫敦塔的緊急金庫。在倫敦之外，愛德華三世清洗了海關官吏，撤換了大約一半郡長，罷免全部王室私產管理官和充公產業管理官（這些官員負責在英格蘭各郡徵收王室賦稅）。他還建立了一個稱為「聽證和裁決委員會」的公共司法調查機構，令其周遊各郡，剷除貪腐，聽取對王室官吏濫用職權行為（可以上溯至他父親在位期間）的控訴。

然後，愛德華三世開始報復坎特伯里大主教。史特拉特福德是攝政議事會的主席，因此在國王看來，英格蘭政府的一切弊端均應由史特拉特福德負最終責任。史特拉特福德的兄弟，奇切斯特主教羅伯特·史特拉特福德擔任大法官，已經被愛德華三世撤職了。在言辭激烈的一系列書信和公開指控中，國王指控史特拉特福德拒不向自己提供資金、阻撓議會的徵稅請求，以及濫用職權。

史特拉特福德面無懼色。在他看來，錯誤不在他的政府，而在於國王本人。國王對國家的要求太苛刻，聽信無知親信的讒言，草率地逮捕自己的臣民且威脅教會的權利，形同暴君。他給愛德華三世的回信同樣措辭強硬、怒氣沖沖。他稱國王為當代的羅波安（Rehoboam），那是聖經中的一位國王，無視其年輕朋友的忠義良言，壓迫自己的人民。

這是一個尖刻的批評。羅波安的一個有名的故事是，他曾告訴以色列人民：「我父親使你們負重軛，我必使你們負更重的軛。我父親用鞭子責打你們，我要用蠍子鞭責打你們。」（《列王記上》，十二章，十四節）為了防止這位更喜歡比武大會而不是讀書的國王讀不懂這個典故，史特拉特福德還一字一句地解釋了自己的比喻。他指控愛德華三世違背了《大憲章》和自己的加冕誓言，並警告他說：「陛下一定心知肚明先王的遭遇。」

耶誕節和次年初春，愛德華三世在全國各地舉辦了一系列比武大會，都是典型地屬於他的風格。同時，他還公開地跟史特拉特福德在書信中交火。在一封信中，國王拉高對大主教的詆毀，控訴他犯有叛國罪。史特拉特福德稱這封令人震驚的語氣暴怒的控訴信為「臭名昭著的誹謗」。

這是個危險的舉動。愛德華三世判斷得很正確，在他征戰海外期間，國內朝政出現了許多紕漏，但要指控一位坎特伯里大主教叛國，卻有可能被國民視為暴君。史特拉特福德面對國王的攻擊巍然不動，否認大多數針對自己的指控，並要求在議會為自己辯護。七竅生煙的國王開始在信中對大主教進行人身攻擊。史特拉特福德在跟國王激烈對抗的過程中，深知道自己的前任湯瑪斯．貝克特的先例。

一三四一年三月，議會召開，局勢到了一個關鍵時刻。愛德華三世以賦稅未交付為藉口，命令他的僕人阻止史特拉特福德進入西敏宮的彩室（即議會召開的場所）。同時，他讓一些根本無權出席議會的內廷僕役和謀臣進入了彩室。史特拉特福德義憤填膺，站在彩室門外，手執大主教的節杖，要求允許他入內，否則就不離開。就這麼僵持了三天，最後薩里伯爵從中調解，告訴國王：「議會在過去不是這個樣子的。在議會中理應占據最高位置的人被關在門外，身分低賤、無權參加議會的人卻高坐堂上，這很不應該。」史特拉特福德最終被允許進入彩室，國王卻向他提出了三十二項罪名指控。

如果愛德華三世覺得自己贏了這一輪，就大錯特錯了。在隨後的辯論中，大家很快就清楚地看到，怒火中燒的國王做得太過分，僭越了自己的本分。全體國民都站在大主教那邊。一份請願書被呈送到國王面前，表明大主教得到一些大貴族、高級教士、倫敦市民和議會中平民代表的支持。面對如此強大的抵抗，國王如果還想保住自己的王位，別無選擇，只能讓步。

一三四一年五月三日，愛德華三世被迫灰頭土臉地妥協。索爾茲伯里伯爵和其他保王黨人說服了國王，讓他在議會上跟大主教和解，並同意一項改革計畫。徵稅官吏從此要對議會負責，並且還對強徵物資的行動進行了調查。國王承諾，在將來國家重臣，諸如大法官、財政大臣、法官、掌璽大臣和王室內廷的主要官吏，將在議會上宣誓就職，且只能「在議會上，由與其地位相當的人」逮捕和審判眾諸侯和王室大臣。

對愛德華三世來說幸運的是，這是自一二九七年以來英格蘭的全面政治危機第一次得到和平解決。他誇誇其談地發誓賭咒（這種浮誇的風格倒是很符合亨利二世的秉性），將來再也不會任命一名教士做大臣；他任命的大臣必須是這樣的人，即在令國王失望的時候，國王可以隨意地將其絞殺、開膛和斬首。但他這是譁眾取寵，而且忽視了一三四一年危機對法蘭西戰爭和王國政府未來的重大意義。愛德華三世跟大主教的私人爭吵造就了一項原則：議會有權對王室的主要官吏進行調查和審視。一個機制被建立了起來，將來英格蘭可以借此和平地解決政治危機，而不至於再次陷入血腥的內戰。

愛德華三世不情願的妥協為他贏得了足夠的政治資本，使得他可以跟諸侯協商，籌措新的軍費。他不需要徵收九分之一的動產稅，也不需要被迫借款。議會授權國王對羊毛徵收一筆直接稅。羊毛是英格蘭的主要出口商品之一，利潤極其豐厚。近三萬袋羊毛被王室徵收，用來出售；其價值為約十二萬六千鎊，這是自約翰國王統治末期以來在英格蘭徵收的最沉重的一筆賦稅。

與此同時，菲利帕王后於一三四一年六月五日在赫特福德郡的蘭利王宮生下了又一個兒子。國王為這個嬰兒取了一個傳統英格蘭式的名字：埃德蒙，並舉辦了比武大會，以慶祝小王子的誕生。隨後，諸侯又集體趕往倫敦，參加一系列作戰會議，商討對法戰爭的下一階段。愛德華三世一定注意到，他在最近與史特拉特福德的爭吵中能全身而退，其主要原因是沒有一位大貴族起兵反抗他，就像蘭開斯特伯爵湯瑪斯或西蒙·德·孟福爾反叛他的先祖那樣。儘管愛德華三世在法蘭西遇到的困難造成了很大壓力，他的財政索求非常嚴苛，而且他自己的行為舉止非常衝動魯莽，但他跟大貴族還是有著非比尋常的友好關係。將來他們會有機會享受這種友好關係的回報。

第六十章　雄霸天下

一三四六年七月的酷暑，英格蘭軍隊在諾曼地濱海地區熾熱的土地上行進著。在他們周圍，四處侵襲的成群縱火犯點燃了農田，周遭盡是詭異的橘紅色火焰。在他們身後留下的是一座座鬼影幢幢的城鎮和村莊，它們慘遭破壞、焚燒和洗劫，驚恐萬狀的老百姓拋棄了自己的家園。通往內陸的道路上擠滿了逃難的平民。七月中旬，七百五十艘船艦在諾曼地登陸，成千上萬桀驁不馴的英格蘭和威爾斯士兵潮水般湧上岸，指揮他們的是英格蘭貴族和鄉紳階層的軍人。

他們行軍的時候，在富饒的諾曼地鄉村分散開來，以十二至十五英里寬的正面前進，一路燒殺擄掠。夏季的空氣中一定瀰漫著嗆人的濃煙，迴盪著行動太慢或者太羸弱的村民們的慘叫。軍隊在離海岸幾英里處前進，同時還有兩百艘英格蘭船艦在近海航行，為地面部隊提供給養，經過定居點的時候就派遣士兵上岸，將其摧毀。一位王室書記官估計，在離海岸線五英里的範圍內，所有村鎮都已經被徹底破壞，或洗劫一空。

這裡曾經是金雀花王朝的土地。很久以前，約翰在位的時候，卡佩王朝的國王們向西征討，在諾曼地燒殺擄掠。此刻，約翰的玄孫愛德華三世正在進行殘暴的復仇。他率領著一支或許有一萬人的入侵軍隊，朝相反的方向進攻：穿過諾曼地公國，開赴塞納河、盧昂和巴黎。

一三四一年七月，愛德華三世在蘇格蘭遭遇了一個挫折。大衛二世從諾曼地返回蘇格蘭，驅逐了羅伯特．斯圖爾特，復辟了布魯斯王朝。愛德華三世最終於一三四三年被迫同意跟蘇格蘭締結為期三年的停戰協定。在他的妹夫復辟之後，他竟然沒有去欺凌他，是因為海峽對岸的局勢發生了變化。一三四一年四月，布列塔尼公爵約翰三世去世，愛德華三世得到了一個機會，利用他人之力去繼續對抗法蘭西。金雀花王朝與腓力六世嶄新的瓦盧瓦王朝之間的戰爭焦點，轉移到了布列塔尼的繼承危機。愛德華三世支持約翰．德．孟福爾①去繼承公爵的位置，而腓力六世力挺自己的外甥查理．德．布盧瓦②。布列塔尼繼承戰爭斷斷續續地打了五年。在法蘭西西北部作戰的後勤問題很大，愛德華三世蒙受了相當嚴重的損失。他的最大損失就是阿圖瓦的羅貝爾，即第一個鼓勵英格蘭國王爭奪法蘭西王位的人。羅貝爾是愛德華三世軍中備受

①約翰．德．孟福爾是布列塔尼公爵約翰三世的異母弟，擁有第六代里奇蒙伯爵的頭銜，後來成為布列塔尼公爵約翰四世。布列塔尼公爵與英格蘭素來聯繫緊密，歷代公爵或其親屬常同時是英格蘭的里奇蒙伯爵。

②查理．德．布盧瓦因他的妻子瓊而有權爭取布列塔尼公爵，瓊是布列塔尼公爵約翰三世的姪女。

信賴的指揮官，但在攻打瓦納城（Vannes）的戰鬥中負傷，後來因併發症死亡。

一三四一至一三四三年間的某個時候，愛德華三世命人製作了紐堡的威廉記載亨利二世統治事蹟的史書，該書回溯了那個光榮年代，當時的英格蘭國王統治著諾曼地、曼恩、都蘭、安茹、布列塔尼和大阿基坦。在愛德華三世心中，戰爭的目標擴大了，不再是僅僅保衛他的加斯科涅和蓬蒂厄領地。他的雄心壯志正逐漸增長，他開始考慮逆轉時間的大潮，回到一二五九年《巴黎條約》之前的時代，甚至回到一二〇四年諾曼地丟失之前。那個時候，他的祖先統治著一個龐大的歐洲大陸帝國。一三四四年鑄造、用來在國際交換市場上流通的一種新金幣向全歐洲的商人宣示，愛德華三世的頭銜是「英格蘭與法蘭西之王」。這不再僅僅是簡單的策略上說辭。

一三四五年，英法雙方在亞維儂就布列塔尼問題進行和談，由教宗克雷芒六世（Clement VI）從中斡旋。和談失敗之後，愛德華三世將戰事升級。他計畫發動三面夾攻。北安普敦伯爵威廉・德・博漢（William de Bohun）率領一支軍隊進入了布列塔尼。德比伯爵（格羅斯蒙特的亨利，他很快成為國王最好的朋友和最受信賴的指揮官）率領另外一支規模較小的軍隊南下，前往加斯科涅。他被任命為阿基坦總督。愛德華三世則親自率領一萬四千至一萬五千人的軍隊渡過海峽，前往諾曼地。總的來講，這是自約翰於一二一四年嘗試收復諾曼地以來，被派往法蘭西兵力最雄壯的一支軍隊。

自一三四〇年起，英格蘭戰爭努力的性質發生了變化。愛德華三世拋棄了舊有的戰略，即在西北方建立同盟，同時在南方直接入侵。建立同盟的代價太昂貴，而盟友們太容易反戈一擊。愛德華三世重鎊賄賂盟友的受害者之一是巴爾迪銀行。英格蘭國王沒有遵守約定，向盟友們支付巨額資金，這在很大程度上造成巴爾迪銀行破產。到了一三四六年，愛德華三世僅剩的朋友就是布列塔尼的親英格蘭派和佛蘭芒人。一三四六年在王旗下作戰的每一名士兵都是英格蘭人。

因此，一三四六年七月十二日在諾曼地沿岸的聖瓦阿斯拉烏蓋（St-Vaast-la-Hougue）登陸的那些凶暴軍人，說的是同一種語言。他們的戰鬥口號是「聖喬治！」（法蘭西人的戰鬥口號是「蒙茹瓦—聖德尼！」）他們有不同的專長。差不多一半人是弓箭手，在家鄉的村莊裡接受過訓練，擅長使用殺傷力極強的長弓，準度也不錯。其他人是工程師、坑道工兵、挖掘工人、書記員或僕役。很多人是被強徵來的，也有一些是獲得赦免的罪犯，以服兵役換取自由。令人生畏的物資動員機器收購來大量給養和武器，為士兵們提供裝備和補給。他們帶來了成千上萬張塗成白色的弓、大量箭矢，以及多得吃不完的糧食。

愛德華三世指示軍隊不得騷擾平民，不得劫掠神龕和教堂，不得恣意縱火。國王命令士兵們保持節制，對「他的法蘭西人民……的悲慘命運」（這是一份王室宣言中的說法）哀嘆不已。但這只是空想。愛德華三世帶來了許多久經沙場、手段高超的老兵，他們統領著專業化程度很高的騎馬弓箭手、輕騎兵和武士，但國王指揮的遠遠談不上是一支紀律森嚴、訓練有素的軍隊。入侵軍隊的規模如此龐大，其中包括相當數量的強徵來的步兵，他們都是些裝備很差、紀律渙散的村民。在英格蘭，王室的宣傳機器譴責腓力六世和法蘭西人都是奸細和侵略者，指控他們企圖入侵英格蘭、讓英格蘭人全都說法語，還煽動蘇格蘭人入侵英格蘭北部。英格蘭平民受到了這種宣傳的極大刺激和慫恿。即便是國王下了御旨，也不能阻止這些士兵像瘋狗一樣把諾曼地撕個粉碎。

大軍在鄉間前進，一路燒殺擄掠。旌旗和長槍在頭頂上晃動。後衛部隊的指揮官是勇武好戰的特勒姆主教湯瑪斯・哈特菲爾德（Thomas Hatfield）。國王親自指揮中路主力部隊。前鋒指揮官名義上是愛德華三世的長子，威爾斯親王與康沃爾公爵愛德華，他在多年後享有「黑太子」的綽號。黑太子時年十六歲，魁梧而引人注目，已然是一個驍勇的青年，和他父親如同是一個模子裡出來的。登陸法蘭西之後，他立刻和其他青年一道接受了騎士勳位的冊封。與他一起成為騎士的夥伴包括威廉・蒙泰古（索爾茲伯里伯爵的兒子）和羅傑・莫蒂默（伊莎貝拉王后情夫的孫子③）。北安普敦伯爵和瓦立克伯爵在黑太子身邊輔佐。

愛德華三世此次入侵的準備工作是嚴格保密的。在大軍離開英格蘭海岸之前，很少有人知道它的目的地。腓力六世得到的情報是，英格蘭國王的意圖是前往加斯科涅，增援格羅斯蒙特的亨利（其父於一三四五年去世後，繼承蘭開斯特伯爵的頭銜），防守艾吉永（Aiguillon，在法蘭西西南內陸，位於洛特〔Lot〕與加龍河匯流處）。腓力六世的兒子，諾曼地公爵約翰正在指揮軍隊攻打艾吉永。所以，愛德華三世的主力部隊在聖瓦阿斯拉烏蓋登陸的時候，那裡幾乎無人防守。

大軍於七月二十六日抵達卡昂。與城堡守軍簡短談判之後，英格蘭人猛攻城郊的居民區，在大街小巷拋下了兩千五百具屍體，俘獲富裕市民押回英格蘭。然後，英格蘭軍隊在塞納河南岸前進了兩週。法蘭西軍隊這才回過神來，開始準備防禦，拆毀了塞納河上橋梁，以阻止英格蘭人過河，並沿著塞納河北岸前進，追蹤英格蘭軍隊。

到八月十二日，英格蘭人已經推進到距離巴黎只有二十英里的地方。歐洲最大的城市風聲鶴唳，巴黎人意識到，如此凶暴殘忍而道德敗壞的軍隊將對他們的生命和財產造成不堪設想的衝擊。腓力六世政府不得不調來五十名武士，努力維持都城的秩序。在整座城市及其郊區，人們都在為巷戰做準備，每一座房屋都建立了防禦，大門緊閉。在遠方，塞納河下游的地區，聖克盧（St-Cloud）和聖日耳曼昂萊（St-Germain-en-Laye）等城鎮冒出了滾滾濃煙。英格蘭人已經近在咫尺。

③ 後來他憑軍功，逐漸重新獲得屬於自己祖父的土地和頭銜，恢復了莫蒂默家族的地位，受封為第二代馬奇伯爵，並且是嘉德勳位最早的獲得者之一。

在聖德尼（St-Denis），腓力六世和謀臣們張皇失措。八月十六日，英格蘭人修復了塞納河上的橋梁。為了擋住他們，腓力六世在絕望之下，準備在巴黎以南四英里處的平原與英格蘭軍隊正面交鋒。法蘭西軍隊進入了指定地域。但英格蘭人既沒有南下迎戰，也沒有東進巴黎，而是迅速北上、奔向佛蘭德，打算跟貝蒂訥附近的一支佛蘭芒軍隊會師。英格蘭軍隊北上強行軍超過一週，速度如此迅疾，以至步兵筋疲力竭，鞋底磨壞，而搜羅糧草的隊伍將鄉村搶得一乾二淨。但他們抵達預定的會師地點時，卻發現佛蘭芒軍隊已經放棄作戰，開拔回家了。這對英格蘭軍隊來說是個打擊，因為法蘭西人得到一個喘息之機，重組自己的軍隊。腓力六世的長子諾曼地公爵約翰於八月中旬放棄圍攻艾吉永，迅速北上，保衛自己遭到攻擊的公國。英法兩軍都在奔向戰場

一三四六年八月二十六日，星期六，兩軍終於在克雷西村（Crecy）與瓦丹庫爾村（Wadincourt）之間的一座森林相遇。英格蘭軍隊的陣型分成兩列，由步兵和身穿令人生畏的板甲的武士組成，他們在行軍途中騎馬，但戰鬥打響後都是徒步。黑太子、瓦立克伯爵和北安普敦伯爵指揮第一線。國王命令士兵們各就各位，和他們說笑打趣；然後，他擺好了指揮後衛的陣勢。步兵的兩翼各有一大群弓箭手，他們已經下馬，周圍是輜重大車，以保護他們免遭騎兵的衝殺。這些弓箭手將會決定這場著名戰役的結局。

法蘭西軍隊是一群一群分批抵達克雷西的，但他們的總兵力遠遠超過英格蘭人。腓力六世

向戰場投入的兵力可能多達兩萬五千人，其中包括大量熱那亞僱傭兵。英格蘭軍的兵力不超過對方的一半。法蘭西國王將他的軍隊分成三路：最前方是弩手，後面是兩支騎兵，側翼是步兵。

雙方士兵互相咒罵，等待命令。傍晚六點左右，飄起雨來。在震耳欲聾的軍號和戰鼓聲中，命令傳達下來，法蘭西弩手和英格蘭弓箭手開始齊射。英格蘭軍隊的箭矢殺傷力極強，每名弓箭手每分鐘能射出五或六支箭，箭雨從天而降，如同暴雪一般。而腓力六世的熱那亞弩手的射速不到對方的一半，而且射程不夠。這就是雙方的一個關鍵的差距，而英格蘭的這個優勢將在百年戰爭的大部分時間裡發揮作用：長弓是戰場上最致命的武器。

蘇格蘭國王大衛二世也許曾告訴腓力六世，英格蘭長弓在哈立頓山造成了多麼恐怖的傷害。就算他說過，腓力六世也沒有吸取到教訓。法蘭西騎兵長久以來是法蘭西的驕傲，令全歐洲膽寒。他們看到自己前方的弩手潰亂，以為他們膽小怯戰。騎兵追逐潰敗的弩手時，自己也被致命的箭雨席捲其中，白色木桿和金屬箭頭如傾盆大雨一般，將騎兵掀翻下馬。箭桿深深插入人體和馬肉，中箭的戰馬嘶鳴踢打，尖聲慘叫，垂死的人則魂飛魄散，扭曲掙扎，造成了極大的混亂。

箭矢嗖嗖地射向敵陣的時候，愛德華三世下令發動一場非常新穎的攻擊。法蘭西的戰場上第一次響起了砲聲。英格蘭人帶來了幾門大砲，這些是非常原始的火器，利用火藥的力量將金屬箭和彈丸向敵人的大略方向發射，準度很差。大砲的殺傷力沒有長弓那麼致命，但是大砲的恐怖轟鳴聲，再加上箭雨的嗖嗖聲，近距離廝殺的武士們瘋狂的戰鬥吶喊聲，受驚的馬匹的痛苦嘶鳴聲，肢體斷裂、內臟流出的人們垂死掙扎的慘叫聲，以及傍晚時分的戰鼓和軍號聲，克雷西的戰場聽起來一定彷彿地獄。

根據後來的評判，這場戰役的英雄首推黑太子。他初次喋血，勇猛搏鬥，斬殺敵人，砍倒戰馬，向周圍的士兵們呼喊命令。有一次，他被擊倒在地，他的旗手在絕望之下不得不暫時丟棄旗幟，扶起負傷的王子。這個故事後來成為英格蘭傳說的一部分，被傅華薩付諸筆端。戰況愈來愈激烈，王子擔心自己的部下損失太大，於是傳話給父親，請求增援。

「我的兒子死了？還是負傷了？」據編年史家傅華薩記載，愛德華三世如此問道。得知王子並未戰死，而是處境艱難後，愛德華三世答道：「回到他那裡，以及派遣你的人那裡，告訴他們，不准再向我索要援兵……只要我的兒子還活著，他們就應當給他機會，在今日建功立業。」

激戰幾個鐘頭之後，腓力六世國王及其盟友潰不成軍。他們的騎兵衝鋒非常有技巧。騎兵每次衝鋒失敗，都會重新組隊，以極大的勇氣和技藝再一次發動進攻。但他們面對英格蘭軍隊的牢固陣地，就像愛德華二世在班諾克本面對蘇格蘭人的刺蝟陣一樣，無計可施。法蘭西國王損失了數千人。英格蘭戰線前方堆積了一千五百四十二名騎士和騎士侍從的屍體，一般士卒的傷亡更是慘重。與腓力六世結盟的許多重要貴族也丟了性命，其中包括盲目的波希米亞國王約翰，他效仿了班諾克本的悲劇英雄賈爾斯・德・阿讓唐爵士。這位盲人國王得知法蘭西人大難臨頭，深知自己一定會戰死沙場，於是命令部下將他帶到戰鬥最激烈的地方。他的戰友們用繩子將他繫在自己身上，勇敢地執行這個自殺任務，將他帶到鏖戰正酣處。除了約翰國王之外，還有兩名公爵和四名伯爵陣亡。得勝的英格蘭人後來為他們舉行了隆重的葬禮。

克雷西戰役是中世紀軍事史上的一座里程碑。英格蘭人更專業化的徵兵模式和自一三三〇年代以來便發生了重大變革的戰場策略，使得他們不僅輕鬆打敗了蘇格蘭人，還壓垮了法蘭西軍隊的全部力量。愛德華三世將捷報發回英格蘭，在一封信中吹噓「整個法蘭西大軍都被打垮了」。透過多明我會修士（王國政府僱傭他們，做為流動的新聞傳播員）的奔相走告，喜訊很快傳播全國。克雷西戰役是一場振聾發聵、揚眉吐氣的大勝利。英格蘭人民為了供養橫衝直撞的軍隊而忍受的艱難困苦，現在都得到了觸手可及的回報。它還具有極大的宣傳價值。十月，又有新的捷報傳來。拉爾夫・內維爾（Ralph Neville）、亨利・珀西和約克大主教威廉・朱什（William Zouche）指揮的軍隊，在特勒姆郡的內維爾十字（Neville's Cross）大敗進犯的蘇格蘭大軍。四名蘇格蘭伯爵被俘，蘇格蘭的最高軍務官、宮務大臣和司廄長全都戰死，高級貴族馬里伯爵陣亡。蘇格蘭的整個軍事領導層幾乎一天之內被消滅殆盡，大衛二世國王被俘虜並押解到英格蘭，在那裡度過了十一年的牢獄生涯。

所以，一三四六年對英格蘭軍事來說是個好年頭。但戰爭還沒有結束。因為愛德華三世策略的核心是自相矛盾的：儘管他的軍隊擊潰了法蘭西國王及其兒子的聯軍，但卻沒有贏得諾曼地的民心，沒有把群眾從法蘭西國王的陣營籠絡到自己這邊來。儘管他嚴重挫傷了腓力六世和諾曼地公爵及其盟友，但愛德華三世在克雷西的大勝沒有徹底摧毀法蘭西的軍事實力，也沒能徹底壓制腓力六世的整體政治力量。

於是雙方繼續廝殺。在當年夏天的餘下時間裡，蘭開斯特伯爵繼續指揮加斯科涅附近的作戰。湯瑪斯・達格沃斯（Thomas Dagworth）爵士在布列塔尼贏得了一場輝煌勝利，在拉羅什代爾里安（La Roche-Derrien）擊敗並俘虜了查理・德・布盧瓦。與此同時，一三四六年九月，愛德華三世和黑太子開始攻打加萊。這場殘忍而恐怖的圍城戰一直持續到一三四七年十月。

從某些角度看，加萊攻城戰可以說是一場比克雷西戰役更宏大的軍事行動。參戰的英格蘭軍隊多達近兩萬六千人，這是整個百年戰爭期間規模最大的一支英格蘭軍隊。英格蘭的每一位伯爵，除了四位年事已高或身體衰弱的伯爵之外，都在某個時段參加了這場戰役。為了維持這支大軍一年多的作戰，英格蘭財政承受了超乎尋常的壓力，徵收許多新的商品稅和出口稅，在國內引起普遍的怨憤。但克雷西的勝利改變了愛德華三世的地位。編年史家讓・勒貝爾（Jean le Bel）記載道，一三四六年重塑了英格蘭人的形象，使他們從一個可鄙的民族變成了世界上最優秀和最具騎士風度的民族。英格蘭人在加萊城牆下安營紮寨的時候，全國的驍將猛士都雲集在那裡，這既是一場騎士的盛會，也是一支入侵的大軍。

與此同時，加萊城內糧草告罄，市民們絕望之下開始以馬鞍皮革為食。他們死守了一年之久。其間，腓力六世曾將自己的軍隊派遣到距加萊不遠的地方，希望誘惑英格蘭人放棄攻城、與其交鋒。一三四七年十月，加萊市民終於認識到，英格蘭人不會放棄，他們也沒有辦法將其逐退，於是市民代表團在脖子上戴著絞索，以象徵自己徹底屈服，出城向愛德華三世投降。為了展現自己的騎士風度和強大力量，愛德華三世安排菲利帕王后為加萊市民求情，最後慷慨地恩准。衣衫襤褸的哀求者們得到了饒恕，但他們的城鎮被占領，在此後兩個多世紀中始終處於英格蘭人控制之下。國王及其夥伴做為征服加萊的英雄，凱旋回國。

一三四六與一三四七年，發生了金雀花王朝歷史上一些最偉大、也最致命的戰役。但拋卻英雄壯舉、殘忍暴行、頑強抵抗和艱難困苦的場景不談，另一種毀滅性更強的死亡方式正在歐洲的邊緣蓄勢待發，它來自亞洲大草原，透過歐洲與東方開展貿易的商埠進入了歐洲。它前進的速度就連基督教世界最強大的軍隊也無法與之匹敵。一三四七年，瘟疫到來了，而且無法阻擋。

第六十一章　公主之死

一三四八年的英格蘭夏季，陰雨綿綿。儘管天公不作美，英格蘭還是洋溢著喜氣洋洋的氣氛。國王於十月凱旋歸國。加萊既克，法蘭西軍隊在加斯科涅的進攻被阻斷。腓力六世在戰場受辱，外交會議上也吃了癟，兩國達成了為期一年的停戰協定。蘇格蘭人已經被擊潰。英格蘭王室和全國人民以奢華的方式歡慶勝利。耶誕節期間，宮廷舉辦了化裝舞會，大家用充滿異國情調的面具和服飾打扮自己，各種盛典和節慶活動目不暇給。貴族男女喬裝打扮成兔子、龍、雉雞和天鵝，縱情取樂；國王和騎士們身穿綠色長袍，佩戴孔雀羽毛。耶誕節過後，朝廷組織了一系列比武大會。二月至九月間，雷丁、伯里聖埃德蒙茲、利奇菲爾德（Lichfield）、埃爾特姆、溫莎、坎特伯里和西敏舉辦了比武大會和浪漫的戲劇演出及遊戲。

每一次比武大會上，國王都密切關注景觀裝飾。這些場合總是非常富麗堂皇，王室成員身穿精美紫袍，衣袖和胸前以複雜的圖案綴著珍珠和鑽石，令人眼花撩亂。有時這些場合顯得非常超現實。在一次比武大會上，國王打扮成一隻大鳥；另一次，他讓夥伴們穿上互相匹配的藍色和白色制服，或許是為了象徵他從法蘭西紋章中借用的百合花。在利奇菲爾德，他借用麾下一名久經沙場的騎士湯瑪斯·布萊德斯通（Thomas Bradeston）爵士的紋章，參與打鬥。這是一次展示虛偽的謙卑和戰友情誼的奢華表演。愛德華三世在內心深處熱愛騎士精神和表演，他還讓有名的俘虜穿上華麗的衣服，將其展示在公眾面前，例如蘇格蘭國王大衛二世和被俘的全部巴黎貴族都得到了華美的衣服，沐浴在國王慷慨恩德的陽光中。

愛德華三世的王族人丁興旺，有的兒女已經成年，同時還不斷有新丁誕生。雖然愛德華三世只有三十五歲，菲利帕王后比他小兩歲，但他們已經生了九個孩子。伍德斯托克的愛德華時年十八歲，已經是個戰爭英雄和不折不扣的武士；溫莎的威廉還是個嬰兒，是六月出生的，後來沒有成年便夭折了。

黑太子伍德斯托克的愛德華享受著父親的恩寵。一三四三年，索爾茲伯里伯爵威廉·蒙泰古在一場比武大會中喪生，黑太子填補了他留下的空缺位置。目前他是國王唯一一個年紀能夠上場打仗的兒子，在對法戰爭中既扮演了政治角色，也有軍事貢獻。安特衛普的萊昂內爾九歲，岡特的約翰八歲，蘭利的埃德蒙七歲（一三五五年又有一個男孩降生，即伍德斯托克的湯瑪斯）。國王伉儷還有四個女兒：伊莎貝拉（十六歲）和瓊（十五歲）是和黑太子一起長大的，他們的堂姑肯特的瓊是他們的童年玩伴；瑪麗和瑪格麗特在一三四八年分別是三歲和兩歲，還在蹣跚學步。

愛德華三世透過主張有權繼承法蘭西王位，開啟了在歐洲大陸爭奪榮光的事業。一三四〇年代末，他還為自己的戰略增添另一個成分：他計畫為自己的兒女安排門當戶對的婚姻，把自己的家族編織進歐洲大陸的貴族譜系中。自亨利二世以來，金雀花王朝還不曾有一位國王生養了這麼多健康成年的兒女。安特衛普的萊昂內爾在三歲時便和阿爾斯特伯爵領地的一位女繼承人締結了婚約，但愛德華三世為自己的孩子們，尤其是女兒們，找到了更多機會。

一三四八年八月，比武大會的季節來到高峰時，他的次女瓊即將離開父母，遠嫁卡斯提亞國王阿方索十一世（Alfonso XI）的兒子佩德羅①。金雀花王朝在卡斯提亞有過一些根基：亨利二世的女兒埃莉諾曾嫁給阿方索七世，他們的孫女，也叫埃莉諾，則回到英格蘭，成為愛德華一世的愛妻。對十五歲的瓊來說，這是一門光耀門庭的好婚事，因此愛德華三世為她的遠嫁做的準備，也是極盡奢侈之能事。

瓊從樸茨茅斯啟航，四艘戒備森嚴的戰船負責運送她的僕役和財物。她的大婚禮服能夠讓我們管中窺豹，了解一下她被期待著以怎樣的光輝燦爛來代表她的國家：這件禮服以四百五十英尺的金線錦緞製成，這是一種摻有金線的厚重絲綢織物。她的第一個停靠港是波爾多，她將在那裡上岸，然後南下前往卡斯提亞。船上載著一名才華橫溢的西班牙歌手（是新郎在結婚前贈送的禮物）、兩名高級王室官吏和一百名直屬王室的弓箭手。雖然英法兩國處於停戰狀態，但海峽和加斯科涅仍然是戰區。

波爾多市長雷蒙・德・畢卡勒（Raymond de Bisquale）在港口心急如焚地等待客人抵達。瓊的船隻剛剛進入視野，他就向其乘客和船員發出了一個嚴重的警告。波爾多爆發了一種致命的瘟疫。公主一行不能登陸。

船上的每個人應該都聽說過這種瘟疫，它在僅僅三年多一點的時間裡就從亞洲大草原蔓延至歐洲腹地。歐洲大陸已經付出了慘重代價。法蘭西人稱之為「大疫」（la très grande mortalité），英格蘭人將它的名字譯為the huge mortalyte。自十六世紀起，歷史學家稱之為「黑死病」。很不幸，這是個非常準確的冠名。在瓦盧瓦王朝與金雀花王朝互相凶殘攻殺的背景下，黑死病的降臨改變了中世紀人們的生活和心態。在塞納河沿岸的村莊、波爾多的葡萄園、克雷西的森林和加萊城下，已經有成千上萬人被戰爭奪去生命。黑死病則將殺死數百萬人，令民眾無處藏身。

此前，黑死病業已橫掃賽普勒斯、西西里、聖地和義大利各邦。它在冬季途經馬賽傳入法蘭西，然後以不可阻擋的速度向南北兩個方向蔓延。它南下通過阿拉貢，衝向卡斯提亞；北上傳播至盧昂和巴黎。腓力六世逃離了都城，但他的王后，勃艮地跛腳的瓊（Joan the Lame of

① 就是下文講到的「殘酷的佩德羅」，黑太子曾幫助他爭奪王位。

Burgundy）於九月十二日染病去世。黑死病傳播到哪個村莊，那裡就升起黑旗。警告人們遠離傳染地，是唯一的預防措施。

黑死病已經在歐洲大部分地區肆虐許久，但英格蘭目前為止倖免於難。瓊公主一行人對畢卡勒市長和他的警告不以為意。英格蘭人相信，自一三四〇年以來，上帝已經賜予他們如此之多的勝利；公主及其謀臣或許相信，上帝會保佑他們免受這最近一次威脅的困擾。他們在波爾多上岸，進入城鎮。八月中旬，公主隨行人員中的安德魯·阿爾福德（Andrew Ullford，一位曾參加克雷西戰役的老兵）染上了黑死病。自一三四七年秋季以來，黑死病便以每天兩英里半的速度席捲西歐。愛德華三世的家庭在享受比武大會的榮耀狂歡的同時，阿爾福德躺在隆布利埃爾（l'Ombrière）城堡，像數百萬其他歐洲人一樣，痛苦不堪地漸漸死去。典型黑死病患者的皮膚會長出很大的腫瘤一般的腫塊，開始的時候有杏子那麼大，後來會長到雞蛋那麼大。腫塊觸摸起來非常疼痛，變大之後會令人體畸形，非常醜陋。如果腫塊長在腋下，胳膊就會無法控制地往一側偏；如果腫塊長在脖子上，就會迫使頭部永久性地向上抬起。

腫塊常常與黑斑相伴，黑斑被稱為「上帝的標記」，這是一個毋庸置疑的症狀，表明患者已經被死亡的天使觸碰過了。除了這些嚴重的畸形之外，患者還往往會出現乾咳的症狀，常常會咳血，並發展成連續不斷的嘔吐。患者會發出令人作嘔的臭氣，似乎他的身體每個部分都會洩露出臭氣，他的唾液、呼吸、汗水和糞便都臭不可聞。最終他會精神失常，慘叫著四處遊蕩，最後痛苦不堪地倒下。

阿爾福德於八月二十日病逝。自他踏入疫區的那一刻，他的命運便注定了。公主一行的其他人也很快病倒。九月二日，瓊公主病逝。她永遠未能穿上美麗的嫁衣，也沒能見到在卡斯提亞的丈夫。這位十五歲的少女，正值長大成人的過渡期，卻鮮血淋漓、臭氣熏天地慘死了。唯一的小小安慰是，她死時還是個處女，而不是孕婦。染上黑死病的孕婦往往會在臨終的痛苦中分娩。

一三四八年九月對愛德華三世來說是個灰暗的月份。噩耗傳到英格蘭，他的女兒死了。同時，黑死病開始侵襲南部各郡。然後他又得知，他尚在襁褓中的兒子，溫莎的威廉也死了，只活了三個月。這個嬰兒得到了完整的國葬，而瓊卻沒有享受這樣的榮耀，她的遺體在波爾多神祕失蹤，始終沒有找到。

一個月之中失去了兩個孩子，國王夫婦悲痛欲絕。但他們沒有時間沉溺於私人的哀慟，因為整個王國猛然間陷入了毀滅和絕望的深淵。黑死病橫掃全境。它從停泊在南安普敦或梅爾庫姆雷吉斯（Melcombe Regis，現在是韋茅斯〔Weymouth〕的一部分，位於多塞特）的一艘船進入英格蘭，然後迅速蔓延到威爾特郡、漢普郡和薩里郡。十月二十四日，溫徹斯特主教寫道，瘟疫「對英格蘭沿海地區發動了野蠻進攻」，他一想到瘟疫擴散，就「膽戰心驚」。

它仍然繼續傳播。一三四八至一三五一年間，許多村莊損失了三分之一至二分之一人口。

除了黑死病肆虐之外，碰巧還爆發了羊瘟，給人們的生活增添許多苦難。編年史家亨利．奈頓（Henry Knighton）寫道：「自不列顛之王沃爾蒂格恩（Vortigern）的時代以來，還不曾有過如此嚴峻和殘酷的死亡記憶。比德②說，在沃爾蒂格恩在位時，沒有足夠的活人去埋葬死人。」在一三一五至一三二二年間的洪水和大饑荒中被嚴重削弱的定居點現在被完全消滅了。不管宗教信仰和社會階級，無人能夠倖免。從貴為公主的瓊，到在大街上流血嘔吐至死的乞丐，沒有人能夠逃離黑死病的魔爪。愛德華三世能夠殲滅腓力六世的大軍，面對鼠疫桿菌卻束手無策。

②比德（Bede），七世紀英國盎格魯撒克遜時期的編年史家及神學家，亦為本篤會修士，著有《盎格魯人教會史》，被尊為「英國歷史之父」。他的一生似乎都是在英格蘭北部韋爾茅斯—雅羅（Monkwearmouth-Jarrow）的修道院中度過的。據盎格魯撒克遜人的文獻記載，比德精通語言學，對天文學、地理學、神學甚至哲學都深有研究。傳聞就是他發現地球是圓的這個事實，此事記載於他的作品《論計時》中。

第六十二章 嘉德勳位

一三四九年四月二十三日是聖喬治的宗教節日，愛德華三世在為全國騎士舉辦一場比武大會。黑死病正在摧殘他的國民，但國王不願放棄自己酷愛的消遣。他在溫莎主持了由比武大會和禱告組成的節慶活動。這座城堡是他的出生地，他還打算於次年在此啟動一系列大規模建築工程。受邀參加比武大會的二十五人大多是對法戰爭的老將，包括黑太子、蘭開斯特伯爵、瓦立克伯爵、德文伯爵、羅傑·莫蒂默（他很快將會重新獲得他祖父曾經享有的馬奇伯爵頭銜）、威廉·蒙泰古的兒子（也叫威廉，現在是新的索爾茲伯里伯爵），以及王室的其他夥伴和戰友。

比武大會的形式是預先設定好的。騎士們分成兩隊，每隊十三人，騎馬對抗，直到其中一隊獲勝。這一次，競賽多了幾分刺激。索爾茲伯里伯爵和他的總管湯瑪斯·霍蘭（Thomas Holland）爵士在敵對的隊伍裡。他們兩人的地位非常不同尋常，因為他們娶了同一個女人：

愛德華三世的堂妹肯特的瓊。瓊是王親貴胄，時年二十歲，曾與黑太子一起長大。她是愛德華一世的孫女，傅華薩讚譽她是「英格蘭第一美人」。

瓊年僅兩歲的時候，其父肯特伯爵就被羅傑．莫蒂默下令處死。她被菲利帕王后收養，在王室內廷長大，在那裡認識了霍蘭。她在十二歲時祕密與他結婚，顯然也已圓房。但由於他們的婚姻沒有得到恰當的許可，或許因為他們的關係仍然是個祕密，所以後來當霍蘭征戰歐洲大陸的時候，瓊被安排與索爾茲伯里伯爵結婚。霍蘭回國後，公開宣稱自己才是瓊的丈夫。瓊處在一個非常尷尬的境地，因為兩個男人都聲稱自己是她的合法丈夫。她自己更喜歡霍蘭，但在中世紀大貴族的婚姻中，個人偏好並非決定性因素。這個案件被一直呈送到教宗跟前，請他裁斷。一三四九年十一月，最終的裁決下達，宣布霍蘭是瓊的合法丈夫。在此之前，瓊的兩個「丈夫」之間的爭鬥非常激烈。

這位光采奪目的女主角準備觀看兩位爭奪她芳心的騎士拚殺的時候，盛大的舞台也準備就緒了。但這次比武大會還有別的焦點，因為愛德華三世決定建立一個後來享譽全世界的騎士勳位。在溫莎的比武大會上，嘉德勳位（Order of the Garter）正式誕生，這是英格蘭最高端、最群英薈萃的騎士團，也是愛德華三世極其成功的兩大宣傳行動之一。

國王和他的祖父愛德華一世一樣，醉心於亞瑟王傳奇，熱衷那些英雄偉業、令人生畏的軍事聲譽和騎士們溫柔和善地對待女性與弱者的故事。和祖父一樣，他也下定決心，要讓金雀花王朝吸收並反映亞瑟王世界的偉大價值觀。一三四四年一月，正當跟腓力六世的布列塔尼戰爭打得正酣，他在溫莎舉辦了一次比武大會，組建圓桌騎士團（Round Table）。編年史家亞當·穆里穆斯記述道，國王「主持了一次盛大晚宴，建立了圓桌騎士團，挑選一些伯爵、男爵和騎士加入，接受了他們的宣誓」。據穆里穆斯記載，國王隨後下令在溫莎城堡添建一座「最高貴的廳堂」，「以便在指定時間舉行圓桌騎士的會議」。這座高貴的廳堂將由石材建成，直徑兩百英尺，外面可能有瓦片築成的屋頂，就像後世伊莉莎白一世時代的環球劇場一樣。在建造的第一年，開支就高達五萬零七百一十七先令又十一點五便士。為了效仿亞瑟王傳奇，國王揮金如土，在所不惜。一三四五年，愛德華三世為自己的計畫添磚加瓦，下令尋找亞瑟王的所謂祖先——亞利馬太的約瑟（Joseph of Arimathea）的遺骸。

一三三〇年代中期，隨著戰爭升級，圓桌計畫因為缺乏資金而中止了。布列塔尼戰事開支極大，迫使國王將所有資金都用於作戰。但是，儘管過了五年，愛德華三世沒有放棄他的雄心壯志，他要建立一個高級、薈萃的兄弟會，將全國的菁英騎士和貴族與王室緊密聯繫起來。一三四八年的整個比武季節中，國王都在斟酌組建嘉德勳位。一三四九年在溫莎，他的想法正式成形，並確定了該騎士團的人員。

用襪帶①來象徵一個軍人俱樂部頗有些奇怪。關於這個名字的來源，傳說是這樣的：一次舞會上，索爾茲伯里伯爵夫人不慎脫落自己的襪帶（戴在大腿上的一種飾物），愛德華三世將其撿起，說道：「心懷邪念者蒙羞。」（Honi soit quimal y pense）這句話於是成為嘉德勳位的箴言。但這個故事是捏造的，可能混入了肯特的瓊那驚世駭俗的婚事，也涉及到宮廷的風流軼事，或者說放蕩的男女關係。愛德華三世的夥伴們以淫亂浪蕩而聲名狼藉，古板而自命不凡的道學先生們很樂意聽到這種勁爆的故事，對英格蘭宮廷的腐化墮落嗤之以鼻、大搖其頭。

嘉德勳位這個名字的真正來源可能是蘭開斯特伯爵（格羅斯蒙特的亨利），他是英格蘭在加斯科涅和加萊的戰爭英雄，年輕時是個風流倜儻的花花公子，曾佩戴襪帶做為裝飾，當時襪帶還是騎士的穿戴飾物，後來才變成女性服飾。一三三三和一三三四年，國王統治的早期，他也曾佩戴鑲嵌珍珠和黃金的襪帶去參加比武大會。嘉德勳位設立的時候，蘭開斯特伯爵三十九歲，愛德華三世三十七歲。或許襪帶這個標誌物有兩層用意：既指涉他們青年時代做為騎士的強悍勇武，也是一個內部笑話，象徵他們放蕩不羈的青春。

無論緣由究竟為何，愛德華三世遵循的是當時歐洲時尚，因為自卡斯提亞國王阿方索十一世於一三三〇年設立「緞帶騎士團」（Order of the Band）以來，在十四世紀中葉，歐洲各地雨後春筍般出現了許多騎士團。一三五〇年代，日耳曼皇帝盧森堡的卡爾（Karl von Luxemburg）設立了「帶扣騎士團」（Society of the Buckle），薩伏依伯爵阿梅迪奧六世（Amadeus VI）創建了「黑天鵝騎士團」（Company of the Black Swan）。一三六〇年代，西西里國王路易建立了「花結騎士團」（Society of the Knot），法蘭西國王約翰二世設立了「星辰騎士團」（Company of the Star）。後來這種風尚愈來愈流行。

就這樣，在聖喬治的宗教節日，嘉德勳位誕生了。二十六名創始成員莊嚴宣誓，在每年的聖喬治日舉行慶祝活動，如果條件允許，所有成員應當在一起共度這個節日。如果不能在溫莎參加慶祝活動，無論身處何方，都應當以同樣方式慶祝。騎士團是個神聖的團體，除非有成員去世，否則不會增加新成員。一些偉大的軍人，如湯瑪斯·達格沃斯爵士、沃爾特·曼尼（Walter Manny）爵士、北安普敦伯爵和亨廷頓伯爵都不屬於創始成員。在建立嘉德勳位的比武大會時期，這四位騎士恰好在法蘭西，因此他們不得不等待新的機會。亨廷頓伯爵直到一三七二年才得以加入。達格沃斯還沒來得及接受嘉德勳位的著名袍服，便去世了。

在許多同時代人眼中，設立嘉德勳位的舉動非常粗魯無禮。在亨利·奈頓這樣的編年史家看來，英格蘭正遭受黑死病蹂躪、被戰爭的財政索求摧殘得民窮財盡的時候，國王竟然沉溺於無憂無慮的比武大會，著實麻木不仁。但對愛德華三世而言，設立勳位的目的不僅僅是簡單的

---

① 嘉德（Garter）是音譯，字面意思就是「襪帶」。當時還沒有鬆緊帶，女性將襪帶（一般是皮革或織物，常帶有緞帶等裝飾）繫在大腿上，將長筒襪束住。

縱情享樂。自約翰以來，金雀花王朝歷代國王都受到過這樣的困擾：騎士和伯爵們不肯在海外作戰，導致國王沒有辦法保衛自己的海外領土。愛德華三世非常幸運地贏得了一些勝利，所以法蘭西戰爭巨大的生命和財產損失至少部分地可以說得過去。他知道自己家族的歷史。如果上帝收回了對英格蘭的恩典、戰事受挫的話，國民很快就會質疑，為什麼要在海外作戰呢？

愛德華三世解決這個問題的辦法是：把海外服役變成一種榮譽的象徵，而不是封建軍役時代遺留的令人厭倦的負擔。做一名騎士要付出許多金錢的代價，要承擔許多艱難困苦，有時甚至有生命危險，因此愛德華三世要用一種新的菁英榮譽感將騎士們團結在自己周圍。嘉德勳位就像是一種新的特權階級，愛德華三世可以透過它來頌揚和褒獎騎士精神。它是一種手段，能夠在將來的幾十年中，將國王和王子們和他們在歐洲大陸率領的官兵們緊密聯繫起來。富有異國情調的法語箴言提醒了所有希冀成為騎士團一員的人們，貴族階層是一個泛歐洲的兄弟會。愛德華三世之前被迫放棄了在溫莎修建圓桌廳堂的計畫，現在下令在溫莎建造一座教堂。這便是聖喬治禮拜堂，將成為嘉德騎士團精神上和儀式上的家。黑死病最凶險的浪潮消退之後，該項工程於一三五〇年啟動，花了七年時間才竣工，其開支抵得上愛德華一世在威爾斯建造的一些最宏大的城堡。一三五〇至一三五七年，朝廷在溫莎花費了六千五百鎊巨款，其中絕大部分花在這座禮拜堂上。為了給禮拜堂增添一分真正神聖的神祕氣息，愛德華三世把格奈斯十字架送到了那裡。格奈斯十字架是真十字架的一個碎片，是一二八三年最終征服威爾斯期間從末代羅埃林手中奪來的。

隨後幾個世紀中，聖喬治禮拜堂始終代表著愛德華三世及其夥伴所推崇的強大武力、宗教虔誠、浪漫情懷和奢華儀式，這幾個方面的組合令人心醉神迷。在愛德華三世身上，完美融合了亨利三世對輝煌的視覺效果和優美建築的敏銳把握，以及愛德華一世令人生畏的軍事才華。聖喬治禮拜堂的確是金雀花王朝歷史的一個高峰，是一位躊躇滿志的國王所做的視覺宣傳。

第六十三章　勝利的十年

在愛德華三世的早年和統治早期，在宮廷的亞瑟王傳奇式華麗排場中，他將自己打扮為圓桌騎士團的謙卑成員萊昂內爾爵士，這是一位和部下並肩作戰的好戰友。到一三五〇年代，成就既然如此輝煌，自然無需再謙虛，國王開始以亞瑟王自居，從新的卡美洛（Camelot，即溫莎）統治著他的光榮王國。國王在戰爭中花費了幾乎無法想像的巨款，而這些金錢為他帶來震撼整個基督教世界的光榮與威望。英格蘭的繁榮與它在戰爭中的運氣是緊密相關的。愛德華三世所到之處都張掛聖喬治的紋章，以提醒敵友，這是他統治下的新軍事秩序。他的海軍船艦桅杆上飄揚著紅十字旗，艦隊的旗艦是柯克船「湯瑪斯」號，得到數十艘其他船艦的支援，遊弋在英吉利海峽。他在英格蘭的御璽圖案中添加了聖喬治，將其與聖母瑪利亞並置。一三四八年，日耳曼國家的選帝侯們請求他接任神聖羅馬皇帝。對自己的強大王權極其自信的愛德華三世拒絕了這個請求。

國王現在完全掌控跟法蘭西和蘇格蘭的關係。英格蘭宮廷擠滿了出身高貴的人質。一大群價值極高的法蘭西和蘇格蘭俘虜被扣押在英格蘭，為首的是蘇格蘭國王大衛二世、歐城伯爵和唐卡維爾（Tancarville）伯爵。儘管黑死病給國家造成很大損失，給大規模作戰也增添了許多不確定性，但愛德華三世仍然繼續討伐法蘭西和蘇格蘭。英格蘭軍隊時常渡過海峽，發動突襲，有的行動由國王御駕親征，有的任務則被託付給備受信賴的副手，如蘭開斯特伯爵（格羅斯蒙特的亨利），他於一三四九至一三五〇年冬天率領一支小規模軍隊遠征加斯科涅。

一三四九年十二月二十四日，在埃塞克斯的黑弗靈（Havering），宮廷正準備開始耶誕節慶祝活動的時候，愛德華三世收到了令人警醒的告急：有叛徒要出賣加萊給法蘭西人。他沒有時間徵集一支軍隊，於是率領自己的長子愛德華和一小群值得信賴的士兵，立即祕密前往法蘭西。一三五〇年一月一日，愛德華三世的這支精銳小分隊抵達了加萊，祕密進城。次日黎明前，一名奸詐的義大利僱傭兵在加萊城堡上升起了法蘭西旗幟，這是個信號，隨後一群法蘭西騎士穿過城門衝了進來。國王已經嚴陣以待。他和部下向入侵者衝殺過去，打著沃爾特·曼尼爵士的旗號，而愛德華三世則喬裝打扮為一名普通騎士，以防被敵人認出。加萊街頭爆發了激烈的肉搏戰，國王和他的部下打退了敵人，高呼：「愛德華和聖喬治！」幾個小時之內，加萊得救了。加萊守軍的勇猛無畏和這場扣人心弦的戰鬥為世人稱頌，為歌頌愛德華三世和黑太子勇氣的民間傳說增添了更多素材。

一三五〇年八月二十二日，腓力六世駕崩。他的兒子諾曼地公爵約翰繼承了王位，史稱約翰二世（John II）。約翰二世曾在加斯科涅對抗蘭開斯特伯爵，還曾率軍參加克雷西戰役。他登基的這一年，英法兩國恰好處於一年的停戰期。一三五〇年夏，愛德華三世將注意力轉向英格蘭在歐洲大陸的另一個競爭對手：卡斯提亞。這個王國位於西班牙半島北部，恰好也有一位新王登基，即「殘酷的」佩德羅一世（Pedro I el Cruel）。愛德華三世很快發起宣傳攻勢，造謠說佩德羅一世圖謀入侵英格蘭。事實上，兩國之間進行的是一場貿易戰。卡斯提亞船隻穿越英吉利海峽，去佛蘭德從事羊毛貿易，在途中常常襲擊英格蘭船隻，這非常惱人。對愛德華三世來說，這已經是足夠的開戰理由。一三五〇年八月二十九日黃昏，在溫奇爾西（位於英格蘭南海岸，黑斯廷斯以東幾英里處）外海，一支大型英格蘭艦隊（約有五十艘柯克船）遭遇了二十多艘尺寸更大的卡斯提亞槳帆船。英格蘭艦隊由國王、黑太子、蘭開斯特伯爵、北安普敦伯爵和瓦立克伯爵指揮。他們將毫不示弱的卡斯提亞人誘入了一場血腥的海戰。

在過去的一百年中，船艦的設計已經有所進步，但在地中海以北驚濤駭浪的海域，中世紀的海戰策略還是很原始的，尤其是與陸戰相比，畢竟陸軍已經發展出下馬作戰的武士和騎馬弓箭手。在開闊海域的作戰仍然比混戰廝殺強不了多少。愛德華三世的戰船像撞城槌一樣衝向卡斯提亞槳帆船，他的部下則向敵船拋擲繫在繩子或鐵鍊上的鋒利抓鉤，死死咬住敵船側舷，阻止它們逃跑。然後，成群的騎士嘗試強行登上敵船，殺死敵人的水手，將其屍體投入汪洋大海。當時還很少注意船隊的陣型和機動，或者遠距離攻擊。戰鬥是在近距離開展的，很大程度上取決於偶然。

在溫奇爾西，國王險些喪命。在號角聲和痛苦與憤怒的呼喊聲中，他乘坐的柯克船與一艘槳帆船相撞，受到了嚴重破壞，最終徹底損毀。愛德華三世在甲板上拚死奮戰，在卡斯提亞人的箭雨和投擲鐵棍的衝擊下，奪得了敵船，才躲過了葬身大海的噩運。與此同時，黑太子的戰船與另一艘卡斯提亞船隻對戰，也受到了嚴重損壞，幸虧蘭開斯特伯爵的戰船趕來支援，王子才保住性命。最後，夜色籠罩海峽的時候，一艘敵船差點就拖走一艘英格蘭船隻，而後者運載著國王內廷的許多成員。一名機智的王室僕人沉著冷靜地偷偷爬上敵船，砍斷了船帆的升降索，才阻止這艘槳帆船帶著珍貴的戰利品逃走。最終儘管遭遇不少挫折，英格蘭人還是得勝，俘虜了多艘槳帆船，摧毀其他敵船，將數百名負傷的敵人水手投入無情的大海，任其溺死。多年後，溫奇爾西戰役被稱為「海上西班牙人之戰」。

在這場海戰中，愛德華三世及其主要指揮官和副手毫髮無傷，這可以說是非常的幸運，而這位英格蘭國王在他光采奪目的戎馬一生中常常仰仗自己的好運氣。在隨後多年中，卡斯提亞艦隊被有效地阻擋在海峽之外，而愛德華三世的海軍建立了自己的霸權，護送著商船在波爾多和繁榮的英格蘭港口布里斯托、倫敦和南海岸之間川流不息。

國王在坎特伯里的湯瑪斯·貝克特聖龕前感恩，以慶祝這場勝利，隨後移駕北方，遊獵享樂。同時，他的副手們則返回法蘭西，在阿基坦的邊境繼續作戰。英法的停戰協定已經過期，英格蘭軍隊在布列塔尼和加斯科涅贏得了好幾場輝煌勝利，於是到一三五二年秋季，愛德華三世已經牢牢控制了阿基坦、布列塔尼和加萊周邊地區。由於大衛二世被扣押在英格蘭，蘇格蘭出現了權力真空，英格蘭領主們得以將自己的勢力範圍擴張至蘇格蘭低地。在隨後八年中，愛德華三世忙於鞏固自己的霸主地位，努力使其能夠延續千秋萬代。

在制定入侵蘇格蘭計畫的同時，愛德華三世牢牢控制著英格蘭政府。第一波黑死病嚴重擾亂了英格蘭的經濟，而在十四世紀的五〇、六〇和七〇年代，黑死病多次捲土重來，使得經濟進一步惡化。數十萬工人因瘟疫死亡，導致工人薪水猛漲。這對騎士地主階層損傷極大，甚至是災難。而正是這些騎士地主參加愛德華三世的議會，授權他徵稅，並在地方政府中擔任官吏。王室是英格蘭最大的地主，因此如果地產管理的成本增長過快，王室也會遭到類似的損失。愛德華三世迅速採取措施，應對這個威脅，在一三四九年制定了《工人條例》，並於一三五一年在議會通過，稱為《工人法》。《工人法》為能夠想像得到的所有行業的工人制定了固定的薪金標準，人為地將工資壓制在一個較低水準上。「馬具製造工、剝獸皮工、鞣皮工、皮鞋匠、裁縫、鐵匠、木匠、泥瓦匠、瓦匠、造船匠、趕車人和其他所有手工匠人及工人在其工作的地點，薪金不得超過第二十年（一三四七年）及其之前普通年份的一般工資水準。」法令的一個典型條款是這樣規定的：「若有人膽敢收取更多薪金，應將其投入最近的監牢。」領主有權強制工人，不管是法律上的自由人還是喪失自由的農奴為自己服務。同時，食品價格也被人為地控制在較低水準。法令規定道：「屠夫、魚販、旅店老闆、啤酒釀造商、麵包師、顧客招攬人和其他食品銷售者應……以合理的價格出售食品。」

《工人法》旨在保護地主階層。這個階層的成員相當嚴格地執行了該法律。朝廷派遣專員去調查過高的薪金和物價。隨後幾十年中，這些調查專員頻頻出現在各地，調查違法行為，要求違令者繳交罰款。他們的所作所為在各郡的菁英階層和社會下層之間醞釀出了一種嚴重的階級仇恨。令階級仇恨更深刻的是，這些工人調查委員會只是地方執法制度大規模整頓的一部分而已，英格蘭的掌權階層等待這種大整頓已經將近半個世紀。愛德華三世不再依賴不定期的、大型的、周遊全國的巡迴法庭，而是開始利用小型的、常規化的法庭，這些法庭的成員是各地的主要地主。他們是治安委員會的成員，即所謂治安法官（就是愛德華三世統治早期設立的治安官的新形式），同時還參加許多其他的地方性委員會，其中最重要的就是執行《工人法》的委員會。王國政府的權力正在彙聚到一個有切身利益參與其中的政治階層手中，這在後來的歲月裡將會造成極大的社會矛盾和暴力衝突。但從短期來看，愛德華三世迅速採取行動，處置黑死病造成的最明顯經濟後果的做法，為他贏得了騎士地主階層的信任，而他的軍費來源就高度依賴這個階層。

國內安定之後，愛德華三世得以集中精力，努力去永久地平定法蘭西和蘇格蘭。有部分問題是，愛德華三世也不知道永久和平應當是什麼樣子。他自豪地固守自己對法蘭西王位的主張，但局勢愈來愈明顯，這其實是個討價還價的槓桿，用來推動談判、重建一個金雀花帝國。一三五四年，在吉訥（Guînes）舉行的和談上，愛德華三世提議，他可以放棄對法蘭西王位的主張；條件是英格蘭將獲得阿基坦、普瓦圖、安茹、曼恩、都蘭、利摩日和蓬蒂厄的完整主權，儘管關於布列塔尼、諾曼地和佛蘭德宗主權的爭端還遠遠沒有解決。後來，一三五四至一三五五年冬季在亞維儂，教宗親自主持了和談。格羅斯蒙特的亨利（一三五一年他被晉升為蘭開斯特公爵）和阿倫德爾伯爵開始提出更為咄咄逼人的要求：英格蘭應享有阿基坦、普瓦圖、曼恩、都蘭、安茹、昂古萊姆、諾曼地、蓬蒂厄、凱爾西和利穆贊的主權。

英格蘭人的要求如此嚴苛，蘭開斯特公爵的談判策略又如此仗勢欺人，因此和談不歡而散也不足為奇。約翰二世的使臣爭辯說，將如此廣大的法蘭西領土拱手交出，會使得法蘭西國王違背自己的加冕誓言。雙方都在準備繼續作戰。到一三五五年秋，愛德華三世已經組織好了兩支龐大的入侵軍隊，其中一支由他親自指揮，另一支則交給他的兒子黑太子。目標是給約翰二世一個狠狠的教訓，就像他的父親在一三四六年克雷西和一三四七年加萊受到的教訓一樣。

英格蘭的兩支大軍於一三五五年底啟航前往法蘭西，其中只有黑太子的軍隊在那裡待了較長時間。國王於十月底從加萊登陸，向約翰二世邀戰，但法蘭西國王不肯迎戰，於是愛德華三世在十一月十二日就班師回朝了。在這年冬天的餘下時間裡，他集中力量掃蕩和鎮壓蘇格蘭低地，給當地人造成了極大苦難，將他們的大部分土地和財產付之一炬，以至於一三五六年一月被稱為「燃燒的聖燭節」。

但蘇格蘭低地遭到的破壞，還遠遠不能跟黑太子及其夥伴在法蘭西西南部的肆虐相提並論。一三五六年春，約翰二世和英格蘭人的最終攤牌看樣子已經不可避免。黑太子在波爾多過了冬，英屬阿基坦的前線到處是武裝人員，有的是黑太子旗下的部隊，有的則剛剛脫離軍隊，自行劫掠。五月，又一支英格蘭軍隊在蘭開斯特公爵指揮下被派往諾曼地。這支軍隊嚴重破壞了諾曼地的好幾座重要城鎮，然後撤退，約翰二世也奈何不了他們。法蘭西貴族當中存在著普遍的不滿情緒，約翰二世的親戚，惡人查理①（那瓦勒國王和諾曼地的埃夫勒省的伯爵）開始跟國王公然分庭抗禮。惡人查理希望廢黜約翰二世，然後扶植王太子（也叫查理）登基。一三五六年四月，惡人查理因為犯上作亂被捕，但他的弟弟，那瓦勒的腓力於八月渡海來到英格蘭，在克拉倫登與愛德華三世進行了會談，承認後者為「法蘭西國王和諾曼地公爵」，向他宣誓效忠。約翰二世承受的壓力到了不堪忍受的地步，他必須對英格蘭人採取決定性的行動。

一三五六年九月十九日，決戰時刻到了，戰場是普瓦捷城外的原野。傳統上來講，普瓦捷是阿基坦公國最重要的城市。黑太子的軍隊包括六千至八千名英格蘭和加斯科涅士兵，按照當

① 惡人查理是法蘭西國王路易十世的外孫。約翰二世是法蘭西國王腓力六世的兒子。腓力六世是路易十世的堂弟。

時的常規戰術分為三路，黑太子親自指揮中軍。法蘭西軍隊的兵力是英格蘭—加斯科涅聯軍的差不多兩倍。但英格蘭軍隊訓練有素、組織有序，而約翰二世的人馬紀律渙散、七零八落。儘管法蘭西人從克雷西吸取到了一些教訓，準備讓他們的騎兵徒步進行防禦作戰，而不是把他們浪費在自殺式的騎兵衝鋒中，但他們缺乏有效的領導，無法將己方的兵力優勢發揮出來。黑太子的部下在法蘭西戰線前方來回移動時，兩名法蘭西指揮官抵制不住誘惑，發動了進攻。他們向英格蘭軍隊的前鋒和後衛發起了傳統的騎兵衝鋒。兩軍之間有茂密的樹籬阻擋，法蘭西騎兵在企圖突破樹籬時慘遭屠戮。

對法蘭西人來說，這是慘遭屠殺、流血漂櫓的一天，而這一天才剛剛開始。在一四一五年的阿金庫爾戰役之前，這是法蘭西人敗得最慘的一次。在激戰中，他們損失了超過兩千人，包括波旁公爵、法蘭西司廄長、兩名最高軍務官之一和「黃金火焰」軍旗（Oriflamme，法蘭西軍隊的神聖紅色戰旗，據說是用聖德尼的鮮血染紅的）的旗手。被俘的法蘭西貴族不計其數，包括國王的幼子腓力、桑斯大主教、多位伯爵，以及一名最高軍務官和約翰二世自己，這是最糟糕的。英格蘭軍傷亡僅數百人，抓的俘虜價值數十萬鎊贖金。這是金雀花王朝王子面對法蘭西國王最具壓倒性的光榮勝利，永久奠定了黑太子的軍事聲譽。得勝之後，英格蘭軍中舉行了宴會。黑太子及其高貴的指揮官們以翩翩君子之風，充滿敬意地招待大批法蘭西俘虜，向其敬酒。約翰二世被頌揚為一位偉大的國王，在戰場上比任何其他人打得都更英勇。但在這騎士風度的禮節之外，政治的現實是很清楚的：法蘭西陷入了危機，而英格蘭人（他們開始非正式地將黑太子稱為愛德華四世國王）占了上風。普瓦捷戰役中抓獲的俘虜被押回英格蘭，送到國王那裡。國王開始籌劃索取贖金，好達成他最終的目標——在法蘭西重建過往的金雀花帝國。

漫長而複雜的和談之後，到一三五八年一月，約翰二世的贖金敲定為四百萬金埃居，相當於六十六萬六千六百六十六鎊。這是個不可能湊齊的天文數字，即便考慮通貨膨脹的因素，也讓獅心王理查的贖金黯然失色。此外還擬定了《倫敦條約》的草案，其條款和未能執行的《吉訥條約》差不多。愛德華三世廢棄對法蘭西王位的主張，交換條件是享有南方的阿基坦、聖通日、普瓦圖和利穆贊，以及北方的蓬蒂厄、蒙特勒伊（Montreuil）和加萊的主權。如果不是法蘭西國內形勢急劇惡化的話，雙方也許就簽約了。在約翰二世國王被俘之後的混亂中，激進改革派將王太子逐出巴黎；而從獄中獲釋的那瓦勒的惡人查理向英格蘭人提議，將法蘭西一分為二，由愛德華三世保有王位和三分之二領土。一三五八年夏季，法蘭西北部爆發了所謂札克雷叛亂（Jacques 是貴族對農民的蔑稱），大量農民揭竿而起，意圖消滅貴族和騎士們，因為農民認為這些人是賣國賊。編年史家記載了許多恐怖的暴行，平民百姓向貴族老爺們發起了血腥報復。編年史家讓．勒貝爾記載了這樣一個故事：農民們殺死了一名騎士，將他掛在火坑上烤熟，輪姦了他的妻子，然後強迫這個不幸的貴婦人和她的孩子們去吃騎士烤熟的肉。

另一位法蘭西編年史家讓．德．韋內特（Jean de Venette）栩栩如生地描繪了一三五〇年代末法蘭西鄉村的情景。他描述的是自己的出生地，在貢比涅（Compiègne）附近，屢次遭到英格蘭人的進攻，已經破敗不堪：

> 這個地區的葡萄藤……無人修剪，任憑它腐爛……農田裡無人播種，無人犁地……田野裡看不見牛，也沒有家禽……路上沒有人扛著自己最好的乳酪和乳製品去集市出售……房屋和教堂不再像以前那樣，屋頂有人修整，以笑臉迎人，而是化為一座座冒煙的廢墟，這情景多麼淒慘，是吞噬一切的烈火將它們變成這樣……悅耳的鐘聲還能聽得見，但不是召喚信眾禱告的信號，而是警報，讓大家趁著敵人還遠，趕緊躲藏起來……每個人遭受的苦難都愈來愈嚴重，尤其是在農村……但他們的領主們不去……擊退敵人，或者嘗試攻擊敵人，只有少數例外。

到一三五八年十一月，愛德華三世已經不再相信和平是最好的選擇。他開始籌劃發動第三次大規模入侵。俘虜約翰二世暫時成功說服了他不要那麼做，建議他擬定新版的《倫敦條約》。在新版本的條約中，國王的贖金仍然是四百萬埃居，但金雀花王朝將得到包括諾曼地、安茹、曼恩、都蘭和布洛涅的領土，以及布列塔尼的最高宗主權。

《巴黎條約》的一百週年紀念日快要到了，愛德華三世急於將它徹底廢除，回到亨利二世和理查二世壓倒腓力・奧古斯都的好時代。不足為奇的是，巴黎方面嚴詞反對新版《倫敦條約》。一三五九年夏季，英格蘭朝廷制定了入侵法蘭西的計畫；十月，國王、蘭開斯特公爵和黑太子率領約一萬人的軍隊，兵分三路，從加萊出征，向西南方進逼蘭斯。這是他們能夠挑選的最具挑釁性的目標，因為自西元八一六年的路易一世登基起，法蘭西歷代國王均在蘭斯大教堂加冕。蘭斯距離巴黎只有幾天的路程。如果英格蘭國王攻占了蘭斯，一定會在那裡自立為法蘭西國王愛德華一世。

對法蘭西人來說幸運的是，蘭斯的防禦非常堅固。愛德華三世在蘭斯城下僅僅待了五週時間，就於一三六〇年一月放棄了攻城。他透過談判跟勃艮地公爵結盟，然後開赴巴黎，希望誘使法蘭西王太子出來與他決戰。王太子很聰明，不肯步上瓦盧瓦王朝前兩位國王的後塵，去直接面對英格蘭武士和弓箭手、拿自己的自由和主權冒險。他固守巴黎，而這座城市固若金湯，即便是躊躇滿志的愛德華三世也沒有把握能夠攻得下巴黎。於是在四月，英格蘭國王被迫率領他的軍隊（由於瘟疫和幾個月的連續作戰，軍隊已經相當衰弱）向布列塔尼方向撤退。他們向西撤退的途中，在沙特爾城外遭遇了打雷暴雨，損失了相當多的輜重。天降冰雹，大得能夠殺死馬匹，這個日子如此恐怖，以至於後來被稱為「黑色星期一」。英格蘭國王開始走霉運。一三六〇年不會有克雷西或普瓦捷那樣的勝利。五月一日，雙方在布雷蒂尼村（Brétigny）開啟和談。談判持續了七天。愛德華三世接受了一項條約，他將享有南方的阿基坦、普瓦圖、聖通日和昂古穆瓦（Angoumois），以及北方的蓬蒂厄、蒙特勒伊、加萊和吉訥的主權。他放棄了對法蘭西王位、諾曼地和布列塔尼的主張，並將約翰二世的贖金降低至三百萬埃居。約翰二世同意不再幫助蘇格蘭人抵抗英格蘭，而愛德華三世同意不再支持佛蘭芒人（他們經常反叛法蘭西）。諾曼地、曼恩、安茹和都蘭仍然是法蘭西王國的領土。這與一度觸手可及的重建亨利二世帝國的雄圖霸業相差不少，但仍然是一場勝利。

愛德華三世返回英格蘭過一三六〇年的耶誕節，宣布並慶祝和平以及他的成就。他和盟友們為了這一切，已經奮戰了二十三年之久。一三六一年一月，議會召開，批准了和約。一三六一年的聖喬治日在溫莎城堡，愛德華三世的三個兒子：安特衛普的萊昂內爾、岡特的約翰和蘭利的埃德蒙都被授予嘉德勳位，以表彰他們在戰爭中的功業（愛德華三世的幼子伍德斯托克的湯瑪斯生於一三五五年，在國王最近一次出征期間，湯瑪斯是名義上的攝政）。漫長而代價昂貴的戰爭顯然結束了，全國為之歡呼雀躍。

在法蘭西，人們的情緒低落。一三六〇年十二月五日，約翰二世國王獲釋返回法蘭西，去籌措他的贖金，為此鑄造了史上第一種金法郎。但是國家哀鴻遍野，到處是英格蘭僱傭兵，他們被愛德華三世的軍隊解散，現在需要新的出路。他們的主要謀生手段是繼續摧殘布列塔尼和西南部的居民，奪取村莊和城堡，然後將它們賣給不幸的原主人。英格蘭沐浴在勝利的光輝中，而法蘭西飽經蹂躪。為了籌募約翰二世的贖金，整整一代人掏空了腰包，而且領土也遭到肢解。這是金雀花王朝歷史的一個顛峰。但令人震驚的是，命運之輪迅速逆轉，光榮的年代突然間灰飛煙滅。

第七部

革命的年代

Age of Revolution (1360–1399)

我的上帝啊。這是一個怪異又反覆無常的國度。

——理查二世（據阿斯克的亞當記載）

第六十四章　家事

一三六二年十一月十三日，愛德華三世慶祝了他的五十大壽。年事漸高的他有資格為自己的成就感到自豪。他掌握著海量的財富，是一位強大而聞名遐邇的國王，以自己的形象塑造了英格蘭，無論是在法律上、文化上、軍事上，還是審美上。他正在奔向自己的暮年（金雀花王朝歷代君主的預期壽命是約六十歲），但是走得瀟灑而矯健。

他和菲利帕王后過著光輝燦爛、奢侈華麗的生活。有了大量戰利品和從法蘭西人那裡收來的巨額贖金，愛德華三世享受的的確是帝王的富麗堂皇。一三六〇年，國王與王后的內廷合二為一，因為在《布雷蒂尼條約》之後，國王再也不需要在歐洲大陸四處奔走、居住在臨時營地中。國王在比武大會、珠寶首飾、飛鷹走犬、精美服飾和奢侈的生活條件上揮金如土。他的登基四十週年紀念日快要到了，宮廷縱情享受許久以來第一次較長的和平時期，無休無止地狂歡宴飲。

王室巨大財富的很大一部分被用於整修國王的居所。溫莎城堡是其中的典範。在出身平民但才華橫溢的新大臣，威克姆的威廉（William of Wykeham）主持下，國王耗費巨資（一三六〇年代中期每年耗資八千五百鎊）去重新設計溫莎，將它變成一座軍事王政和宮廷愛情的紀念碑。舊建築被拆除，在其舊址建造了龐大而奢華的嶄新廳堂、小教堂和房間。穹頂和大理石迴廊將美麗的各套房連接起來（菲利帕王后一個人就擁有四個正在施工的私人房間）：一個是臥房，一個祈禱用的小教堂，一個裝飾著鏡子的房間，還有一個舞廳。這還只是王室的一處居所而已。國王夫婦在泰晤士河流域和新森林①，還擁有許多星羅棋布的華美宮殿與獵苑。

愛德華三世並非沉溺於尋歡作樂。他非常關心民眾，關注自己在民眾心目中的形象。一三六一至一三六四年間，又一輪嚴重的黑死病重返歐洲，對兒童的致死性特別強。在普遍受苦受難的環境中，國王努力去緩解臣民的痛苦、提高他們的生活水準。因此，他生日的公共慶祝活動主要是議會的磋商，與會者包括騎士、自治市民和其他公民；王室慷慨解囊。議會聽取了數量極多的請願，盡力去解決盡可能多的問題。議會通過了《徵發條例》，極大限制了危害極大的戰時物資徵用政策，將強徵糧食和物資的許可權僅限於國王、王后與太子所有。從此刻起，

① 新森林（New Forest）地處英國南部，有大量無圍欄牧場、低矮灌木叢和森林。它包括漢普郡西南部，並延伸至威爾特郡東南部和多塞特郡東部。今天是國家森林公園。

王室的物資徵用官吏被稱為「收購官」，並且遵照嚴格的規章辦事。當然，在和平時期，愛德華三世更容易做出這樣的讓步，但是他能制定這樣的法律，說明他理解和同情臣民的艱難困苦。

在愛德華三世在位期間，英格蘭王國的生活發生了一個重大變化。王國的語言逐漸從法語變成了英語。本土的英語一度被認為是粗魯野蠻的方言，不適合出身高貴的人士或官吏使用，現在卻大大普及了。國王本人說英語。當時所有的貴族都懂英語。雲遊四方的歌手們用英語吟唱新編的時髦「羅賓漢」歌謠。在高等學府名聲鵲起的約翰・威克里夫（John Wyclif），在一三六〇年代初讓牛津大學的同僚刮目相看，他將聖經翻譯成了英語，這又導致了羅拉德派（Lollardy）的興起。這是一個異端運動，鼓吹個人自行解讀聖經和教會的訓誡。聖經等材料被翻譯成英語，大大有助於羅拉德派運動的發展。第一批偉大的英語詩人，諸如傑弗里・喬叟（Geoffrey Chaucer）、威廉・郎蘭（William Langland）、約翰・高爾（John Gower）和《珍珠》（*Pearl*）與《高文爵士與綠騎士》（*Gawain*）作者的時代來臨了。愛德華三世認識到了這一點，利用自己五十大壽期間的議會，引領了英語的新時代。《申辯條例》正式將議會發言和王家法庭辯論的用語從法語改為英語（書面檔案仍然用拉丁文）。這是又一項頗得民心的法令，旨在改正這樣的局面，即「在國王的法庭……申辯的人們……聽不懂他們的律師或其他申訴人支持或反對他們所用的語言」。

最後，愛德華三世將注意力轉向自己的家人。他已經五十歲了，是時候為自己的子嗣做些安排了。在五十大壽期間的議會上，他的最後舉措是授予已經成年的兒子們高貴的新頭銜和角色，鞏固他們的地位，以便自己百年之後兒子們能夠掌控英格蘭這個偉大國家。他一共有十二個兒女，其中九個長大成人。到一三六二年還有六個兒女在世。年輕的瓊死於黑死病。一三六一年，第二波瘟疫襲擊英格蘭時，她的兩個姊妹被奪去生命。兒童疫病殺死了英格蘭四分之一的青少年，包括十七歲的瑪麗公主和十五歲的瑪格麗特公主。國王只剩下了一個女兒：快要過三十歲生日的伊莎貝拉。愛德華三世曾打算把她嫁給一位加斯科涅領主，但被她急躁地拒絕。她堅持除非找到真愛，否則絕不結婚，徹底退出了愛德華三世外交聯姻的計畫。②

除了這個倔強的女兒之外，愛德華三世還有五個健康的金雀花王子。除了年僅七歲的伍德

---

②伊莎貝拉自幼得到父親愛德華三世的溺愛和嬌寵，特別任性倔強，個性極強。她拒絕父親為她安排的多門婚事，但父親並不動怒。一三五一年，她終於同意嫁給加斯科涅貴族貝爾納·德·阿爾布雷（Bernard d'Albret），但臨行前改了主意。愛德華三世仍然寵愛她，沒有因此發火，還封賞她土地和年金。她三十三歲時還是個老姑娘，這在當時是極其罕見的。後來，她終於遇見自己的真愛——庫西領主昂蓋朗七世（Enguerrand VII, Lord of Coucy）。

昂蓋朗是法國貴族，一三六〇被押往英格蘭，做為法蘭西國王約翰二世籌集贖金期間的人質。昂蓋朗和伊莎貝拉於一三六五年結婚，愛德華三世對女兒女婿大加賞賜，未索要贖金便釋放了昂蓋朗，還封他為英格蘭的貝德福德（Bedford）伯爵。後來，理查二世登基後，昂蓋朗放棄自己在英格蘭的土地和頭銜。伊莎貝拉遠離丈夫，在英格蘭去世，死狀可疑。

斯托克的湯瑪斯之外，四位王子在一三六二年得到了豐厚的賞賜。王長子愛德華（王位繼承人和英格蘭最優秀的軍人）做了一件驚世駭俗的事情：他娶了堂姑肯特的瓊。③據被稱為「錢多斯傳令官」（Chandos Herald）的作家（他是愛德華王子的好友約翰．錢多斯的僕人）記載，瓊「是一位特別高貴的女士……傾國傾城，美豔動人，聰穎智慧」。並不是所有人說話都這麼客氣。他們的婚姻的確是出於愛情，而不是政治利益。瓊在此之前已經結過兩次婚了。她和湯瑪斯．霍蘭爵士生了五個孩子，而她的另一位前夫索爾茲伯里伯爵仍然在世。她酷愛珠寶和華麗服飾，也不能帶來任何有利的海外同盟。自亨利二世迎娶阿基坦的埃莉諾以來，黑太子愛德華是金雀花王朝第一位娶了個拖油瓶離婚女人的王公。而且從技術上講，教會也禁止他們的婚姻，因為他們是堂姑姪，屬於被禁止結婚的近親。

儘管如此，愛德華王子得到了父親的豐厚獎賞。他結婚的時候，已經享有切斯特伯爵、康沃爾公爵和威爾斯親王的頭銜，年收入超過八千鎊。他和瓊結婚後，就住在倫敦以南不遠處的坎寧頓（Kennington），這是一座嶄新的宮殿，由石匠大師亨利．伊夫利（Henry Yevele）設計。伊夫利後來成為當時最了不起的建築師。在國王大壽不久前，國王賞賜給太子夫婦一座新宅邸。他還將阿基坦公國賞賜給了自己的長子。愛德華王子曾在阿基坦北部邊界上的普瓦捷贏得當時最偉大的一場勝利，國王因此宣示黑太子已經有能力從領兵打仗的軍事統帥，轉變為一個強大采邑的統治者，而由他來執掌王權的日子也不遠了。一三六三年二月，愛德華王子和瓊遷往阿基坦公國，主要居住在昂古萊姆和波爾多。

愛德華三世也為其他幾個兒子安排。國王曾讀過紐堡的威廉在十二世紀寫下，記載金雀花王朝早期歲月的編年史。現在隨著他的五十大壽將近，他開始效仿兩百年前的亨利二世，為自己的兒子們安排歸宿和地位。每個兒子都將在歐洲的不同角落得到自己的土地。

愛德華三世的生日是十一月十三日，也是議會的最後一天。他帶著自己的第三子和第四子，岡特的約翰和蘭利的埃德蒙來到議會，授予他們尊貴的新頭銜。議會檔案簡明扼要地記錄當時的莊嚴儀式。「然後，大法官向貴族和平民發言，講到我主國王陛下與一些貴族商談，上帝在多方面對他恩典有加，尤其是賜予他這麼多兒子，他們已經到了法律規定的成年，因此他決定增加他們的名望和榮光。即，他的兒子萊昂內爾，當時在愛爾蘭，應當被冊封為克拉倫斯公爵……。」萊昂內爾當時在海外，但岡特的約翰和蘭利的埃德蒙在現場，他們親自接受了冊封：「然後，我主國王陛下為兒子約翰配上長槍，為他戴上配有一圈黃金和寶石的冠冕，並冊封他為蘭開斯特公爵④，並授予他冊封詔書。然後，國王陛下為自己的兒子埃德蒙配上長槍，

---

③ 肯特的瓊的父親是第一代肯特伯爵伍德斯托克的埃德蒙，即愛德華一世的幼子、愛德華二世的異母弟。因此，肯特的瓊是愛德華三世的堂妹，也就是黑太子的堂姑了。

④ 岡特的約翰是後來的蘭開斯特王朝的始祖。

冊封他為劍橋伯爵，並賜予他劍橋伯爵的冊封詔書。」

克拉倫斯公爵、蘭開斯特公爵、劍橋伯爵，這些的確是非常尊貴的頭銜。他們每個人都在名義上對金雀花王朝領地的一個角落負有責任。

安特衛普的萊昂內爾的頭銜是相當新奇的。克拉倫斯公爵是一個愛爾蘭頭銜，其領土在愛爾蘭西海岸（克拉倫斯這個名字來自早先的領主克雷爾家族）。萊昂內爾在此之前已經透過自己的妻子，阿爾斯特女伯爵伊莉莎白·德·伯格獲得了阿爾斯特伯爵領地，現在再得到克拉倫斯公國，便成了愛爾蘭最強大的領主。當議會宣布萊昂內爾的新頭銜時，他已經在都柏林。他於一三六一年被任命為愛爾蘭總督，指揮著五十名騎士、三百名武士和五百四十名騎馬弓箭手，並受命在愛爾蘭徵募更多軍隊。他的未來已經被計畫妥當：他將維持和擴張金雀花王朝在狂野愛爾蘭西部的勢力。他是自約翰國王以來第一位涉足愛爾蘭的金雀花王公。

同時，岡特的約翰被擢升為蘭開斯特公爵。此前的蘭開斯特公爵是格羅斯蒙特的亨利，即愛德華三世的朋友和將領，他於一三六一年去世，可能是死於瘟疫。岡特的約翰於一三五九年在雷丁修道院娶了格羅斯蒙特的亨利的女兒，蘭開斯特的布朗什（Blanche of Lancaster）。岳父死後，岡特的約翰繼承了英格蘭最龐大、最重要的一系列領地。於是，他將愛德華二世的死敵，蘭開斯特的湯瑪斯的遺產重新收歸王室，這對在英格蘭北部維持秩序和穩定非常關鍵。

一三五〇和六〇年代，愛德華三世多次要求蘇格蘭人接受他的第三子成為蘇格蘭國王大衛二世的繼承人。大衛二世在一三五七年獲釋，但還掙扎於巨額贖金下的沉重負擔。愛德華三世的這個要求是談判桌上的姿態，或僅僅是為了誘使蘇格蘭人支付國王贖金的虛晃一招，是值得商榷的。但在一三六〇年代初，如果黑太子掌管了阿基坦，萊昂內爾統理愛爾蘭，那麼岡特的約翰理應接受培養，去主管蘇格蘭防禦和政事。伍德斯托克的湯瑪斯還是個嬰兒，所以就只剩下了蘭利的埃德蒙。國王的第四子被安排參與外交政策的最重要領域之一，即佛蘭德和低地國家。

一三六一年十一月，勃艮地公爵去世，留下了十二歲的寡婦瑪格麗特。她是佛蘭德伯爵（馬勒的路易）的女兒，是五個伯爵領地（納韋爾〔Nevers〕、佛蘭德、勒泰勒〔Rethel〕、勃艮地和阿圖瓦）與兩個公國（布拉班特和林堡〔Limbourg〕）的繼承人。這些土地加起來形成了一個龐大的、潛在的獨立勢力，如果聯合在一個統治者手下，便有制衡法蘭西王室的力量。佛蘭德擁有許多富庶的貿易城鎮，不管誰得到它，都將得到一個金庫。

勃艮地公爵去世的消息剛剛傳出，愛德華三世就開始祕密談判，打算安排自己的兒子埃德蒙跟瑪格麗特結婚。就像黑太子和肯特的瓊一樣，埃德蒙和瑪格麗特也是被禁止結婚的近親，他們的共同祖先是法蘭西國王腓力四世。這使得問題更加複雜，因為他們的婚姻需要得到教宗烏爾班五世（Urban V）的首肯，而這位教宗是個法蘭西人，住在亞維儂，因此他未必會支持英格蘭的利益，而背棄法蘭西的利益。但愛德華三世無懼這個挑戰。他冊封二十一歲的埃德蒙為劍橋伯爵，並將法蘭西北部的蓬蒂厄和加萊這兩個伯爵領地賞賜給他，讓他在該地區擁有長期利益，然後開始了一場高度活躍、極其精明的外交活動，將自己的大部分時間和精力都投入其中。

就這樣，愛德華三世度過了自己的五十大壽。他制定了重大法律，在議會慷慨扶助國民，為親人加官進爵，並為他的滿堂子孫（儘管已經有不少人辭世）做了千秋萬代的安排。他似乎是期望和希望自己的四個成年兒子各自開疆拓土，而不至於相互之間發生衝突，畢竟手足相殘恰恰是亨利二世統治末期的一大難題。愛德華三世從紐堡的威廉的史書中學到了一點：如果將好幾隻小鷹留在同一個巢穴中，牠們很快就會互相殘殺。

後來的幾十年證明，他的孩子們之間的手足情誼比亨利二世的兒子們要深厚得多。但不幸的是，儘管王子們血濃於水，愛德華三世在一三五〇年代享有的好運氣快要耗盡了。

第六十五章　由盛轉衰

一三六九年對愛德華三世及其家人來說是慘澹的一年。在這一年中，失敗接踵而至，死神不肯離去，病魔逡巡徘徊。一三五〇年代的光榮似乎突然間消逝了。一三六〇年代的大部分時間，國王夫婦及其聯合內廷都待在新森林的獵苑，避開西敏。夫婦倆垂垂老矣。愛德華三世從妻子的女僕愛麗絲．佩勒斯（Alice Perrers）那裡得到了不少慰藉。愛麗絲是個二十出頭的姑娘，嗓音甜美誘人，擅長捕捉上位的機遇。一三六四年，她為國王生下了他的第一個私生子，後來利用自己做為國王情婦的地位，在宮廷攫取了更多的特權。

愛德華三世睿智地利用在國內的時間。他繼續主持重大的場合，比如一三六四年，他在倫敦同時招待了蘇格蘭、法蘭西和賽普勒斯的國王。他監督一系列國內改革，通過新的法律，授權治安法官管理郡一級的治安。議會還通過反奢靡的規範性法令，規定不同階層的人可以穿戴何種衣物，禁止下層群眾穿戴較奢侈的毛皮、斗篷或鞋子。國王還繼續努力將金雀花帝國的遺產分給孩子們。

但在這光鮮的外表之下，卻湧動著朽壞的暗流。儘管愛德華三世的計畫很謹慎，一三六〇年代的開支也比較寬裕，但他還是不得安閒。從大約一三六五年起，他的健康狀況開始走下坡。一三六四年，法蘭西國王約翰二世在屬於岡特的約翰的薩伏依宮（位於倫敦城外）去世。法蘭西人立即停止支付約翰二世的贖金。法蘭西王國得到了一個機會，在瓦盧瓦王朝新王查理五世（Charles V）領導下重整山河。新國王下定決心要打敗英格蘭人，並且非常幸運地得到了一位極其善戰的將領來輔佐自己。貝特朗・杜・蓋克蘭（Bertrand du Guesclin）是漫長的布列塔尼繼承戰爭的老將。他已經跟英格蘭人周旋了二十多年，曾經勇敢堅定地擊敗蘭開斯特公爵（格羅斯蒙特的亨利）這樣的名將。他逐漸成為英格蘭人的災星，以及游擊戰和消耗戰的大師，一點一滴磨損掉英格蘭入侵軍隊的生命力。

再次燃起狼煙的第一個戰區並非法蘭西北部或阿基坦（英格蘭人前不久在這些地區贏得了許多勝利）。法蘭西人利用黑太子的雄心，將英格蘭誘騙進一場錯綜複雜而特別消耗力量的代理戰爭，戰場則是在日頭炎炎、疾病肆虐的伊比利。卡斯提亞國王阿方索十一世死後，他的兩個兒子，私生子特拉斯塔馬拉的恩里克（Henry of Trastámara）和繼位國王「殘酷的佩德羅」（即恩里克的異母兄）為了爭奪王位，發生了衝突。編年史家湯瑪斯・沃爾辛厄姆（Thomas Walsingham）稱佩德羅是「卑鄙的惡棍和暴君」，他的名字在西班牙語裡是殘忍嗜血的同義詞。

佩德羅於一三五〇年繼承了父親的王位，然後撕毀跟法蘭西的長期盟約，轉而效忠英格蘭。他自一三六二年起開始向英格蘭示好。查理五世繼承法蘭西王位之後，決定懲罰卡斯提亞國王的背信棄義。討伐佩德羅也能給查理五世一個機會去奪回軍事主動權。或許更重要的是，眾多凶殘的僱傭兵長期以來在法蘭西鄉間遊蕩肆虐，現在南方有了一場新的利潤豐厚的戰爭，也許會把他們吸引過去。這些僱傭兵多年來盤踞在法蘭西，尤其是布列塔尼、諾曼地和羅亞爾河谷等地，一直是動盪的來源。脫離軍隊的士兵們獨立行動，控制城堡、莊園和教堂，利用這些地方為基地，對周邊地區實施軍事占領。他們肆無忌憚地偷竊、謀殺和強姦。一旦一個地區被盤剝得一貧如洗，他們就轉向下一個目標。許多法蘭西人認為，這些僱傭兵是上帝派來懲罰他們的。新國王則認為他們是穩定國家的障礙。於是機會來臨的時候，查理五世立刻選擇支持特拉斯塔馬拉的恩里克，幫助他去廢黜佩德羅。一三六六年，佩德羅被逐出卡斯提亞，在邊境城鎮巴約訥會見了黑太子。黑太子把佩德羅當作朋友，收留了他，並立即同意讓英格蘭參加這場新的戰爭。

就像愛德華三世的其他戰爭一樣，爭奪卡斯提亞王位的戰爭同樣代價昂貴。黑太子自一三六三年抵達阿基坦以來，徵收了一系列不得民心的爐火稅①，這無助於團結他的新公國，也不

①以灶台的數量，也就是以家庭為單位徵收的賦稅。

利於贏得民眾的支持。一三六六年，他大膽地同意獨立承擔入侵佩德羅的王國、驅逐法蘭西人的全部軍費。做為回報，佩德羅抵押自己的兩個女兒康斯坦絲和伊莎貝拉當人質（這兩位公主後來分別嫁給了黑太子的兩個弟弟，岡特的約翰、伍德斯托克的湯瑪斯），承諾將來償付高達二十七萬六千鎊的軍費。但是，像卡斯提亞這樣窮困的小國絕不可能支付這麼龐大的開支，黑太子一定也知道這點。

戰役起初很順利。一三六七年一月六日，大軍正在集結的時候，黑太子的王妃瓊生下了他們的第二個兒子（他們的長子愛德華生於一三六五年）。這個孩子出生在波爾多，被取名為理查，以紀念獅心王理查，阿基坦的埃莉諾最有出息的一個兒子。據坎特伯里的編年史家威廉·索恩（William Thorne）的說法，三位「國王」②參加了他的洗禮：卡斯提亞國王佩德羅、馬略卡國王詹姆斯四世和亞美尼亞國王理查。三位國王到訪，而且小王子出生於第十二夜③，這被認為是極好的兆頭，預示這個男嬰將來會成就偉大的事業。而對他的父親來說，這是戰事吉利的開端。

黑太子和弟弟岡特的約翰一道，率領一支由加斯科涅臣民和僱傭兵組成的軍隊，翻過了庇里牛斯山脈，途經洛格羅尼奧（Logrono），開赴納赫里利亞河岸（Najerilla），特拉斯塔馬拉的恩里克正在那裡嚴陣以待。黑太子此時正處於其軍事力量的顛峰，而且恩里克過於輕敵。查理五世曾寫信給恩里克，明確告誡他，不要跟英格蘭人正面交鋒，但他充耳不聞。法蘭西國王在信中說，英格蘭軍隊包括「全世界騎士的菁英」。的確如此。約翰・錢多斯爵士、史蒂芬・卡辛頓（Stephen Cusington）和普瓦圖貴族吉夏爾・德・安格勒（Guichard d'Angle）都是驍勇善戰的指揮官。在從庇里牛斯山脈下山的途中，黑太子還冊封兩百名士兵為騎士。

英格蘭軍隊的新老騎士們從山區走出，接近納赫拉鎮附近平原時，恩里克驚慌失措。他沒有避開戰鬥，反而在河邊擺開防禦陣勢，準備背水一戰。這恰恰是查理五世明確告誡他不要做的事情。四月三日清晨，英格蘭軍隊向法蘭西—卡斯提亞聯軍（由恩里克和蓋克蘭指揮）發動突襲，攻擊其左翼，造成了極大混亂。英格蘭人運用的是慣用的老戰術，先是用長弓猛射，然後由徒步的武士猛烈攻擊。法蘭西—卡斯提亞聯軍大敗，隨後被英格蘭騎兵衝殺到河岸邊。至少五千人慘遭屠戮或溺死在河裡。恩里克逃了一條命，但是蓋克蘭和法蘭西—卡斯提亞聯軍的幾乎全部貴族都被俘虜。

從戰術上講，這是愛德華王子最輝煌的一次勝利，儘管抓獲的俘虜的級別沒有一三五六年

②原文為Magi，典出《新約．馬太福音》，二章，一至十二節的記載，在耶穌基督出生時，有來自東方的「博士」或「國王」或「術士」朝拜初生的耶穌。

③即主顯節前夕，是一個基督教節日，指一月五日。那天晚上是十二天聖誕季的最後一夜，之後就是耶誕節後第十二日（一月六日）的主顯節。主顯節紀念的是東方三博士朝拜耶穌基督。主顯節過後就是狂歡季的開始，一直持續到懺悔星期二（即四旬節的前一天）。莎士比亞的戲劇《第十二夜》就是為慶祝主顯節前夕而作的。

在普瓦捷的收穫那麼高。黑太子又一次證明，他在激戰之中腦袋迅捷、冷酷無情而驍勇善戰。但是，如果說納赫拉戰役在軍事上是一場徹底的、光榮的勝利，在政治上和愛德華王子個人的層面卻是個災難。殘酷的佩德羅雖然奪回了王位，但沒有能力籌集資金來償付自己的拯救者。於是愛德華王子基本上是破產了。加斯科涅領主們向他施加了極大壓力，要求他支付報酬。王子雖然兜售了佩德羅的珠寶，並且從納赫拉戰役的戰俘那裡收取贖金，但還是沒有辦法償付戰爭的開支。

更糟糕的是，在西班牙的熾熱夏季，感染和疾病橫掃英格蘭軍營。一三六七年，黑死病不算嚴重，但是愛德華王子的士兵們染上了其他疾病，包括傳染非常普遍的痢疾。英格蘭軍隊撤回波爾多的時候，把痢疾也帶了過去。無論貴族還是窮人，染上痢疾之後，都受到極大摧殘。大約在納赫拉戰役期間，黑太子染上了一種嚴重的疾病（有時被認為是痢疾，但也有可能是瘧疾，更有可能是水腫）。在他的餘生，這疾病始終沒有治癒，常常令他臥床許久。他返回加斯科涅之後，一位傳道士做了佈道，將他比作聖子。愛德華王子後來在病重的時候回憶道：「即便是最偉大的王公，也不可以如此當面吹捧他。因為命運隨時隨地都可以擊倒他，然後他所有聞名遐邇的功績都會被遺忘，化為塵埃。」

納赫拉戰役之後，黑太子完全變了個人。他疾病纏身，財政破產。這對阿基坦政府，以及英格蘭在法蘭西的整體地位，造成了災難性後果。卡斯提亞的佩德羅保住了自己的王位，卻不肯為此支付一個銅板。儘管蓋克蘭這樣的俘虜帶來了豐厚的贖金，但這與愛德華王子的巨額債務相比是杯水車薪。他的唯一辦法是向阿基坦徵收更沉重的賦稅。當地的領主們極為不滿，於是在一三六八年承認查理五世為「公爵及整個阿基坦公國的宗主」，向他求援。這求援其實就是赤裸裸地請求法蘭西國王再次跟英格蘭人開戰。查理五世可不需要多少鼓動。一三六八年底，法蘭西重兵雲集在阿基坦邊境。到一三六九年春季，數百座城鎮加入反金雀花王朝統治的行列，阿基坦的大片地區被法蘭西人占領。

與此同時在卡斯提亞，特拉斯塔馬拉的恩里克捲土重來。一三六九年三月，他在一座營帳內用匕首刺死了自己的異母弟佩德羅。不久之後，他跟查理五世簽訂了一項條約，為其提供一支大艦隊，駛向加斯科涅海岸。不僅加斯科涅的沿海城鎮，就連英格蘭南部也陷入了恐慌，英格蘭人感到海峽又一次受到了威脅。卡斯提亞戰役的毫無意義現在昭然若揭。愛德華王子病勢沉重，無力再次集結軍隊來保衛自己的領地、抵抗已經恢復元氣的法蘭西人。到一三七〇年，他已經在準備帶領自己的妻兒和軍隊殘部，返回英格蘭。一三七一年一月，他返回了故國，已然心力交瘁。

在黑太子遠征海外期間，他的親人們的運氣也不好。克拉倫斯公爵（安特衛普的萊昂內爾）就像他之前的每一位，試圖將英格蘭的風俗和秩序強加於愛爾蘭的王公一樣，發現自己的任務特別棘手和艱巨。他的第一任妻子伊莉莎白・德・伯格於一三六三年去世，留下一個叫做菲利帕的女兒。到一三六六年，他徹底放棄治理愛爾蘭的使命。愛德華三世為他安排了一場純粹出於利益考量的新婚姻。萊昂內爾的第二任妻子是十三歲的維奧蘭特．維斯孔蒂（Violante Visconti），帕維亞的繼承人和著名的維斯孔蒂家族的成員。維斯孔蒂家族統治著米蘭，非常好戰，將他們周邊的義大利各城邦打得俯首貼耳。萊昂內爾和維奧蘭特在米蘭大教堂門前舉行了盛大的婚禮，一連慶祝了好幾個月，極盡奢侈之能事。據說詩人佩脫拉克曾是這對夫妻某次盛宴的高朋。但如此奢侈的生活方式讓萊昂內爾丟了性命。結婚幾個月之後，他就病倒，一三六八年十月十七日逝世於皮埃蒙特的阿爾巴。他的遺體最終被送回英格蘭，安葬在薩福克的克雷爾小隱修院。

菲利帕王后的健康也在惡化。一三五七年，在一次狩獵事故中，她的肩膀脫臼，始終未能痊癒。從一三六五年開始，她已經不能自由行動。到一三六七年，她只能依賴轎子和駁船出行。一三六九年八月十五日，她去世了，愛德華三世和他們年僅十四歲的兒子伍德斯托克的湯瑪斯守在她的臨終榻前。國王握著她的手，潸然淚下。菲利帕從愛德華二世葬禮四天後抵達英格蘭的那個小姑娘開始，目睹她的丈夫和他們的家族從莫蒂默—伊莎貝拉政權的傀儡，轉變為歐洲最令人畏懼的王朝。她生活的奢華到了神話的程度。她曾庇護傅華薩，與他熟識。據傅華薩在其史書中記載，她臨終前的最後遺願是請國王幫她償清欠外國商人的債務。但是，總的來講，英格蘭人民對她還是百般敬仰，視其為一位有文化修養、虔誠、穩重而根基牢固的人物，對她的丈夫和兒子們施加了相當大的積極影響。她跟歐洲的名門望族有著很好的聯繫，給英格蘭帶來許多外國騎士，並幫助他們融入英格蘭社會，取得前所未有的成功，給國家增光添彩。湯瑪斯·沃爾辛厄姆稱她是「一位非常高貴的女士，對英格蘭人民的愛恆久不變」。菲利帕是一位優秀的伴侶，也是一位稱職的母親。她的與世長辭讓愛德華三世萬分哀痛。

國王自己的健康狀況也不好。從一三六〇年代中期開始，他愈來愈依賴開價昂貴的醫生，這也是六十多歲老人的命運。隨著親人和朋友一個個辭世，愛德華三世開始深居簡出。他的最偉大勝利的年代已經一去不復返了。但是戰爭又一次降臨。面對查理五世的進犯，戰爭是愛德華三世懂得的唯一一種反應。據檔案記載，在一三六九年的一次議會上，「全體高級教士、諸侯和英格蘭各郡平民一致決定……並得到議會全體議員的贊同，英格蘭國王應當重新啟用英格蘭與法蘭西國王的名號，如同和約之前的情形……。」對法和約被正式拋棄了。身體孱弱、滿心哀慟的愛德華三世不得不在他心力交瘁的長子幫助下，動員全國，準備新一輪戰爭。

第六十六章 好議會

西敏寺的禮堂內人頭攢動，與會者的目標十分明確。這是一三七六年四月二十九日，議會的第二天。此前三週內，英格蘭大多數權貴從全國各個角落奔赴西敏，去參加議會。此外，各郡平民代表、騎士和鄉紳也聚集於此。

前一天，議會全體成員進行了會商。病痛纏身的國王從黑弗靈趕來參加議會開幕式，但這是議員們最後一次見到他。在議會餘下的議程裡，岡特的約翰做為國王的代表，與其他達官貴人們一起端坐在西敏宮的彩室。平民代表坐在修道院的禮堂，這是一座八角形的大型石質建築，僧侶們每天在這裡祈禱、閱讀並討論聖本篤規章制度的一個章節。這座禮堂是亨利三世在動盪不安的一三五〇年代改建西敏寺工程的遺物，當時亨利三世的妹夫西蒙·德·孟福爾正以改革朝綱的名義對金雀花王朝的統治造成極大破壞。地板上的磚塊構成歷代國王與王后的肖像、金雀花王朝的王室紋章，以及一句宣示禮堂之美及其建築者之慷慨大方的銘文：「玫瑰是眾花之菁英，這座建築也是建築中的菁英。亨利國王，基督和聖三位一體的朋友，奉獻了這座廳堂……。」如今，愛德華三世國王的平民議員們踏過磚石砌成的地面，在沿著四牆的石階上各自就座。在他們頭頂上，陽光穿透彩色玻璃窗傾瀉而下，玻璃窗上裝飾著紋章符號，旨在向在座眾人提醒，金雀花王朝的王權是多麼強大。但是，平民議員來此不是為了尊崇王室歷史。他們是秉承著孟福爾的精神前來的，目的是呼籲國王滌蕩朝綱、掃除積弊。

英格蘭與法蘭西再開戰端之後的歲月裡，英格蘭遭受了一次又一次屈辱。無人可以對這樣的事實視而不見。在軍事上，英格蘭蒙受一系列災難。在戰爭新階段的初期，英格蘭人力圖再續一三五九年的功業。但這一次，敵人更為強大，而英格蘭人缺乏有力的領導，而且一直沒有好運氣。老將和私掠者羅伯特．諾爾斯（Robert Knolles）爵士在一三七〇年指揮的掃蕩行動，因缺少軍費而中止，這次預計兩年完成的戰役剛打了六個月，諾爾斯的隊伍就被迫解散。同一年，岡特的約翰和劍橋伯爵埃德蒙前來援助他們的兄長，疾病纏身的黑太子，幫助他阻擋法蘭西人越過阿基坦邊境的進攻。他們的努力是徒勞。阿基坦民眾對英格蘭的統治沒有好感。法蘭西大軍抵達的時候，一座座城市主動開門投降。一三七〇年九月中旬，利摩日向貝里公爵①投降。後來黑太子血腥報復利摩日，將其洗劫一空並縱火焚毀，做為懲罰。傅華薩可能渲

①貝里公爵的頭銜常被封給法蘭西王室幼支。當時的貝里公爵是約翰，法蘭西國王約翰二世的第三子。

染誇大了這件事，把死亡人數誇大了十倍，但他成功地捕捉到這次屠城的恐怖：

黑太子、蘭開斯特公爵、劍橋伯爵、彭布羅克伯爵、吉夏爾．德．安格勒爵士和其他人率領軍隊和大群扈從徒步進城。他們全副武裝，準備大開殺戒……。他（黑太子）經過的時候，市民們匍匐在地，哭喊著：「開恩，高貴的老爺，開恩」！這情景令人肝膽俱裂。他暴跳如雷，對他們置之不理。入侵者一路見人就殺，無人理睬市民的求饒……這一天，三千人，包括男女老少，丟了性命……英格蘭軍隊大肆搶劫，直到城市被洗劫一空，陷入火海。

這是一幅可悲的景象：黑太子坐著轎子，施行毫無意義、十分惡毒的報復，下令將無辜民眾斬盡殺絕。這場可悲的大屠殺是他對戰爭的最後一次重要貢獻。到一三七一年，愛德華王子身體羸弱，無力繼續作戰，於是返回了英格蘭。

次年，英格蘭人兩次嘗試從海上進攻阿基坦。彭布羅克伯爵指揮的艦隊被敵人俘虜。第二支艦隊由國王親自指揮，從加萊出發，遇上逆風，被迫返回港口。這是國王最後一次御駕親征。失敗之後，他離群索居，頭腦和身體都已經日益衰退。阿基坦公國已經銳減到沿岸的一小片英格蘭領地。

現在，岡特的約翰掌握了作戰和朝政，而他的軍事才幹遠遠比不上自己的父親和長兄。在布列塔尼，親英派公爵約翰・德・孟福爾被逐出自己的家園，逃亡到愛德華三世的宮廷。一三七三年，岡特的約翰指揮了一次軍事掃蕩，但法蘭西人運用費邊②的拖延戰術，不肯正面迎戰，而是採行游擊戰，消耗英格蘭軍隊的實力。英吉利海峽內海盜多如牛毛。對很多人，尤其是倫敦的羊毛商人來說，航運路線受到的威脅太大，他們不得不自行組織私人艦隊來自衛。英格蘭國王對法蘭西王位的主張就像一三四〇年代以來的任何時刻一樣，只是個法理上的空中樓閣。唯一能做的就是求和。一三七五年在布魯日，雙方達成了為期一年的停戰協定。

坐在禮堂的平民議員和其他國民一樣，對這些失敗非常熟悉。畢竟，朝廷一而再、再而三地向平民徵稅，好去為這些徒勞無功的軍事行動提供資金。《阿諾尼瑪萊編年史》的作者記載道，議會開幕後，大法官約翰・尼維特（John Knyvet）爵士描述道：「英格蘭處於危急之中，瀕臨被敵人消滅的絕境……因此約翰爵士（岡特的約翰）代表國王，請求國民提供支援，以抵抗國王的敵人。」他說，國王希望「向教會徵收十分之一的財產稅，向俗民徵收十五分之一的

---

②費邊・馬克西穆斯（Fabius Maximus），古羅馬政治家、軍事家、傑出的統帥。費邊以在第二次布匿戰爭中採行拖延戰術對抗漢尼拔，挽救羅馬於危難之中而著稱史冊。所謂費邊戰術，就是避開強敵的鋒芒，不正面交鋒，利用己方地利，拖延交戰，襲擾敵人補給線，將敵人拖垮。

財產稅」。布魯日的停戰協定在一年後會廢止，因此戰爭必須繼續下去。這已經是老生常談。

但在海外的失敗還不是全部。人們愈來愈清晰地感覺到，愛德華三世強大自信、魅力無窮的統治已經走到了盡頭，取而代之的是一種權力真空。「漸漸地，所有美好愉悅的事物，所有的好運氣和繁榮昌盛，都減少了、扭曲變形了。」編年史家湯瑪斯・沃爾辛厄姆後來寫道。國王及其長子都是病怏怏的，無力主持大政。愛德華三世的內廷不再是騎士精神的中心，而是擠滿了貪婪歹毒的鑽營阿諛之徒，其中最令人鄙視的便是國王的情婦愛麗絲・佩勒斯。前一年，在史密斯菲爾德（Smithfield）的比武大會上，她將自己打扮成「太陽女士」，身穿光采奪目的華麗服飾（全都是年邁的國王買給她的），從倫敦塔出發，騎馬去觀看比武大會，這令公眾議論紛紛。與此同時在地方上，法律和秩序的危機愈來愈嚴重。一些勢力最大的權貴之間爆發了衝突。主教們也不高興，因為岡特的約翰為了換取教宗調停一三七五年布魯日和談，同意教廷向英格蘭教士徵稅，這是自一三四〇年代以來的第一次。腐敗蔓延，人心盡失。為了從義大利商人那裡快速斂財，英格蘭朝廷向商人們出售可不在加萊市場出售羊毛的特許狀（加萊是英格蘭羊毛貿易的指定市場，政府在那裡徵稅）。其他商人要麼以敲詐勒索的高利率向政府貸款，要麼以折扣價收購政府的債權，從中套現。這種做法能夠幫助王室在短期內償還債務，但卻滋長了富人階層的投機心態。在倫敦，商人行會和外國商人之間的派系鬥爭愈演愈烈。中央和地方政府都在瓦解。這是個危機關頭。

因此，平民議員聚集在一起的時候，情緒異常激動。不同的利益集團，諸如商賈、騎士和鄉紳達成了共識，即他們有責任向國王及其政府進諫，以糾正流弊。他們知道自己有權這麼做，因為如果他們不批准徵稅，戰爭就打不下去。他們在禮堂內宣誓互相支持，然後將自己的申訴寫成一份篇幅很長的請願書，呈送上去。隨後，他們選舉產生了自己的發言人，彼得．德．拉梅爾（Peter de la Mare）爵士，即馬奇伯爵的總管。在長達十週的議會期間（這是有史以來時間最長的一次議會），他們提出一系列引人注目的改革和司法程序，旨在改革王國政府，並遏制那些他們認為正在敗壞朝政的人。這次議會後來被稱為「好議會」，於一三七六年四月二十八日開幕，七月十日散會，幾乎每一天都向全國發出巨大的衝擊。

拉梅爾爵士是赫特福德郡騎士階層的一位重要成員，曾擔任該郡的郡長，在一三七三年愛爾蘭戰役期間還為馬奇伯爵招兵買馬。他能言善辯，勇敢無畏，政治上精明強幹，而且跟議會的貴族議員有著良好關係。五月初，拉梅爾爵士向以岡特的約翰為首的貴族呈送了平民的長篇請願書，並請求組建一個十二名貴族的委員會，與平民代表協商如何重整朝綱。

在好議會期間，拉梅爾爵士討價還價所用的條件是歷史上屢見不鮮的。他多次告知岡特的約翰及貴族委員會，若不改革，他們就不批准徵稅。但拉梅爾爵士和平民議員此次要求直接參與改革具體事務，在政府中占據的地位比以往更加接近核心。上一次嚴重的政治危機發生在一三四一年，當時的爭吵發生在貴族和國王之間，而平民只在背景中扮演了非常小的角色。一三七六年，他們已經處於鬥爭的最前沿。

王室急需資金，以便在《布魯日條約》到期之前做好戰備，因此岡特的約翰別無選擇，只能傾聽。平民議員們七嘴八舌地抱怨王室政策，口誅筆伐的主要對象是愈來愈年老昏聵的國王身邊親信的腐敗。在耗時甚久的商討之後，議員們在議會上向三個人提出了正式指控：拉蒂默勳爵，一名老將，目前擔任國王內廷的宮務大臣；理查・萊昂斯（Richard Lyons），富商和王室謀臣，他向王室預支了一大筆錢；以及國王的情婦愛麗絲・佩勒斯，她攫取曾屬於菲利帕王后的地產、監護權和珠寶，而且她狐媚蠱惑國王到了令人髮指的地步，湯瑪斯・沃爾辛厄姆寫道，她「在那些日子裡，權力如此之大，氣焰如此囂張，以至無人敢指控她」。拉蒂默勳爵和萊昂斯遭指控貪汙腐化和逃避加萊市場。平民議員們要求將愛麗絲・佩勒斯逐出內廷。到五月底，又有更多人受到指控，包括王室內廷總管內維爾勳爵以及三名商人。

面對如此氣勢洶洶的指控，岡特的約翰除了拖延時間之外別無他法。他下令議會暫時休會，然後通知父親，如今國內出現了嚴重問題，而且王室內廷的許多人會遭到逮捕。據《阿諾尼瑪萊編年史》記載：「公爵派遣一些領主去向愛德華三世宣布平民議員們的建議，以及貴族對這些建議的認可，並勸誡國王驅逐身邊那些無益之徒……國王和藹地告訴領主們，他完全願意做任何對國家有利的事情……而且他非常樂意遵照他們的建議和良言行動。」國王的回應如此怯懦，的確出人意料。一三四一年的怒吼雄獅現在已經是一隻好聲好氣的老鼠了。

一三七六年六月，所有遭到平民議員指控的人都在議會受審。有人詢問彼得·拉梅爾，是誰提出這些指控，他答道，他們是「共同地」提出指控。議會彈劾的程序就這樣誕生了。拉蒂默被指控在布列塔尼犯下了諸多罪行，包括勒索國王的錢財和荒廢公國的防務。他的罪名還有侵吞大量軍費等。他罪名成立，被投入監獄。內維爾勳爵被免職，萊昂斯的財產和土地被沒收，愛麗絲·佩勒斯則被勒令離開宮廷，否則將遭流放（儘管沒過幾個月，她就得到赦免，回到愛德華三世身邊）。議會還指定九人的御前會議來輔佐國王。

這是一次對政府的清掃和整頓，用意良好，但後來卻產生當時無法預見的長期後果。一三七六年六月八日的聖三一主日，議會正進行彈劾程序的時候，黑太子去世了，離他的四十六歲生日還有一週。甚至在他臥病在床的時候，好議會互相爭鬥的各派系都在爭取他的支持。理查·萊昂斯爵士給他送去了一大桶黃金，希望得到他的支持去對抗平民議員。黑太子拒絕了這賄賂，於是萊昂斯把黃金送給了國王，國王坦然笑納，並說：「他送的東西原本也是屬於我的。」

湯瑪斯·沃爾辛厄姆對黑太子之死的評論是：「英格蘭人的希望破滅了。」一三七六年，很多人感覺到愛德華王子的死奪走了英格蘭最後一位偉大的英雄。在很多英格蘭人心目中，祖國曾贏得的最偉大勝利都是黑太子的功績：克雷西戰役、普瓦捷戰役、納赫拉戰役和血洗利摩日。他得到一場盛大豪華的軍事葬禮。他的遺願是長眠在坎特伯里，在湯瑪斯·貝克特身邊，而不是被安葬在西敏。他生前非常具體和細緻地指示自己的葬儀：

我的遺體被運送經過坎特伯里鎮、前往小隱修院的時候，應當有兩匹飾有我的紋章的駿馬和兩名佩戴我的紋章、戴著我的頭盔的武士走在靈柩前。其中一人應佩戴我的全副戰時紋章，紋章分為四等分；另一人佩戴我的和平紋章，飾有鴕鳥羽毛。應有一套四面旗幟，每一名旗手都應戴著飾有我紋章的帽子。佩戴戰時紋章的人身邊應有一名武裝軍人，舉著帶鴕鳥羽毛的黑色燕尾旗。

這是一位軍人的葬禮。他的陵寢裝飾著聖三位一體的象徵圖案（他對此抱有極大尊崇）、他的甲冑（他的赫赫武德的象徵）以及他的箴言Ich dien（我效勞）③。在辭世前的幾年中，黑太子因飽受疾病摧殘，心理變得有些病態。他的武士精神竟然不能克服脆弱的肉體，這讓他非常憂鬱。他的遺囑要求在他的陵墓（坎特伯里大教堂內）周圍雕刻一首法文詩，以警世人：

我曾像你一樣，享受生命之樂，
終有一日，你也會如我一般。
我還在人世之時，

何曾想過死亡的時刻。
如今我是個可憐的俘虜，
深埋地下，長眠於此。
我的雄偉壯美，已經消逝，
我的肉體業已化作枯骨。

黑太子的去世對愛德華三世的統治是一個毀滅性的打擊。黑太子死後，金雀花王朝的末代君主，一個叫做波爾多的理查（Richard of Bordeaux）的九歲男童被推到了英格蘭政治舞台的中心。

③ 這是德語，不過是縮略形式，完整寫法應當是Ich diene。黑太子的這句箴言來源不詳，有兩種說法，不過都沒有確鑿證據。第一種說法是，這原是波希米亞國王盲人約翰的箴言，他在克雷西戰役英勇陣亡，黑太子為紀念他，借用了他的箴言。第二種說法是，英軍在克雷西戰役得勝，立下大功的是威爾斯長弓手。威爾士語Eich Dyn（意思是「你的人」）發音接近Ich dien。

第六十七章　新的國王，老的問題

在好議會上，波爾多的理查來到雲集於此的貴族和平民議員們面前。數百人為他歡呼，要求賞賜他頭銜和榮譽。四面八方都端坐著衣著華麗的權貴、莊重威嚴的主教與修道院長、身穿錦衣佩戴珠寶的商人，以及各郡的騎士。他們全都充滿希冀地看著這個孩子。這裡有的是老人、智者和富人。小理查一定會意識到，這些人是在為他一個人而歡呼。對王位的新繼承人來說，開始公共生活的方式非比尋常。

這一天是一三七六年六月二十五日，距他父親辭世僅過去了兩週多一點時間。好議會的議程仍然在進行中，在努力剷除奸佞、清君側，法辦那些把戰爭搞得一團糟的罪魁禍首。彼得・拉梅爾爵士勇敢地將改革鬥爭直接推到岡特的約翰面前。黑太子去世了，鬥爭面臨著一個新的緊迫問題：若是老國王隨著自己的長子撒手人寰，那麼該怎麼辦？誰能保障金雀花王位安全地傳承下去？

愛德華王子死後，他的長子波爾多的理查是王位的第一順序繼承人。這一點是很明確的。但問題是，他會不會被允許和平地繼承王位。這孩子年僅九歲。愛德華三世多次中風，現在臥床不起，神志不清，所以幾乎可以肯定，未來的國王要過很長時間才能親政。自諾曼征服以來，孩童當政的情況只出現過一次。了解英格蘭王室歷史的人都知道，在亨利三世沖齡期間，英格蘭橫遭法蘭西侵略，還發生了漫長而損害極大的內戰。此外，愛德華三世一三二七至一三三〇年間也是幼年執政，大權旁落，朝政被貪婪的羅傑．莫蒂默和伊莎貝拉太后把持，造成了災難性後果。

國民，尤其是倫敦市民，普遍擔心岡特的約翰會圖謀不軌、奪取王位。這種看法是很不公平的。岡特的約翰雖然缺乏政治智慧，而且是個殘忍無情而雄心勃勃的權貴，卻幾乎完全沒有篡位的念頭。他內心深處是個保王黨人。但在一三七六年，在西敏開會的許多人可不是這麼想的。平民議員們要求將波爾多的理查帶到他們面前，以便（按照官方檔案的說法）「貴族和平民議員可以面見並禮拜理查，尊他為王國的真正當然繼承人」。理查在他未來的子民面前登場的時候，空氣中一定瀰漫著焦慮和絕望的氣氛。

他站在議員面前時，花甲之年的坎特伯里大主教，薩德伯里的西蒙（Simon of Sudbury）向在座的貴族和平民代表發表了講話。他告訴眾人，國王已經授意他代表國王講話。根據議會檔案記載，他說：「儘管前任威爾斯親王，尊貴而強大的愛德華王子已經與世長辭，魂歸上蒼，但他彷彿還在我們身邊，因為他身後留下了如此高貴而優秀的兒子，與父親一模一樣，如同鏡像。」

西蒙話音剛落，平民代表便大聲疾呼，「一致要求國王陛下將威爾斯親王的頭銜和榮譽賞賜給理查」，就像曾冊封他的父親那樣。代表們得知，只有國王一個人才有權冊封如此崇高的頭銜。但理查就像簇擁在他身邊的其他人一樣，一定知道，他很快就會享有與他的新地位相稱的所有頭銜和榮譽。

差不多整整一年之後，被一連串中風摧殘得頭腦昏聵的愛德華三世駕崩了，臨終前身邊只有一名神父。湯瑪斯・沃爾辛厄姆記載道，愛麗絲・佩勒斯在最後一次離開國王之前，偷走了他手上的戒指。國王最後一次在公共場合露面是接見一群倫敦市民代表。他們從泰晤士河上來到位於西恩（Sheen）的王宮，卻發現國王羸弱不堪，只能用金線織物捆縛著身體，才能在椅子上坐起身來。一三七七年六月二十一日，國王終於與世長辭，得年六十四歲，享國五十年多一點。

七月五日，老國王入土為安，他的葬禮是英格蘭歷史上最奢華的葬儀之一。葬禮為期三天，耗資數千鎊。幾乎整個倫敦城和西敏都以黑布裝點，數千名身著黑衣的火炬手照亮了城市。大主教薩德伯里的西蒙主持葬禮。國王的遺體穿著紅色錦緞，飾有白色十字，被安放在棺木內，埋葬在西敏寺，長眠於妻子菲利帕王后身側。在下葬時，一名騎士走進修道院教堂，呈上一把劍和一面盾牌，做為供奉。在溫莎，另一把儀式寶劍被放置在聖喬治小教堂的王室專用座位上方。隨後，英格蘭和金雀花王朝的命運被託付給了他的孫子。整個國家將目光投向理查二世（Richard II）。

他的加冕禮就在一週多之後的七月十六日，星期四。前來倫敦觀摩王室葬禮的人們看到城市變成了充滿光明和希望的軸心。聖大衛斯主教亞當・霍頓（Adam Houghton）在議會演講中稱，理查二世是上帝賜給英格蘭的，正如上帝派遣耶穌基督到世間拯救萬民一樣。都城人頭攢動、熙熙攘攘，以至於在加冕禮前夜，王室從倫敦塔前往西敏的途中，岡特的約翰不得不拔劍，才在人群中開出一條路來。在齊普賽大街，即橫亙全城的東西向通衢大道上，一根管道輸送葡萄酒達三天之久，這條暗紫色的河流通向街道西端的一座大型城堡模型處。在城堡模型的塔樓上坐著一些與理查二世年齡相仿的小姑娘，全都身穿白衣，彷彿象徵著半個世紀以來第一位新國王登基所帶來的重生和淨化之感。

理查二世在王室隊伍的中心，沐浴在群眾的頌揚聲中。在他身邊騎行的是他的教師和父親般的人物西蒙・伯利（Simon Burley）爵士，他是一位忠心耿耿的軍人，曾追隨理查的父親在阿基坦南征北戰，曾在納赫拉建功立業，還參加過血洗利摩日。理查二世自幼便熟識他，而伯利在小國王加冕前的幾年中悉心培養和教導他。應當就是他指導理查二世做好加冕禮遊行的準備，但他也沒有辦法幫助小國王做好大街上滿是人山人海的嘈雜和激動情緒的心理準備。

十歲的理查二世佇立在全國人民面前，莊嚴宣誓要維護祖先的法律和風俗習慣，保衛教會，為所有人主持公道，並遵守他的人民「公正而合理地」選擇的法律。然後，他被帶到整個修道院人們面前，接受他們的歡呼。這跟慣例顛倒，因為一般的情況是人們在國王宣誓之前為他歡呼。這樣的安排是為了清楚地表明，這位國王是憑藉家族世襲繼位的，而不是由群眾推舉產生的。歡呼平息之後，理查二世接受了塗聖油禮。其間，一塊金線布匹擋住了眾人的視線。他的手、胸膛、雙肩和頭部都接受了聖油，這個儀式將他與所有其他人區分開。他接受了象徵王權的權杖、寶劍和戒指，然後由大主教薩德伯里的西蒙和馬奇伯爵為他加冕。對這個小男孩來說，這是一次令他心生敬畏的儀式。理查二世心中也明確地知曉，他的王權來自神授。他被西蒙．伯利爵士高高地扛在肩膀上，帶出修道院。周圍人潮洶湧，以至於他的一隻鞋丟失了。

這是他早期歲月的一個典型事件。在一次又一次的公共場合，人們向他歡呼，尊崇他為基督一般的救世主，要來拯救受苦受難的人民。達官貴人多次呼籲國民服從新國王。加冕禮次日，羅徹斯特主教布林頓做了佈道，要求所有人服從理查二世的統治，好讓江山穩固。在內廷，他常常被裝扮成他父親的形象，周圍簇擁著父親的老友，並被告誡，一定要成為黑太子沒有機會成為的那種英明君主。

儘管國民為了新國王歡欣鼓舞，但對他也有著十萬火急的要求。英格蘭處在嚴重的危難之中，安全危機愈演愈烈。被稱為「伊夫舍姆僧人」的編年史家寫道：

> 這一年……跟法蘭西的和談徹底破裂；法蘭西人拒絕和平，除非能夠達成對他們特別有利的協定……同一時期，蘇格蘭人燒毀了羅克斯堡……此後，法蘭西人於八月二十一日在維特島登陸：他們燒殺擄掠，然後索取一千馬克，做為該島的贖金。然後，他們回到海上，沿著英格蘭海岸持續航行，一直到米迦勒節。他們燒毀了許多地方，殺死了……他們能找得到的所有人……人們相信，這一時期英格蘭遭到的創傷比此前四十年中敵人攻擊造成的損失的總和還要大。（在路易斯①與法蘭西海盜作戰期間）抓獲了一名法蘭西人……他在臨死前宣稱，「如果英格蘭人選擇蘭開斯特公爵作他們的國王，現在就不會遭到法蘭西人這樣的侵犯了。」

孩童國王能做些什麼，來應對這局面？

他能做的實在太少。英格蘭需要一個自治的機制，等待它的救世主長大成人。很自然的一個先例就是亨利三世幼年時，由威廉·馬歇爾攝政。但在一三七七年，能夠攝政的唯一人選就是岡特的約翰。儘管他已經跟議會的平民代表和解，但人們還是很懷疑他的動機和能力。一三七七年二月，岡特的約翰的門客，激進的學者約翰·威克里夫在倫敦受審。岡特的約翰強硬地

① 蘇塞克斯郡城鎮，亨利三世曾在此與西蒙·德·孟福爾大戰，詳見前文。

插手庭審，在都城引發了暴亂。他的行為令人惱火和恐懼，因此他不適合在新政府中扮演一個官方角色。

英格蘭做了一個糟糕的選擇。理查二世從加冕起便被視為一位親政的國王。大臣們假裝他有能力親政。由十二名權貴組成的一連串御前會議受命輔佐他理政，但是令狀和特許狀都加蓋理查二世本人的御璽。政府以他的名義運作，但權力實際上來自他的內廷。國王最親信的人都是黑太子先前的扈從和僕人，如西蒙·伯利爵士、吉夏爾·德·安格勒爵士（加冕禮之後被擢升為亨廷頓伯爵）和奧布里·德·維爾（Aubrey de Vere）。這遠遠談不上一個完美的安排，但是南海岸處於危急中，而在法蘭西和阿基坦，英格蘭控制的最重要的兩個海港：加萊和波爾多也受到嚴重威脅。為了保衛英格蘭以及金雀花王朝在歐洲大陸愈來愈少的殘存領地，政府必須快速運作起來。一個緊迫需求就是找到足夠的軍費去抵抗法蘭西人。必須向全國徵稅。但不幸的是，這次徵稅激發了英格蘭歷史上最嚴重的一次民變。

第六十八章　英格蘭群情激憤

大叛亂，或者用歷史學家們更常用的說法，農民叛亂，是英格蘭史上第一次大規模民變。叛亂的源頭是一三八一年五月底和六月初在埃塞克斯和肯特郡發生的一系列農民暴動。一三八〇年十一月，議會宣布徵收一筆人頭稅，次年春天開始執行，但收穫甚微。王室稅吏和法官在各郡對此展開調查的時候，遭到激烈的反抗。有王室官吏被殺死，而埃塞克斯和肯特的郡長被綁架。

抵抗力量愈來愈聲勢浩大，成群叛亂軍聚集起來，開始騎馬掃蕩肯特郡的主要城鎮，搶劫和燒毀梅德斯通（Maidstone）、羅徹斯特和坎特伯里的政府檔案。叛亂軍的來源是鄉村的一般農民，領導人則是「地位較高」的自耕農，如教區神父、鄉村警官和富農。叛亂軍以律師、王室官吏，尤其是地主惡霸為敵，但其行動有節，有政治意識。據一位編年史家記載，叛亂軍發布了一道命令，「居住在離海岸十二里格範圍之內的人不准參加他們的隊伍，而須留在海岸，準備抵禦敵人」。

到六月中旬，肯特郡叛亂軍有了一位領袖，瓦特·泰勒（Wat Tyler）。後來有傳聞說，他曾是法蘭西戰爭的老兵，但我們對他的真實生平幾乎一無所知。泰勒的副手是來自約克郡的叛教神父約翰·鮑爾（John Ball），他跟羅拉德派運動有聯繫，極其不滿教會權威和教條。鮑爾曾因在星期日於教堂之外鼓吹異端和煽動性教義，而多次被薩德伯里大主教囚禁。他用朗朗上口的歌謠和通俗易懂的口號來宣揚一種無階級的理想社會：廢除領主地位，土地和財富由全民共用。他最有名的一句口號是：「亞當耕種、夏娃織布的時候，哪有什麼貴族？」

肯特和埃塞克斯的叛亂軍劫掠自己的地區時，也跟倫敦城一些心懷不滿的群體建立了聯繫。一三七〇年代的大部分時間裡，倫敦城一直處於派系鬥爭和宿怨世仇的腥風血雨之中。互相競爭的商人團體和行會之間不共戴天，本土商人跟外國商人互相敵視，牛津學者約翰·威克里夫（在很多方面，他算得上是羅拉德派之父）的支持者和敵對者之間仇隙極深，以及更普遍地，學徒階層和他們的富裕師傅之間也有莫大矛盾。在倫敦人的邀請下，叛亂軍於六月十一日向倫敦進發。肯特郡叛亂軍取道格林威治（Greenwich）和布萊克希思（Blackheath），從東南方進軍；埃塞克斯叛亂軍則途經麥爾安德（Mile End），從東北方前往倫敦。

在此期間，理查二世一直在西敏。圍繞在他身邊的有他的內廷謀士、好幾位伯爵和商人，以及他的一些親人，包括他的母親瓊、他的同母異父哥哥湯瑪斯和約翰·霍蘭，和他的堂弟博林布羅克的亨利（岡特的約翰的年幼兒子）。在叛亂的初始階段，國王的謀臣向各郡派遣了武士，企圖透過威嚇讓叛亂軍屈服。叛亂軍逐退了武士們，有的武士甚至被殺。政府終於認識到叛亂的規模之大，但為時已晚。薩德伯里大主教驚慌失措，辭去了大法官的職位，交出了大印。王室躲進倫敦塔以求自保。他們向叛亂軍發出消息，要跟他們會談。六月十二日，來自肯特郡的數萬名叛亂軍抵達布萊克希思，在那裡紮營過夜。當晚，十四歲的國王乘船沿泰晤士河而下，去羅瑟海斯（Rotherhithe）跟他的部下磋商，但他的謀臣看到河岸上龐大的叛亂軍，手足無措，於是帶著國王原路返回了。

瓦特·泰勒和他的部下為此憤怒不已，他們聲稱自己對國王忠心不二，目的是除奸臣、清君側。「平民之間有一句英語的暗號，」《阿諾尼瑪萊編年史》的作者寫道，「那就是『你站在哪一邊？』回答是：『站在理查國王和真正的平民那邊。』答不出暗號的人就被斬首……。」叛亂軍被剝奪了與他們愛戴的國王會談的機會，惱羞成怒，當晚縱火燒了薩瑟克。次日，即六月十三日，星期四，他們說服了倫敦城內的同情者，讓他們放下倫敦橋處的吊橋。他們歡呼雀躍地蜂擁進城，在河岸街開進。此處是倫敦與西敏之間的富庶郊區，星羅棋布著宮殿和豪宅。最雄偉奢侈的宮殿是薩伏依宮，即岡特的約翰在倫敦的宅邸。叛亂軍紛紛越過這座宮殿的圍牆，縱火焚燒其附屬建築，然後開始破壞宮殿。他們在宮殿內奔來跑去，搗毀能夠找到的一切東西，將貴重物品拖到大街上，投入篝火中。他們在地窖內發現了成桶的火藥，於是將宮殿徹底炸毀了。

同一天，聖殿區域（都城許多律師的住宿地和大本營）遭到市民洗劫，成堆的法律檔案被燒毀在大街上。全城的監獄都被打開，群眾抓住曾經逍遙法外、臭名昭著的惡棍，在群眾自發組成的法庭上被斬首。白天的暴亂是有目標的，到了晚上，就轉變成恣意放蕩和酗酒鬧事，火舌舔舐著夜空，搶來的葡萄酒桶被滾到大街上，隨意潑灑。

在暴亂的第一夜，理查二世鬱悶地站在倫敦塔的一座塔樓上，俯視著要塞城牆下，在原野上露宿的這支亂七八糟的大軍，那些人都是他的子民。倫敦城內發生大火時，他和他的謀臣們事實上就是戰戰兢兢的囚徒，被圈禁在倫敦塔內。儘管十四世紀下半葉歐洲也爆發了一些類似的叛亂，例如一三五八年法蘭西的札克雷叛亂是其中最糟糕的例子，但國王的謀臣們還是沒有想到，倫敦和東南部的一般百姓竟然會如此凶暴地犯上作亂。遙遠的約克和薩默塞特也發生了暴動，情況最嚴重的是劍橋郡、赫特福德郡、薩福克郡和諾福克郡。僅僅四年前還異口同聲地支持新國王的英格蘭人民，現在似乎陷入了目無法紀的無政府狀態。

是什麼迫使英格蘭人民如此暴跳如雷？在某個層面上，這個問題很容易解答。一三七七至一三八一年，朝廷徵收了三次人頭稅，這是一種革命性的實驗，因為在此之前，從來沒有對國民徵收過直接稅。以前是評估人民的財產和土地，並以此為基礎徵稅，如今卻是按人頭徵稅。儘管第二次人頭稅是根據納稅人的社會地位分級徵收的，富人繳稅最多，窮人負擔最小；但是第一和第三次卻是統一稅率，而且顯然是累退稅，窮人受到的打擊比富人要嚴重得多。起初人頭稅就招致了群眾的不滿，後來朝廷派人調查非常普遍的逃稅現象，並嚴懲逃稅者，於是人們愈發怒不可遏。

自本世紀中葉以來，英格蘭城鄉就在積累怨恨的情緒，而人頭稅激發了國民的憤怒。一三七九年，黑死病再次橫掃英格蘭，這次瘟疫一共持續了四年。此次黑死病爆發，再加上一三四八年和一三四九年的第一波黑死病，以及一三六一年和一三六二年的兒童疫病，撼動了中世紀社會的整個結構。在這個曾經人口過剩的國家，勞動力變得稀少而昂貴。為了應對地主受到的威脅，愛德華三世的政府透過了約束性的工人法律，制定工資限額，嚴懲那些索取或接受超過法定工資水準薪金的人，不管其從事的工作是給農田除草、收割莊稼、修理屋頂還是裝馬蹄鐵。

這些法律的執行者是地區性的法律委員會，其成員中有很多人屬於富裕的鄉紳階層，也就是工人法律的受益者。他們懲罰那些僱傭鄰人為自己工作的中富農，還要懲罰這些工人，罪名就是收取非法的工資。為了保障農村菁英階層保有自己的特權地位，律師和王室官吏忙得不可開交。工人法律委員會的成員往往同時也擔任郡長、議員和治安法官。人們真切地感受到，整個腐敗的階級在壓迫英格蘭的平民百姓。十四世紀末，農奴制做為一種制度已經瀕臨絕跡，但在一三八一年揭竿而起的很多人看來，新的制度和農奴制一樣具有極強的剝削性，律師和法官利用這種新制度殘酷地壓榨窮苦農民，他們的生活和之前做為依附於土地的農奴時一樣悲慘。

打擊窮人最大的人頭稅；阻止窮人獲得合理工資的工人法律；對瘟疫的恐懼；慘敗的戰爭；法蘭西海盜艦隊在海峽巡弋，威脅居住在埃塞克斯和肯特郡的老百姓；人們普遍擔心，原本應成為英格蘭救世主的年輕國王被身邊的奸臣腐化了。這一切，足以在一三八一年掀起一場撼動英格蘭根基的叛亂。理查二世站在倫敦塔目睹英格蘭燃起熊熊大火的時候，對叛亂的根本原因究竟理解多少，我們不得而知。但他的確感覺自己受到了鞭策，要採取行動，承擔起國王（何況他還是金雀花王朝的國王）的責任。驅散農民叛亂軍的過程告訴我們，這位面色蒼白的十四歲男孩擁有著極大的個人勇氣，以及對統治的胃口。但此事也對他的一生造成了負面影響。

隨後發生的事件極富戲劇性，超乎人們的想像。六月十四日，星期五上午，理查二世說服了叛亂軍的一大群代表，讓他們離開倫敦，前往麥爾安德的原野，他許諾將在那裡跟他們面談，商討他們的請求。叛亂軍散去後，國王一行立刻穿過仍然處於動盪中的城市，召開會議。陪伴理查二世騎行的有他的同母異父哥哥們（他的母親肯特的瓊與湯瑪斯．霍蘭的兒子們）、他的年輕叔叔伍德斯托克的湯瑪斯（現在是白金漢伯爵）、瓦立克伯爵、牛津伯爵、倫敦市長威廉．富豪思（William Walworth）、老將羅伯特．諾爾斯爵士，還有其他一些人。太后肯特的瓊坐著馬車跟在他後面。她在倫敦城頗得民心，在國王親政之前一般能夠起到促進和解的政治作用，但即便是她，面對暴民也束手無策。在他們周圍，激動不安的叛亂軍和市民們叫嚷著，呼喊著，但國王一行人穩步奔向麥爾安德。他們知道，叛亂軍希望殺掉薩德伯里大主教、財政大臣黑爾斯（Hales）和幾名王室官吏，於是把他們留在倫敦塔內。他們打算以國王的出行轉移叛亂軍的注意力，掩護這些人從河上逃命。

這個想法落空了。躲在倫敦塔內的人膽戰心驚地從塔門處登上一艘小船，準備逃跑，卻被岸邊的一名老婦發現。老婦發出了警報，於是他們不得不撤回要塞。與此同時，在麥爾安德，理查二世答應了叛亂軍的所有要求。他下令發布特許狀，保證絕不會重新回到農奴制，勞動力將獲得自由，並且土地租金不得超過每英畝四便士。他還天真地答應泰勒及其部下，允許他們自由地抓捕他們鄙夷的所有賣國賊，並將他們押到國王面前審判。

薩德伯里主教和黑爾斯的命運就這麼注定了。他們未能逃出倫敦塔，後來暴民衝進要塞，將他們殺死。他們的首級被挑在長竿上，在倫敦各地示眾，然後被插在倫敦橋上，俯視城門數天之久。薩德伯里主教的紅色主教冠被野蠻地釘在他的頭骨上。還有另外八人被暴民殺死，包括岡特的約翰的私人醫生和理查二世的隨扈約翰・萊格（John Legge）。岡特的約翰的兒子，博林布羅克的亨利當時也在倫敦塔內，幸虧一名機靈的士兵將他藏在壁櫥內，他才逃過叛亂軍的屠刀。此事將對王國的未來產生深遠影響。據編年史家湯瑪斯・沃爾辛厄姆說，暴民的吵嚷「不像人類的喧譁，而遠遠超過所有的人聲，只能跟地獄居民的哭號相提並論」。

倫敦塔陷落後，都城一片混亂。在齊普賽大街，僅僅幾年前曾有葡萄酒之河流淌的地方，現在豎立起了一座木造刑台，地面浸透了被暴民殺害的犧牲者業已凝結的血液。在溫特里區

（Vintry）的聖馬丁，超過一千名佛蘭芒商人被殺，屍體被堆積在大街上。他們曾躲在教堂裡，但也無濟於事，被暴民拖出來屠殺。暴民們認為佛蘭芒人從朝廷那裡得到了特殊待遇，因此非常憎恨外國人。整座城市淹沒在燒殺擄掠的狂潮中。有目標、有選擇的暴動很快轉化成了普遍騷亂。「暴亂持續了整個白天和隨後的夜晚，醜惡的呼喊此起彼落，動盪不安，非常恐怖。」《阿諾尼瑪萊編年史》的作者如此寫道。

到星期六，局勢很明顯，必須採取強力措施了。金雀花王家陵寢最神聖的部分——西敏寺的懺悔者愛德華聖龕遭到褻瀆。馬歇爾希（Marshalsea）監獄臭名遠揚的獄長躲在那裡，被一群叛亂軍拖到齊普賽大街，斬首示眾。有傳聞說，瓦特·泰勒和約翰·鮑爾打算燒毀整個倫敦城，俘虜國王，做為新秩序的傀儡；在這個新秩序中，除了泰勒和鮑爾之外，沒有任何領主。

國王及其謀臣（人數已經縮減不少）躲在黑修士區（Blackfriars）的沃德羅布（Wardrobe，這是一家儲備豐富的兵器店），制定了一個絕望的計畫。官衙的書記員們快速抄寫特許狀，大量發布出去，授予英格蘭人民自由，同時國王傳話給倫敦的叛亂軍，說國王要在城外的史密斯菲爾德的演武場跟他們再次面談。理查二世在懺悔者愛德華的聖龕前禱告，為自己鼓舞打氣，以便面對有生以來最危險的時刻。就在幾個小時之前，叛亂軍曾在這座聖龕抓走又一名受害者。下午三點左右，他抵達史密斯菲爾德的時候，倫敦市長富豪思陪伴在他身邊。富豪思和諾爾斯已經通知城內的保王黨人，很快就會需要他們。預計會發生武裝衝突。

理查二世跟瓦特·泰勒面對面相會了。這是金雀花王朝歷史上最詭異的會面之一。這位叛亂領袖統治了整個倫敦（控制了都城也就是控制了全國）一個週末之後，似乎已經不知天高地厚。他抓著理查二世的手，猛烈地搖晃（這讓國王大吃一驚），並告訴他「儘管放心，兩週之內會有新的四萬平民到此，我們會成為好夥伴」。

對這個男孩來說（為他加冕的大主教就是被眼前這個暴徒下令殺死的），這話令他膽寒。但理查二世保持鎮靜。據《阿諾尼瑪萊編年史》的作者記載（可能是現場目擊者的描述），國王親自跟泰勒談判。

國王問泰勒，希望討論哪些問題，並許諾一定會以書面方式、加蓋御璽，批准他的要求，絕不違逆。於是泰勒重述了他的訴求。他要求廢除《溫徹斯特法》之外的一切法律（也就是說，回到愛德華一世時代的司法權由中央直接控制的制度，而不是愛德華三世在位時發展起來的由地方鄉紳擔任治安法官的制度），從今往後任何法律程序不得有違法行為，只尊崇國王一個人的宗主權，除此之外任何領主都不應擁有宗主權，而應由所有人分享權力（也就是說，廢除社會和法律上的一切等級制）。他還要求，神聖教會的財產不應由教士、教區神父、牧師或其他教會人士控制，教士……應有足夠的生活費，除此之外，所有財產應分給教民。他還要求，英格蘭應當只有一名主教……他還要求，英格蘭不應當再有奴僕、農奴或佃農，所有人應當都享有自由、互相平等。

這些要求非比尋常，泰勒的宣言如此激進和極富革命性，和瘋狂相差無幾。但理查二世為了穩住泰勒，就像在麥爾安德安撫他那樣，又一次同意「泰勒的全部可以公正地批准的要求，都應得到批准，國王則保留王室的尊嚴。然後，國王命令泰勒立即回家，不得延誤。在國王說話的時候，沒有一位貴族，沒有一位御前會議成員有膽量回答平民的話，只有國王一個人有這樣的勇氣」。理查二世表現出與其年齡不符的鎮靜自若。

泰勒要求國王送一瓶水來，並粗魯地往國王腳下吐唾沫，王室一行中有人辱罵了這位叛亂領袖。隨後爆發了一場打鬥。混戰中，威廉．富豪思市長抽出匕首，刺入泰勒身側，給了他致命一擊。隨後市長離開現場，去召集由諾爾斯指揮的城市民兵，以便驅散餘下的叛亂軍。

理查二世最精采的時刻到了。泰勒的軍隊在史密斯菲爾德的另一端，離談判地點較遠，但他們明白，大事不妙。泰勒騎上他的小馬，跑回到自己的部下那邊，高呼國王背信棄義。他半死不活地跌落下馬，叛亂軍才認識到，自己被耍了。「他們開始彎弓射擊。」編年史家寫道。理查二世深知必須採取行動，於是做出了令臣下震驚的事情：他催動坐騎，徑直奔向叛亂軍，宣布他才是他們的統帥和領袖，他們應當服從他。

他的勇氣如此之大，判斷如此敏捷，可以跟愛德華三世、黑太子或者他的任何一位傑出的先祖相提並論。叛亂軍震懾於國王的威嚴，紛紛向他鞠躬。當國王轉移了他們注意力的時候，城市民兵開始抵達。民兵包圍了史密斯菲爾德的叛亂軍，將他們趕出倫敦，沒有造成多少流血。局勢獲得挽救，而且在很大程度上，居功厥偉的是這位十四歲的孩童國王。革命避免了，儘管只是暫時避免。

第六十九章　危機再臨

十四歲的理查二世表現出了一位國王的膽略。很快人們就會知道，他也有著一位國王的雷霆之怒。叛亂平息之後，朝廷對叛亂者進行了血腥報復，理查二世在其中起到了很大作用。理查二世在史密斯菲爾德的危機中將自己表現為叛亂軍的朋友，但秩序恢復之後，他的本能卻是凶狠而無情的復仇。叛亂者拿著先前朝廷頒發的特許狀，請求國王恢復其地位，國王卻當著他們的面撕毀了特許狀，說出了這句有名的話：「你們是農奴，將來也永遠是農奴；你們永遠是奴才，將來我對待你們會不似先前，而是比先前不知嚴酷多少倍……蒙上帝洪恩，我統治著這個王國，我將……永遠奴役你們，讓你們做牛做馬，以警戒後世！」這非常殘酷，甚至是睚眥必報，但也非常果斷。總的來說，這個十四歲男孩在一三八一年危機中的舉動說明他是個大有前途的君主。

這些事件也說明，他已經接近了能夠親政的年齡。他統治初期的攝政會議只維持了三年，現在政府工作是直接由國王內廷執行的。從一三八一年五月起，檔案中出自國王本人（或者至少是加蓋御璽）的王室命令愈來愈多，表明國王在一定程度上親自執掌朝政。

十四歲已經是結婚的年齡，他很快就喜結連理。他的新娘是波希米亞的安妮（Anne of Bohemia），即波希米亞國王和繼任神聖羅馬皇帝溫塞斯拉斯四世①的妹妹。溫塞斯拉斯四世和教宗烏爾班六世（Urban VI）花了三年時間，終於勸服英格蘭朝廷，讓他們相信這是一門有利的婚事。安妮的姊姊是匈牙利與波蘭王后，而她的姑姑博納（Bona）曾是法蘭西國王約翰二世之妻。但更重要的是，理查二世的婚姻將在更廣泛的歐洲政治中發揮作用。

一三〇九年，教廷從羅馬遷往亞維儂，此後一直處於法蘭西人的保護之下，一連好幾位教宗都是法蘭西人。但在一三七七年，教宗格里高利十一世（Gregory XI，也是法蘭西人）將教廷遷回了羅馬的精神家園。但他在那裡沒能統治多久，於一三七八年三月二十七日去世。永恆之城爆發了動亂，暴民要求選舉一個義大利人為新教宗。於是，出生於那不勒斯王國的巴爾托洛梅奧・普里尼亞諾（Bartolomeo Prignano）當選教宗，稱烏爾班六世。一些法蘭西紅衣主教

① 溫塞斯拉斯四世（Wenceslas IV）是波希米亞國王與神聖羅馬皇帝查理四世之子，於其父去世後繼承了在波希米亞和日耳曼的頭銜。儘管他事實上已經當選為神聖羅馬帝國的君主，但他從未加冕為皇帝。直到他被諸侯廢黜為止，溫塞斯拉斯的頭銜一直是「羅馬人民的國王」。

對此極為不滿，於是逃離羅馬，返回亞維儂，選舉產生了他們自己的教宗——日內瓦的羅伯特，稱為對立教宗克雷芒七世（Clement VII）。在隨後的三十九年中，歐洲有兩位教宗，一個在亞維儂，另一個在羅馬。這個時期被稱為天主教會大分裂。

宗教分裂的結果是，歐洲大陸的分野愈來愈清晰。理查二世與波希米亞的安妮的婚姻鞏固了他的王國在這場爭端中的地位。英格蘭將像日耳曼和義大利統治者們一樣，追隨羅馬教宗烏爾班六世，反對法蘭西的對立教宗。克雷芒七世的支持者包括法蘭西、蘇格蘭和卡斯提亞等。如果英法之間曾經有過結束相互敵視的機遇，天主教會大分裂也將這機遇粉碎了。

理查二世的婚姻對肩負重擔的英格蘭財政來說也是個負擔。理查二世的內兄溫塞斯拉斯四世國王已經破產。如果理查二世娶了一位義大利公主，或許能收到一大筆嫁妝。結果他不但不能從婚姻中得利，還得向溫塞斯拉斯四世借款一萬五千鎊，以鞏固聯姻。這的確是一筆不划算的買賣。一三八二年一月，國王大婚、安妮接受加冕的時候，倫敦市民撕毀了裝飾城內一座噴泉的掛毯（帶有英格蘭王室和神聖羅馬帝國的紋章），以表達對國王婚事的不滿。

這是一對怪異而羸弱的夫婦。西敏編年史家將安妮描述為「可憐兮兮的小身板」。理查二世金髮碧眼、稚氣未脫，帶有晚期金雀花王族的典型特徵：微微突出的眼睛，長長的憂傷面龐。他沒有蓄鬍；儘管在感到自己的君主威嚴受到威脅時往往會暴跳如雷，他說起話來卻很羞怯，而且口吃。不管怎麼說，十四歲的安妮於十二月抵達英格蘭時，一段相親相愛的關係開始了。後來的事實證明，國王非常忠實地愛著自己的新娘。

在這兩個纖弱的孩子周圍，開始聚集起一個優雅而奢華的宮廷。理查二世在幼年時便對君王的精美奢華生活方式很有品味。他像祖父和父親一樣，酷愛豪華慶典和宮廷盛景，但始終沒有像他們那樣熱衷於騎馬參加比武大會，或者親自參加廝殺。他更注重視覺效果和審美，強調公開地表達君權神授的觀念和複雜精美的儀式。在埃爾特姆、蘭利和西恩的王宮，添加了美麗的私人浴室、舞廳和御膳房（廚藝高超）與香料房，為國王奉上最時髦、富麗、精細而香料極多的膳食。理查二世、安妮和他們的廷臣追尋著最新的時尚：男人們穿著緊身褲、股囊②、飾有珠寶的高領袍子和昂貴的緊身上衣；女人們穿著量身剪裁的長服，佩戴精美的首飾，鞋子非常長，鞋尖非常尖，以至於必須用襪帶將鞋連接到膝蓋上。他們的宮廷致力於反映愛德華三世宮廷的光輝燦爛，也和後者一樣，很快就債台高築。

內廷逐漸發展出自己的風格，其人員構成也慢慢開始變化。西蒙·伯利爵士這樣的老友仍然是國王的親信，但黑太子的一些年紀較大的僕人逐漸被一群年輕的內廷騎士取代，如約翰·比徹姆（John Beauchamp）、詹姆斯·伯納斯（James Berners）和約翰·索爾茲伯里（John Salisbury）。政府日常工作的主導人物是麥克爾·德·拉波爾（Michael de la Pole），他曾是黑

---

② 股囊（codpiece）為歐洲古時男子褲子的一部分，是襠部的一個布蓋或囊，以保護陽具。

太子的僕人，五十出頭年紀，起初是由議會指派到國王內廷的。拉波爾的父親曾是富商和愛德華三世的主要金融家。他自己也深得理查二世寵信。但理查二世宮廷的真正明星是年輕的牛津伯爵羅伯特·德·維爾（Robert de Vere）。維爾比國王只大五歲，他跟國王的親密關係引起了一些狐疑和抱怨，就像當年另一位王室寵臣皮爾斯·加韋斯頓的崛起，引起的竊竊私語和極大怨恨一樣。湯瑪斯·沃爾辛厄姆措辭嚴厲地指責維爾用黑魔法操縱理查二世，還暗示他們之間存在同性戀關係。

這不大可能是真的。但理查二世的確像所有少年為君的國王一樣，一心要栽培自己的黨羽。這意味著他逐漸疏遠了年紀較大的人，尤其是國王的叔叔們：蘭開斯特公爵（岡特的約翰）、劍橋伯爵（蘭利的埃德蒙）和白金漢伯爵（伍德斯托克的湯瑪斯）。年紀較大的權貴們發現，理查二世及其親信常常對他們不恭不敬，甚至抱有敵意。國王封賞土地和城堡給自己寵信的騎士們，擾亂了貴族們的既有權力結構。與此同時，理查二世自己的幼稚和毛躁疏遠了好幾位最資深的諸侯。

這不僅僅是少數人心懷不滿的問題。儘管每一位國王都有權選擇自己的謀臣，但如果他疏離了有權勢且經驗豐富的人，導致公共秩序紊亂、海外喪師失地的話，那麼一定會遭到嚴厲的批評。理查二世的情況就是這樣。據西敏編年史記載，一三八四年在索爾茲伯里召開的議會上，阿倫德爾伯爵批評國王綱紀敗壞，理查二世氣得臉色慘白，對阿倫德爾伯爵說：「你竟膽敢說，朝綱敗壞是我的錯！一派胡言！滾去見魔鬼吧！」一年後，理查二世又跟坎特伯里大主教考特尼（Courtenay）大吵特吵。考特尼批評他治國不力，理查二世當場拔劍要砍殺大主教。幸虧王叔白金漢伯爵湯瑪斯上前阻攔。

這些行為舉止顯然不符合一位國王的身分。他往往不負責任地大加賞賜出力極少的親信，令全國各地的許多人憤憤不平。但他的祖先們已經學到，如果國王的親信不至於影響英格蘭的軍事行動，也不曾利用自己的地位攫取其他權貴的財富的話，那麼國人還能容忍這些親信。但在軍事方面，理查二世非常倒楣。一三八〇年代，戰局不可阻擋地往有利於法蘭西的方向發展。他的宮廷誇耀華麗的排場、新的豬朋狗友齊聚一堂的時候，海峽對岸的戰局一潰千里。

一三八〇年代初，英格蘭在歐洲大陸的地位搖搖欲墜，前景慘澹。與愛德華三世在位時的輝煌相比，如今真是不堪。只有加萊和加斯科涅的一小片沿海地區還在英格蘭手中。海峽被法蘭西和卡斯提亞船艦占據，而英格蘭海軍師老兵疲，停在港內慢慢腐朽。海上貿易險象環生，無以為繼，以至於羊毛收入跌入谷底。局勢如此危急，倫敦市民甚至考慮在泰晤士河口建造一條巨大的鐵索，以保護城市免遭敵人縱火劫掠。一三八〇年，查理五世駕崩，查理六世（Charles VI）繼位，法蘭西人的擴張暫停了片刻，但新國王同樣決心要將英格蘭人逐出歐洲大陸。沒了愛德華三世那樣的英明君主（他全心全意投入戰爭，有能力、有想法去取得勝利，並能團結全國人民），英格蘭的戰爭機器土崩瓦解、雜亂無章。

人們提出了五花八門的戰略。岡特的約翰主張，國家的未來在卡斯提亞。他在一三七二年娶了「殘酷的佩德羅」的女兒，卡斯提亞的康斯坦絲（Constance of Castile），這是納赫拉戰役前盟約的一部分（同時，他的弟弟蘭利的埃德蒙娶了佩德羅的幼女伊莎貝拉）。一三六九年，佩德羅駕崩無嗣，岡特的約翰立即正式宣示自己擁有繼承權。他相信能夠透過「葡萄牙戰爭」，來幫助英格蘭征服伊比利。他的兄弟們都支持他，但這實質上是一場私人的、爭奪王朝繼承權的事業，讓岡特的約翰愈來愈偏離一三八〇年代的政治核心，對英格蘭國家利益沒有任何貢獻。

在大多數英格蘭人看來，戰爭之路在佛蘭德。佛蘭德離家鄉更近，而且歐洲西北部各貿易城市的財富對英格蘭羊毛貿易來說至關重要。羊毛貿易仍然是國家經濟的支柱產業，也是王室收入的一項關鍵來源。另外，佛蘭德伯爵領地受到了查理六世的叔叔，勃艮地公爵的直接威脅，他打算將這些富庶的貿易城市逐個收入囊中。一三八三年，尚武的諾里奇主教德斯潘塞（他是愛德華二世的寵臣小德斯潘塞的孫子，在鎮壓一三八一年東盎格利亞叛亂的過程中起到了重要作用）發動了一場遠征佛蘭德的「聖戰」，希望借助教宗的權威保護這些領土，防止它們落入勃艮地公爵手中。

遺憾的是，儘管資金充裕，而且得到了議會批准，此次遠征裝備非常糟糕，出師未捷，不得不撤回英格蘭。一三八五年，佛蘭德陷落了。情勢愈來愈明朗，逃脫困局的最佳途徑就是跟法蘭西議和。重建古老的金雀花帝國（更不要說將法蘭西與英格蘭王室合二為一）的夢想破滅了。

一三八五年，理查二世十八歲了。他不是和平主義者，但對再次遠征法蘭西實在提不起勁來，因為這樣的攻勢必然代價昂貴且徒勞無功。儘管他的三個叔叔，包括岡特的約翰、白金漢伯爵和劍橋伯爵都敦促他開戰，理查二世卻傾向於聽取大法官麥克爾·德·拉波爾等人的意見，小心謹慎。即便他想要打仗，在農民叛亂之後如坐針氈的議會也極不可能獲准徵稅以籌措軍費。這年夏天，他打算親自率軍驅趕蘇格蘭境內的法蘭西駐軍。這是個務實的選擇。國王可以率領貴族遠征，展示自己的軍事才幹，稍稍鼓舞一點士氣，而不至於花費太多。

然而這場遠征也是個大災難。理查二世此次北伐率領的軍隊包括幾乎所有貴族、英格蘭的全部方旗騎士和約一萬四千名士兵。大軍抵達蘇格蘭邊境時，他為了慶祝這個時刻，將擢升劍橋伯爵蘭利的埃德蒙為約克公爵③，晉升白金漢伯爵伍德斯托克的湯瑪斯為格洛斯特公爵。他也冊封拉波爾為薩福克伯爵，並授予他的朋友維爾一個史上前所未有的新頭銜：都柏林侯爵。一夜之間，維爾的地位超過了英格蘭的其他所有伯爵，差不多跟有王室血統的公爵們平起平坐。「恰如星辰令夜空皎潔明朗，尊嚴使得不僅是王國，還有君王的冠冕熠熠生輝。」理查二

③蘭利的埃德蒙是後來的約克王朝的始祖。

世後來對議會如是說。

如此隆重的封官進爵並沒有為理查二世的軍事行動增添半點彩頭。他的軍隊向前推進，蘇格蘭人不肯迎戰，而是撤入山區，同時對鄉村堅壁清野。這就是一三二八年令愛德華三世垂淚的那種戰術。蘇格蘭人躲過進逼的英格蘭軍隊，溜到南方，焚毀了卡萊爾。英格蘭人於八月中旬抵達愛丁堡，但因糧草斷絕，敵人不見蹤影，於是在三週內撤回了西敏。這是一次虛弱無力的遠征，毫無建樹可言。

一三八六年十月議會召開的時候，國民情緒憤慨激昂，瀕臨叛亂。議員們的抱怨和申訴狀連篇累牘。英格蘭的外交政策委靡不振。王室財政危機四伏，人們愈來愈質疑拉波爾經營王室資金的能力。岡特的約翰怒氣沖沖地離開了英格蘭，因為他在蘇格蘭戰役期間提出的建議都遭到冷落，而且有傳聞說，內廷騎士們正陰謀刺殺他。據說，在海峽對岸的斯勒伊斯，查理六世集結了一支龐大的艦隊，檣櫓鋪天蓋地，宛若密林，這是史上針對英格蘭的最宏大的入侵艦隊。征討蘇格蘭失敗之後，議會對收到的建議置之不理。有人給理查二世發去了一份不尋常的備忘錄，其中包括這樣不祥的暗示：理查二世應當「招賢納士，尋找有地位、德行正直篤實和有榮譽感的人來輔佐自己，與之交好，並避開奸佞小人；他若是這麼做，必將贏得莫大的利益和榮耀，爭取到民心和愛戴。但如果他反其道而行之，就會發生與之相反的局面，他本人和他的王國都將遇到極大危險」。國王對這份備忘錄的回應沒有被記載下來。但議會召開時也有人向他提出類似請求，他的答覆被記錄在案，非常簡潔但很能說明問題：「國王想怎麼樣，就怎麼樣。」

議會曾經批准的少量賦稅收入也被白白浪費了，國王雖然身無分文，卻將他的朋友維爾再次擢升為愛爾蘭公爵。他獲得了在愛爾蘭的全部軍政大權，正式跟理查二世的叔叔們平起平坐。維爾是第一個異姓公爵。第一代蘭開斯特公爵（格羅斯蒙特的亨利）至少還是愛德華三世的遠房堂兄④。人們很難不把維爾的飛黃騰達，與加韋斯頓獲得原先專屬於王室的康沃爾伯爵領地相提並論。

參加一三八六年十月所謂「美妙議會」（Wonderful Parliament）的人們都很清楚，國家正處於領導的危機中。議會剛剛開幕，議員們就發起了唇槍舌劍的攻擊。薩福克伯爵拉波爾站在全體議員面前，宣布開幕，並宣示國王入侵法蘭西的計畫，平民代表高聲疾呼，發出怨言。他們直截了當地指責薩福克伯爵將國王的財政管理得一團糟，將錢花在議會沒有核准的用途上去，聽憑英格蘭海軍年久失修，拒絕援救在根特的英格蘭盟軍，辜負了他們，導致根特被勃艮地公爵吞併。他還被指控貪汙腐化，為了一己私利挪用王室收入。薩福克伯爵被當作國王身邊

④ 格羅斯蒙特的亨利是前文講到的第二代蘭開斯特伯爵亨利的兒子。亨利三世的兩個兒子，愛德華一世和第一代蘭開斯特伯爵埃德蒙（綽號「十字背」），分別是愛德華三世與格羅斯蒙特的亨利的祖父。

所有奸臣的典型。平民代表要求撤銷他的職務，以瀆職和怠職等多項罪名彈劾他。在此事解決之前，他們不肯繼續議會的議程。

這時國王露出了真面目。理查二世已經結婚，還曾率軍征戰過。平民代表的放肆讓他大發雷霆，他拒絕到西敏開會，還從埃爾特姆莊園發信來說，他不會僅僅因為議會的要求，就解僱哪怕只是一個御廚幫傭。為了從中調解，他的叔叔（新晉格洛斯特公爵）伍德斯托克的湯瑪斯和伊利主教湯瑪斯．阿倫德爾（Thomas Arundel）被派遣到埃爾特姆，與國王當面商談。

他們發現，國王大呼小叫、咄咄逼人。他們嘗試對國王動之以理，卻遭到訓斥。編年史家亨利．奈頓記載了他打聽到的這次對話的細節：格洛斯特公爵和阿倫德爾對理查二世說，如果國王「由於自己不負責任的決心」拒絕參加議會，那麼議會有權在四十天後自行解散。理查二世聽了暴跳如雷。他的叔叔和主教顯然觸及他內心深刻的偏執狂（無疑是他幼年的經歷催生了這種偏執狂）。「我早就知道，我的子民和平民議員圖謀不軌，企圖犯上作亂，」他吼道，「面對這等威脅，我認為最好的辦法是尋求我的親戚——法蘭西國王的支持和幫助，鎮壓我的敵人。我寧願向他臣服，也不願意屈服於自己的臣民。」

法蘭西的入侵艦隊就在不到一百英里之外的地方，格洛斯特公爵和阿倫德爾簡直不敢相信國王居然說出了這樣的話。「法蘭西國王是陛下的頭號敵人，也是王國的最大敵人。」他們跟理查二世擺事實、講道理，哀求他「想一想陛下的祖父愛德華三世國王，以及陛下的父親愛德華王子，如何以他的名義，一輩子披荊斬棘、歷經千難萬險，無論酷暑還是寒冬，不知疲倦地辛勞，去征服法蘭西王國……請陛下謹記……不計其數的人在那場戰爭中面對死亡，平民又是如何毫不吝惜地捐贈自己的物資和財產以及無法計數的財富，去維持那場戰爭」。最後，格洛斯特公爵和阿倫德爾隱晦地提及了愛德華二世被廢黜的事情（「陛下的臣民……有一項古老的法律，遺憾的是，不久以前還動用過」），才平息了理查二世的發作，迫使他承認，他的政府需要改革。

理查二世受到這樣的恫嚇，才最終來到西敏。在那裡，他屈辱地目睹「美妙議會」免除了拉波爾和財政大臣約翰·福德姆（John Fordham）爵士的職務，並組建一個任期一年的委員會，負責審計王室財政、控制國庫並掌控御璽和國璽。實質上，議會完全剝奪了理查二世的權力。十九歲的國王一下子又變成了無計可施的小男孩，他的王權實際上已經被罷免了。他那驕傲的、年輕的心幾乎無法忍受這一切。

第七十章 背叛與傷痛

一三八七年十二月二十日，「美妙議會」解散一年多一點之後，愛爾蘭公爵羅伯特·德·維爾小心翼翼地穿過冬霧，奔向萊德考特大橋（Radcot Bridge，在牛津郡的奇平諾頓〔Chipping Norton〕附近）。他率領著數千人馬，都是從國王直屬的切斯特伯爵領地及其周邊地區招募來的。他經過的這個鄉村地區到處是他的敵人。每個角落都危機四伏。

他正在快馬加鞭地趕往東南方，去拜見國王。金雀花王室遇到了又一個危機。一三八六年十月的「美妙議會」之後，國王與他的主要臣民之間的關係不但沒有得到緩解，反而徹底勢不兩立了。維爾得知英格蘭很快就會陷入腥風血雨，於是迅速趕往倫敦。理查二世又一次被他的臣民控制了起來，這些人揭竿而起，反對他的統治，尤其是反對維爾對國王的影響。維爾知道，他的時間非常緊迫。英格蘭一些最強大的諸侯已經派遣軍隊來追捕他。英格蘭全境到處是他的敵人，他們不僅占領了他目前正在小心通過的科茨沃爾德地區的村莊，還控制了整個英格蘭中部。北安普敦以北的所有地方都滿布敵軍。他們大軍殺到只是個時間問題。

局面怎麼會敗壞到這種地步?罪責主要在理查二世。「美妙議會」末尾指定了一個改革委員會，而國王對委員會不恭不敬，態度蠻橫。蒙受屈辱而悲憤交加的國王在最初幾個月待在泰晤士河谷的獵苑，鎮日生悶氣。一三八七年二月，理查二世對自己受到的待遇滿腹怨恨、憤憤不平，於是離開了倫敦，故意跟議會作對，開始了一位編年史家所謂的「大巡遊」（gyration），即巡視全國。他逃避改革委員會的檢查和干預，而檢視自己在全國各地能夠得到多少支援。

大巡遊持續了九個月。他從貝芙麗（Beverley）巡遊至什魯斯伯里，集中視察了英格蘭中部地區的北部和西北部，即臨近他的王室領地切斯特的地區。他在巡遊途中帶上了自己的朋友維爾和拉波爾。途中，理查二世開始制定計畫，打算在改革委員會一年期滿後重新確立自己的權威。他注意到，權貴們動員武力的辦法是：維持私人武裝，用金錢換取士兵的忠誠；士兵從領主那裡定期領取薪金，佩戴領主的徽章，往往還穿著領主的制服，保護領主的利益，如果需要，還要為領主作戰。做為切斯特伯爵，他也可以做類似的事情。他可以建立一支常備的私人軍隊，他不需要害怕他們，也不必擔心他們會反對他，更不必害怕遭到公開的譴責，就像原本應當忠於他的貴族和平民對他發難那樣。他想出了一個計畫。理查二世打算培植自己的黨羽，除了當國王之外，還要有自己的強大私人勢力。

一三八七年夏季，理查二世還開始尋找法律手段來撤銷「美妙議會」的決議。八月，他兩次祕密召集了國內頂尖法官開會，其中為首的是羅伯特・特里希林爵士（Robert Tresilian，他是個康沃爾人），做為王座法庭大法官，是英格蘭最高級的兩名法官之一。理查二世向他們諮詢了約束自己的法律。國王以死威脅幾名法官，迫使他們做出了裁決，並以司法裁定的形式發表：「上屆議會定立的法令、條例和委員會」「有損我主國王陛下的王權與特權」。另外，「有人問法官們，那些強迫國王定訂上述法令、條例和委員會的人該當何罪時……他們一致表示，這些人是亂臣賊子，理應受到相應懲罰」。理查二世顯然欺騙和威逼了法官們。

上述的回答意義重大。叛亂的幽靈曾經困擾愛德華二世的統治，叛國是個無法挽回的嚴重罪名，皮爾斯・加韋斯頓、蘭開斯特伯爵湯瑪斯、肯特伯爵埃德蒙和馬奇伯爵羅傑・莫蒂默都因此殞命。為了防止這樣的血腥暴行再次發生在英格蘭土地上，愛德華三世通過了《一三五一年叛國罪法案》，將這項罪名僅限於以下行為：謀害或企圖謀害國王、王后、王長子的生命，強姦王長女，謀殺大法官、財政大臣或主要法官，或者在國內向國王開戰。現在理查二世將叛國罪的定義再次擴大了。叛國犯不再僅僅是企圖殺害國王、王親國戚及最高級官員的人，任何嘗試改革或管制王室內廷的人都可能背上這個罪名。法官們在國王的威嚇下，裁定那些曾在一三八六年壓制國王的人都可以被視為叛國賊。任何無視國王解散議會的命令、彈劾王室大臣或者向理查二世提醒其曾祖父愛德華二世命運的人，都可能被視為叛國賊。

法官們的意見令人不寒而慄。理查二世於一三八七年十一月返回倫敦的時候，局勢很清楚，這年夏天的活動只可能有兩個結果：司法大清洗，或內戰。維爾疾馳穿過牛津郡的時候，就是在為內戰做準備。

而他就是戰事的起因。在國王大巡遊期間，一個反對派形成了，其具體目標就是讓維爾及其同黨滾出國王內廷。這個反對派被稱為「上訴諸侯」，因為從十一月四日起，格洛斯特公爵湯瑪斯、阿倫德爾伯爵和瓦立克伯爵就正式向國王提起「上訴」（或者說是正式的起訴），指控國王身邊的奸佞宵小。被告包括五個人：約克大主教亞歷山大．內維爾（Alexander Neville）、薩福克伯爵麥克爾．德．拉波爾、法官羅伯特．特里希林、商人和倫敦前市長尼古拉．布雷姆布利（Nicholas Brembre，農民叛亂期間保王黨的英雄）和愛爾蘭公爵羅伯特．德．維爾。

國王對諸侯的大膽行為怒不可遏，企圖徵集軍隊，但失敗了。各郡郡長不肯為他招兵買馬，聲稱平民全都支持上訴諸侯。理查二世直接請求倫敦市民的幫助，他們也不肯以他的名義起兵。維爾的柴郡①兵馬是國王的唯一希望。

維爾率軍穿過潮濕而寒冷的鄉村時，深知自己應該畏懼何人。格洛斯特公爵、瓦立克伯爵和阿倫德爾伯爵著意敵對他，而且還找到了兩個強有力的盟友：岡特的約翰的兒子，博林布羅

①即切斯特郡，也就是理查二世自己的勢力範圍。

克的亨利（此時的頭銜是德比伯爵）和諾丁漢伯爵，湯瑪斯・莫布雷（Thomas Mowbray）。這五個人是一個令人生畏的團隊。倫敦的許多名門世家、英格蘭各地的騎士鄉紳中都有他們的擁護者。他們的軍隊就像手指一樣在科茨沃爾德周圍張開，準備將維爾緊緊抓在手心裡。

十二月二十日上午，維爾在波頓（Bourton）附近跟格洛斯特公爵的支持者發生小規模交鋒，這是他跟上訴諸侯軍隊的第一次遭遇。戰況非常混亂，維爾麾下的許多切斯特人臨陣脫逃。當天晚些時候，可能是在伯福德（Burford）附近，他跟阿倫德爾伯爵的人馬發生了另一場小規模戰鬥。維爾的副將湯瑪斯・莫利紐克斯（Thomas Molyneaux）爵士陣亡。愛爾蘭公爵頗有些絕望，於是催動部下拚命衝向萊德考特大橋，希望在那裡過河。據編年史家亨利・奈頓說，維爾相信「如果他能過橋，就能避開敵人」。他認為，殺過泰晤士河、抵達南岸，才是安全抵前往倫敦、與理查二世會合的唯一辦法。

但他很倒楣。他率軍衝向那座十二世紀橋梁尖尖的石拱時，發現自己被敵人逮個正著。大橋兩側都站著身穿德比伯爵號衣的武裝士兵和弓箭手。他掉轉過頭，卻發現德比伯爵本人率領一大隊士兵從背後夾擊過來。維爾腹背受敵。他別無選擇，只得應戰。

號角吹響，王旗被匆匆展開，士兵們卻竊竊私語地說，雙方兵力差異太大，以寡敵眾很不明智。「他們的人數與敵人相差甚遠，」亨利・奈頓寫道，「他們也不敢冒犯這麼多的諸侯和貴族。」

維爾張皇失措。如果他被俘，不知道會落個什麼下場。暴力的惡性循環已經開始了，他不大可能僅僅被逐出朝廷。他必須挽救自己的性命。他率軍衝向大橋，企圖強行通過，但接近大橋時發現，那裡已經豎立起了路障，道路也有三處被切斷。一次頂多只能有一匹馬通過。「我們上當了！」公爵呼喊著，然後換了馬，企圖單槍匹馬沿河岸逃跑。

但迎接他的是更加凶險的命運。德比伯爵亨利從他背後追擊，而格洛斯特公爵本人則從他前方迎來。維爾只剩下一個選擇。他拿自己的生命賭了一把。「他催動坐騎，拋棄了鐵手套和劍，然後一頭跳進泰晤士河，」奈頓記述道，「就這樣，他憑藉極大的勇氣，逃脫了。」維爾逃走了，最終渡海流亡法蘭西。他的部下則當場舉手投降。

理查二世在溫莎度過了一個憂鬱的耶誕節。十二月三十日，他在倫敦塔跟五位得勝的上訴諸侯會面。他們帶來了五百名全副武裝的士兵，進入要塞後便緊閉大門。這次會談氣氛非常火爆。上訴諸侯訓斥了理查二世的不端行為。他們拿出了國王跟維爾之間的書信，指責他企圖借助法蘭西國王的力量來鎮壓自己的臣民。他們要求法辦他們指控的五名奸臣，並清洗的國王內廷。理查二世仍然盛氣凌人，於是他們威脅要廢黜他，還暗示說，已經選好了繼任的人選（一位編年史家說，他們告訴國王，他其實已經被廢黜了，但格洛斯特公爵和德比伯爵在爭吵誰應當繼承王位，所以還沒有具體執行廢黜國王的決定）。理查二世不得不向他們妥協，並召開議會，商討新的解決方案。

議會於二月三日開幕。貴族和平民代表聚集在西敏的白廳，這裡裝飾著描繪愛德華一世生平的一系列圖畫（至今白廳仍然是英國政府行政中心的代名詞）。國王在聚集於此的議員面前坐下，做好了最壞的心理準備。然後，據編年史家湯瑪斯·法溫特（Thomas Favent）記載，「五位高貴的上訴諸侯……前呼後擁地一同走進大廳，手牽手，身穿金線華服，瞪了瞪國王，然後向他屈膝致敬。大廳內人山人海，甚至擠到了角落裡。」

在隨後的幾個月裡，議會針對被起訴的王室官吏的案件做了細緻的法律研討。最初一版的起訴狀需要兩個多小時才能宣讀完畢。被告的罪名包括向國王進獻叛國的讒言，提議將法蘭西境內的英格蘭城堡出賣給法蘭西國王，以及貪汙王室公款、中飽私囊。令人尷尬的是，五名被告中已有四人畏罪潛逃，只能進行不在場審判。只有前市長尼古拉·布雷姆布利到庭，他的審判將於議會開幕兩週之後正式啟動。

但無論被告是否到庭，裁決都是一樣的。坎特伯里大主教亞歷山大·內維爾、愛爾蘭公爵、薩福克伯爵和羅伯特·特里希林爵士都被判定叛國罪。愛爾蘭公爵、薩福克伯爵和羅伯特·特里希林爵士的刑罰是在倫敦城示眾，然後做為叛賊和國王的敵人被絞死。大主教最終被判流放。四名被告都被剝奪財產。布雷姆布利出席了議會，並大聲抗議，申辯自己是無辜的。他的罪名包括非法處決倫敦監獄中的犯人、篡奪王權、反抗上訴諸侯、強迫公民宣誓忠於國王並反對其敵人。他表示願意跟指控他的人決鬥，聽候上帝的裁示，但被駁回。他被宣判為叛國賊，受到嚴刑處罰，會用囚車拖到泰伯恩，然後絞殺、開膛並分屍。在前往刑場的途中，他一直在為死者禱告。

隨後還發生了許多極富戲劇性的事件。大主教內維爾、維爾和薩福克伯爵都已逃亡海外，但特里希林沒有。議會正式判他有罪的六天之後，有人發現，西敏附近的屋頂上有個奇怪的人在偷窺議會議程。搜查了這座房屋後，人們發現殘酷無情地鎮壓一三八一年叛亂的法官，羅伯特爵士躲藏在桌子下。他穿著乞丐的襤褸衣衫，而且戴著假鬍鬚，但他的獨特嗓音出賣了他。人們高呼「抓住他了！」特里希林被從藏匿處拖走，押解到議會，他的妻子當場昏厥，他自己則嘶喊著，要求得到西敏寺的庇護。但他沒有得到教堂的庇護。特里希林很快被關入囚車，拖到泰伯恩，押到絞刑平台上，他一直戰戰兢兢地哭喊著。他的衣服被剝去之後，人們都看見，他身上貼滿了護身符。這位法官企圖依賴迷信來躲避絞索，真是黑暗的諷刺。特里希林赤身露體地被吊起；最後，劊子手割斷了他的喉嚨，結果了他的性命。

但上訴諸侯還沒有得償所願。他們處決了布雷姆布利和特里希林，並判處另外三名被告死刑之後，議會開始血腥清洗理查二世的內廷。很多被認為誘導國王誤入歧途的親信遭到起訴。到五月，理查二世摯愛的教師西蒙．伯利爵士，以及他的內廷騎士約翰．比徹姆爵士、約翰．索爾茲伯里爵士和詹姆斯．伯納斯全被定為叛國罪，被處以極刑。上訴諸侯進行了一場瘋狂的清洗，旨在消滅任何被他們認為跟理查二世的倒楣政權有哪怕是細微聯繫的人，有數十人受害。幫助理查二世宣布「美妙議會」法令是叛國行為的法官們如今被判死刑。直到議會解散時，這些法官才被饒恕了死罪，改判流放愛爾蘭。

近四個月來，理查二世列席了審判過程，眼睜睜看著自己的夥伴和盟友一個個被拖去絞殺、開膛和斬首。他被迫主持議會，隨著議程繼續下去，愈來愈感到絕望。伯利受審時，國王跟格洛斯特公爵大吵特吵，差點動起手來。理查二世不顧一切地為這個老人辯護，懇求饒他一命；王后甚至向三位主要的上訴諸侯跪下，請求他們開恩。的確，好幾位比較溫和的諸侯，包括約克公爵（蘭利的埃德蒙），甚至還有兩位地位較低的上訴諸侯，德比伯爵亨利和諾丁漢伯爵湯瑪斯也主張放伯利一條生路。但在這次「無情的議會」上，任何人都沒有辦法逃過死亡和毀滅。二十歲的理查二世已經嘗夠了一生的恥辱。

第七十一章　重塑王權

「無情的議會」之後的五六年中，理查二世過得很平靜。他的許多親密朋友要麼被流放，要麼被上訴諸侯處決，但清洗結束之後，英格蘭重新安定下來，儘管這安定有些詭異。上訴諸侯達成了他們的所有目標。理查二世受到了管教。雙方都沒有什麼東西值得去爭鬥了。

有跡象表明，理查二世似乎吸取到了一些教訓。至少在表面上，他努力更勤奮地理政。一三八九年五月三日，他在御前會議上做了一件戲劇性的事情。他坐在大臣們面前，打斷了議程，問在座的所有人，他今年多大年紀。他們答道，他今年二十二歲。理查二世隨後發表了一番長篇大論，好幾位編年史家都將這演說記載了下來。據亨利．奈頓記載，他說道：「若干年來，我接受了諸位的勸誡和教導，我向上帝及諸位深表感激，因為你們管理和維護了我本人和我的遺產……但是現在，蒙上帝洪恩，我已經是個成年人了，已經二十二歲了。因此我希望能有自由……擁有我的王國……任命官吏與大臣，並自由地罷免一些在任的官員。」

據湯瑪斯．沃爾辛厄姆記載，理查二世隨後命令約克大主教湯瑪斯．阿倫德爾辭去大法官職務，交出大印。「國王將大印收入自己衣服的褶皺中，然後突然起立，走了出去；過了片刻，他走了回來，重新坐下，將大印交給了溫徹斯特主教威廉．威克姆（William Wykeham），儘管他很不情願接受。然後，他任命了九名官員……全都是憑藉他自己的判斷和權威。他將格洛斯特公爵和瓦立克伯爵……從御前會議罷免了。」

這有可能釀成災禍，但事實上並沒有。理查二世開始主持朝政，比以往負責任得多。他申明了自己選拔御前會議成員和非正式謀臣的權利，但也接受事實，即他必須聽取有經驗的人的建議，比如威克姆（他曾在一三六〇年代，理查二世祖父在位時擔任大臣）。

岡特的約翰前不久從卡斯提亞回國，與理查二世和解，並成為國王的強有力支持者。岡特的約翰幫助理查二世緩和了與先前的上訴諸侯之間的關係，為國王夫婦舉辦奢華的狩獵聚會，並盡可能跟國王手挽手散步，與他長談。國王公開佩戴約翰的號衣衣領（兩個互相纏繞的S形），以此表達對最年長的叔叔的感激。一三九〇年，他授予岡特的約翰在蘭開斯特公爵領地近似王權的軍政大權，並且可以將其傳承給男性繼承人。此外，國王還將阿基坦公國封賞給岡特的約翰，由他終身享有。這個決定抵觸了金雀花王朝的傳統：自十三世紀以來，阿基坦就一直是王長子和繼承人的封地。於是，岡特的約翰有了同法蘭西議和的動機，因為那符合他的利益。

岡特的約翰參加了一三九〇年三月的御前會議，這次會議上達成了一個協定：所有涉及財政的決定都必須由國王的全部三個叔叔一致批准。理查二世顯然接受這個協定，於是達成了一種新共識，國王和諸侯可以再一次合作了。王室財政恢復了元氣（一三八九至一三九六年間，王室收入增長了百分之三十六），議會不再是國王、貴族和平民的戰場，而重新恢復了其固有職能，即磋商王國政務的論壇。

如果說愛德華三世的宮廷宣揚的是騎士精神和戰爭，那麼理查二世的宮廷標榜的則是受膏國王的輝煌。宏偉尊貴的新稱呼得以普及。在過去，臣民稱英格蘭國王為「主公」，而如今首次啟用了「殿下」、「陛下」這樣的稱呼，這是仿效自法蘭西的時尚。書面的稱呼甚至更加浮誇和戲劇性，比如「最高貴、最強大的君主」和「無比尊貴的陛下」。敵視理查二世的沃爾辛厄姆說這些稱呼「不應屬於凡人，而是神聖的榮譽」，「盡是些怪異而諂媚的詞語，凡人不配享有」。

理查二世的宮廷變成了文學和藝術創作的中心，當時的一些最偉大作家就是在王室庇護下筆耕不倦。理查二世本人對文學的興趣很短暫，也沒有贊助多少文學作品，但他的宮廷是將英格蘭本土語言改造為高雅文學語言的核心場所。偉大的倫敦學者約翰·高爾聲稱，他於一三八六年在一艘駁船上拜見了理查二世，在後者的親自要求下寫了《情人的懺悔》（*Confessio Amantis*），這是一部長達三萬多行，卷帙浩繁、高度複雜的愛情詩。《情人的懺悔》是用英語寫的，首版於一三九〇年發表，是獻給國王和傑弗里・喬叟的。喬叟的《坎特伯里故事集》（*Canterbury Tales*），也是在他跟理查二世的宮廷有交情的時期寫下的。年事已高的法蘭西編年史家傅華薩訪問了英格蘭宮廷，向理查二世獻上了一部法語詩集。約翰・克蘭沃（John Clanvowe）爵士創作了一些優雅的抒情詩；阿爾伯馬爾公爵愛德華（約克公爵埃德蒙的兒子，也就是理查二世的堂弟）將一部著名的法語狩獵教科書翻譯成英語。就連在國外的軍人廷臣約翰・蒙泰古（John Montagu）爵士，也因為文學鑑賞和詩歌創作技巧，而得到傑出的威尼斯女作家克莉絲蒂娜・德・皮桑（Christine de Pisan）的讚譽。

國王慷慨大方地資助藝術家和建築師。到一三九〇年代，本世紀的偉大建築師亨利・伊夫利已經是個古稀老人。他在愛德華三世在位時產量最豐，現在則開始為理查二世創作他最著名的傑作，也就是改建西敏廳。伊夫利加高了外牆，並增添巨大的錘梁式屋頂和華麗的類似大教堂的入口。他在大廳內裝飾了一系列白色雄鹿（理查二世的私人徽記），並安置十三座雕像，是從懺悔者愛德華到理查二世的英格蘭歷代國王，象徵著英格蘭王政一直到金雀花王朝時代的延續性。

不久之後，理查二世得到了一件寶物：威爾頓雙聯畫（Wilton Diptych），這是一幅令人魂牽夢縈的美麗圖畫，描繪三位聖徒：懺悔者愛德華、撒克遜時代的孩童國王聖埃德蒙、施洗者約翰，將國王引見給聖母和聖嬰。理查二世對懺悔者愛德華的癡迷幾乎和亨利三世一樣強烈。

愛德華一世和愛德華三世那樣的武士國王喜歡傳奇中的軍人，如亞瑟王和聖喬治，理查二世卻自詡為和平的君主，而懺悔者愛德華的愛好和平為編年史家們所稱道。一三九五年，國王修改了王室紋章，在百合花和舉右前足向前行進、面部正對觀看者的獅子上，添加了懺悔者愛德華的紋章。

威爾頓雙聯畫富含神祕莫測的象徵意涵，既指涉了理查二世古老的盎格魯—法蘭西血脈，也含有確鑿無誤的標誌，說明他真確相信君權神授。圍繞著聖母的天使們佩戴著白鹿的徽章，似乎他們是國王的僕役，來保護他的。在雙聯畫的背面有一隻更大的鹿，斜躺著，脖子上戴著項鍊，項鍊的墜子是一頂王冠。

然而，在這普天同慶、光輝燦爛的王權重塑的表象之下，理查二世雖然比以前冷靜沉穩了許多，似乎也更講道理，但實際上本性難移。一三九〇年代初，他積極地以更專制、更獨裁的方式改造自己的統治。王權並不在於王位或它代表公共權威，而是在於理查二世本人。英格蘭全國各地的騎士和鄉紳們開始接受國王的白鹿號衣。其中有很多人已經在王室政府中任職。國王不信任他的公共權威機器；他感覺到自己需要私人的、可見的、儀式的方式，將國民與自己維繫起來，成為他們的直接領主。

在盛大的公共場合中，有時理查二世的典禮會帶有一種惡意。一三九二年，因為一筆貸款的事情，他跟倫敦市民搞得很僵。為了和解，需要舉行一場正式加冕禮那種規模的大型盛典。

理查二世國王和安妮王后身穿華服，走過街頭，而城市行會的人們逢迎巴結地恭候著。國王夫婦得到了奢侈的禮物：打扮成天使的小男孩們向他們送上金幣；在聖殿區域，有人呈上了一張黃金桌子；西敏寺舉行了一場盛大的感恩禮讚，包括前往懺悔者愛德華聖龕的遊行。一連幾個月，倫敦市民仍然在向國王贈禮，以表忠心；一三九三年的主顯節，理查二世收到了一頭駱駝，王后得到的禮物則是一隻鵜鶘。

在某種意義上來講，接受臣民的卑躬屈膝，是君主生活的一部分。但是金雀花王朝最成功的國王們，諸如亨利二世、理查一世和愛德華三世都傾向跟臣民們親熱地打成一片，而不是高高在上、和他們隔絕。亨利二世對王權的尊貴沒什麼興趣，而是喜歡騎馬四處奔走，住在臨時搭建的營地裡，跟所有面見他的人嬉笑打鬧。愛德華三世喬裝打扮為普通人，在比武大會上和自己的騎士打鬥，而且非常強調平民在政府中的作用。即便是惡名昭彰的約翰國王也曾親自審理涉及最低賤臣民的案件。然而，理查二世似乎打定主意，要透過宮廷的豪華排場來突出自己的獨一無二和優越。

到了一三九〇年代中期，國王渴望得到尊崇的欲望已經到了病態的地步。他的心理狀態一直非常脆弱和敏感，現在似乎已經開始精神失常。一三九四年六月七日，安妮王后在西恩去世，年僅二十七歲。她多年來一直是理查二世的好伴侶，他們倆的感情甚篤。悲痛之中，理查二世下令拆毀王后去世時居住的宮殿，儘管他曾花費巨資來改建這座宮殿做為他們的家。然後，他發了一個非常戲劇性的誓言：一年之內，絕不踏入任何他曾與亡妻一起待過的房屋，教堂除外。他極其關注儀式，為了等待從佛蘭德進口合適的蠟燭，竟然推遲王后的葬禮兩個月之久。但這遠遠不止是對亡妻的哀悼。安妮的去世似乎觸發了什麼，理查二世又變回了那個急躁暴跳的孩童。他召喚所有權貴於七月二十九日到倫敦參加葬禮。阿倫德爾伯爵遲到了，來到國王面前的時候，理查二世竟猛擊他的臉部，打得他滿臉流血地倒在地上。

這不是唯一一場國王嚴重失態的葬禮。一三九二年，羅伯特・德・維爾在法蘭西流亡期間被一頭野豬弄傷，不治身亡。他的遺體被施以防腐處理，最終於一三九五年十一月被送回英格蘭。許多英格蘭權貴拒絕參加他的葬禮。那些參加了葬禮的人看到國王下令打開他好友的棺木，給維爾冰冷僵死的手指戴上金戒指，並最後一次凝視這個已經死了三年的人的面龐。

安妮去世以及維爾下葬之後，理查二世愈來愈癡迷於愛德華二世的生平。他鼓勵格洛斯特修道院（愛德華二世的安葬地）的僧侶每年紀念這位被謀殺的國王。一三九五年，他請求教宗將自己的曾祖父封為聖徒。同一年，他命人為自己在西敏的墓穴製作了一道奇怪的碑文：「他打倒了所有侵犯王室特權的人；他消滅了異端分子，驅散了他們的黨羽。」這可以解釋為理查二世對羅拉德派（遵循約翰・威克里夫教導的基督教改革派）的警惕，但也有些潛在的令人不安的成分。

就像他希望封聖的那位先祖一樣，理查二世始終沒有真正懂得成功王政的本質，即將他的公共權威和王國的需求，與他私人的意願、友朋和好惡平衡起來。他對愛德華二世五體投地，但這位國王給國家帶來的只有分裂、暴力、腐敗和流血，這足以說明理查二世對君主義務的理解是何等扭曲。他感覺到有必要維持他私人的公務人員，說明他有著植根於內心深處的迫害妄想症，他在幼年時便已經有了這種毛病。

但在理查二世的性格裡還有另外一種本能，主宰了十四世紀的最後幾年，而且跟國王愛好和平的自我標榜格格不入。那就是，睚眥必報，復仇的渴望永遠得不到滿足。

第七十二章　理查二世的復仇

理查二世統治的最初十年中，國家動盪不安。在第二個十年裡，他花了很大精力讓國民恢復對他統治的信任。一三九〇年代上半葉，國王跟御前會議緊密合作，朝政運轉良好。議會沒有試圖清洗行政部門，也沒有再羞辱國王。王室財政好轉。一三九四年，理查二世花了七個月時間遠征愛爾蘭，帶去了不計其數的年輕貴族和七千士兵。他在一封信中宣示此次遠征的目標：「討伐那裡的叛賊，建立良好的政府，公正地統治我們的忠實臣民。」這次行動非常成功。理查二世在愛爾蘭取得的成就（至少在短期看來）超過了自亨利二世以來的任何一位國王。

一三九六年三月，英格蘭終於和法蘭西締結了為期二十八年的停戰協定，並敲定了聯姻：理查二世將迎娶查理六世年僅七歲的女兒伊莎貝拉，嫁妝豐厚，高達八十萬法郎。一三九六年十月，新娘被送來時，理查二世跟查理六世在阿德爾（Ardres，離加萊不遠）會面，慶祝達成協定。這是一次富麗堂皇的盛會，原野上到處搭建著華美的帳篷，隨處可見珠寶和禮物：黃金的船模、配有銀鞍具和珍珠項圈的駿馬。兩位國王以基督教世界的救星自詡，因為英格蘭和法蘭西終於和平了，或許能夠選出一位教宗，結束羅馬—亞維儂的宗教大分裂。會議還談到了發動一次新的十字軍東征，這一次是對抗土耳其人。在湯瑪斯・沃爾辛厄姆看來，英格蘭終於「沐浴在和平中，但願能夠借助國王的光輝，享有一個繁榮昌盛的未來」。

一三九七年一月六日，理查二世三十歲了。三十而立，這是他成年旅途中最後一個重要的里程碑。國王終於成了一個男子漢。或者，他真的是男子漢了嗎？即便在他最成功的時候，也有一些不祥的跡象表明，理查二世在內心深處仍然受到很多困擾，他過於敏感、缺乏安全感，覺得自己受到威脅的時候往往會大發雷霆、進行血腥的報復。在跟法蘭西談判的過程中，他暴露出一個嚴重迫害妄想症的早期症狀。國王希望在和約中加上這樣一條：若有必要，查理六世有義務提供軍事援助，幫助他鎮壓英格蘭人民。和約的最終文本沒有包括這一條，但仍然令人擔憂。一三八六年，理查二世曾向阿倫德爾主教和他的叔叔格洛斯特公爵湯瑪斯咆哮道，說如果有必要的話，他會邀請法蘭西人入侵英格蘭，來保障他的王位。這表明借助法蘭西之力維護自己地位的想法始終縈繞在他心頭。

在一三九七年一月的議會上，國民的不滿情緒更明顯地表露了出來。這屆議會是在跟法蘭西簽訂停戰協定之後召開的，有人向國王明確表示，並非所有人都像國王一樣，滿意英法的新和約。有人在發牢騷，主要是格洛斯特公爵（據傅華薩記載）認為，「這個國家的人民希望打仗。沒有戰爭，他們就沒辦法體面地生活。對他們來說，和平百無一用。」其他人則抱怨，國王已經三十歲了，至今膝下沒有一男半女，王后年僅七歲，於事無補。還有人對阿德爾慶祝活動的奢侈排場表示不滿，因為它耗資高達一萬五千鎊，差不多是一場相當規模的軍事入侵的花費了。理查二世向議會要錢來幫助法蘭西國王遠征米蘭，被議會冷冷地拒絕了。他焦躁起來，親自到議會為了這項政策搖旗吶喊。「教士湯瑪斯．哈克西（Thomas Haxey）」向議會呈送了一份請願書，抱怨王室官吏的流氓行徑、蘇格蘭邊境的糟糕狀況、國王在各郡持續維持私人軍隊的行為，以及國王內廷「過分奢靡」。理查二世看了請願書，當即發作，下令逮捕哈克西，以叛國罪處死（後來考慮到哈克西是教士，撤銷了這個判決）。

所有這些跡象表明，在一三九七年初，國王（他在同一屆議會上自誇為「英格蘭王國全境之皇」）為了自己的帝王尊嚴受到攻擊而愈來愈惱羞成怒。最令理查二世惱火的是他人的公開批評。理查二世被逼退到牆角的時候最為危險。

一三九七年七月，曾跟國王對抗了十年之久的三位最資深的上訴諸侯再一次與國王交惡。格洛斯特公爵是批評對法停戰協定的貴族領頭，一般都躲在自己的普萊西城堡內，據傅華薩記載，「（他）對國王深惡痛絕，沒有一句好話說」。與此同時，瓦立克伯爵這些年來一直沒有參與政治，理查二世對兩項法律爭端的高姿態會對瓦立克伯爵不利。阿倫德爾伯爵跟國王、岡特的約翰爭吵過多次，被完全孤立了。他對國王愈來愈不滿，開始拒不參加御前會議。理查二世突然決定開始報復他們，不足為怪。

一三九七年七月十日，理查二世親自帶人去普萊西城堡抓人。全副武裝的士兵在死寂的黑夜中疾馳，他們的白鹿號衣表明他們是國王的忠僕。他們的任務非常特別而且重大：逮捕國王的叔叔格洛斯特公爵。在士卒背後的倫敦，瓦立克伯爵已經被投入倫敦塔。理查二世邀請瓦立克伯爵赴宴，把酒言歡，但宴席快結束時，國王卻突然站起來，下令逮捕伯爵、關入監牢。現在輪到格洛斯特公爵了。

天亮之前，他們來到了要塞的雄偉石牆下。他們做好了武裝對抗的準備，但很快就發現，格洛斯特公爵在城堡內的人馬極少。國王的兵馬遠遠超過他，因此輕鬆地衝進了要塞。理查二世向格洛斯特公爵打招呼，稱他為「親愛的叔叔」。然後，國王下令逮捕他，武裝押解到一艘船上，然後送往一座位於加萊的監獄。

理查二世此次政變的速度和效率就像愛德華三世於一三三〇年逮捕羅傑·莫蒂默一樣。二十四小時之內，在毫無預兆的情況下，理查二世逮捕了一三八六年的全部三位資深上訴諸侯。格洛斯特公爵和瓦立克伯爵是國王親自逮捕的。阿倫德爾伯爵被他的兄弟坎特伯里大主教說服自首，理查二世把他關到了維特島。上訴諸侯一夜之間就遭到了懲罰，被打個措手不及。用湯瑪斯·沃爾辛厄姆的話來說，王國「突然間、出乎意料地陷入了混亂」。在隨後兩年內，英格蘭在理查二世的暴政下噤若寒蟬。

此次政變之後，朝廷發出一系列聲明，稱這三位諸侯被捕的罪名是「冒犯國王的尊嚴」，但否認這些罪名跟一三八六年的事件有關。很少有人相信這話。人民眾說紛紜，流言蜚語不一而足。當時的編年史家記述了自己的懷疑。《英格蘭國王理查二世遭背叛及遇害編年史》的法蘭西作者聽說，上訴諸侯圖謀反對理查二世、岡特的約翰和約克公爵。湯瑪斯．沃爾辛厄姆則聲稱，理查二世相信自己即將被選為神聖羅馬皇帝，而選帝侯們要確信他有能力懲戒自己的臣民，才會放心把數十萬日耳曼臣民交給他。其他人，如編年史家阿斯克的亞當，乾脆就不相信國王的宣言，他在書中寫道，理查二世對過去的敵人素來懷恨在心，之前只是在韜光養晦，等待政治上羽翼豐滿之後再進行報復。但不管理查二世的動機為何，這麼快速和輕鬆地剷除了敵人，的確了不得。在一三九七年七月十日逮捕三名大貴族之後，國王只花了三個月時間就徹底掃清之前的所有敵人。

一三九七年九月十七日，議會開幕，與會者大多是保王黨人，議程是在士兵的監視下進行的。西敏廳正在重新裝修，所以會議是在一座大型四邊敞開的木屋內進行的。平民和貴族議員在理查二世的三百名柴郡弓箭手的監視下魚貫走進會議廳。據伊夫舍姆的僧人記載，國王端坐在高高的寶座上，「發布裁決」，以「超過之前任何一位國王的莊嚴」主持會議。

大法官埃克塞特主教斯塔福德起立發表開幕講話，告訴議員們，政府已經採納了新的準則。他以《以西結書》，三十七章，二十二節為主題：「有一王作他們眾民的王。」這是個不祥的開端。斯塔福德主教講到正題，向議員們宣布：「若國王擁有足夠權威來統治，則必須完全掌控全部的君主尊嚴、特權和權益。」然後宣布了大赦，但「國王指定的五十人」不在赦免之列。不過理查二世沒有具體指出這五十人是誰，而是讓所有心中有愧的人來懇求他的寬恕。隨後一年中，有五百人請求國王的寬恕，並得到赦免。理查二世這是在強迫他的敵人們自己露出頭來。那些得到寬恕的人為此付出了極大代價。

議會開幕一個月之後，理查二世模仿當年上訴諸侯的做法，讓七名貴族（理查二世的姪子肯特伯爵①和同母異父哥哥亨廷頓伯爵②、薩默塞特伯爵、諾丁漢伯爵、索爾茲伯里伯爵、湯瑪斯・德斯潘塞勳爵和威廉・斯柯洛普爵士）向他的三個敵人提出抗訴。這七名原告後來大多申辯自己是被國王強迫，才這麼做的。但他們的起訴得到了充分利用。在國王本人挑選的議長約翰・布希（John Bushy）爵士（沃爾辛厄姆稱他在理查二世面前卑躬屈膝，「彷彿在向他祈禱」）率領下，膽戰心驚的議會撤銷了組建改革委員會的法令，並收回「無情的議會」後來對格洛斯特公爵、阿倫德爾伯爵和瓦立克伯爵的赦免令。幾天後，坎特伯里大主教阿倫德爾（阿倫德爾伯爵的兄弟）被罷免，遭到流放。

在此期間，岡特的約翰做為總管大臣主持著議會。讓這位年邁的公爵扮演這樣的角色實在是殘忍，但他畢竟有自己的利益要考慮。他的健康狀況很糟糕，而且在一三九四至一三九六年期間遠在阿基坦公國，因此被排擠出了政治核心。現在他必須討好理查二世，以保護自己的長子（曾經的上訴諸侯德比伯爵博林布羅克的亨利），並賦予自己跟凱薩琳．斯溫福德（Katherine Swynford，他的長期情婦，最終成為他的第三任妻子）生的孩子③的合法地位。岡特的約翰在議會上身穿帶有鮮紅色兜帽的長袍。他盡了自己的義務。九月二十一日，星期五，阿倫德爾伯爵被帶到議會受審。岡特的約翰支持國王。阿倫德爾伯爵因為自己在一三八六年的所作所為被正式控告叛國，而新的抗訴者們在他周圍上竄下跳，對他出言不遜。「你的赦免令被撤銷了，叛賊。」岡特的約翰告訴他的宿敵，然後宣布他犯有叛國罪，死罪難逃。「忠誠的平民議員在哪裡？」阿倫德爾伯爵悲憤地環視四周，問道。然後他告訴議長布希：「我對你和你那一夥瞭若指掌，也知道你是怎麼爬上來的。」這話對他沒有任何助益。他被帶出議會，在倫敦塔山（Tower Hill）被用劍斬首。行刑人手起劍落，阿倫德爾伯爵的首級乾脆俐落地滾下，而軀幹仍然筆者地站立著，直到足以背誦完主禱文的時間過去，才轟然倒地。

湯瑪斯．沃爾辛厄姆記述稱，阿倫德爾伯爵的鬼魂一直糾纏著理查二世，「以無法言喻的

---

① 是第三代肯特伯爵湯瑪斯．霍蘭，後來晉升為第一代薩里公爵。他的父親，第二代肯特伯爵湯瑪斯．霍蘭，是肯特的瓊的兒子，因此是理查二世的同母異父哥哥。

② 第一代亨廷頓伯爵約翰．霍蘭，後來晉升為第一代埃克塞特公爵。他是肯特的瓊的兒子，因此是理查二世的同母異父哥哥。

③ 即後來的權臣博福特家族，都鐸王朝的法統便來自岡特的約翰跟凱薩琳．斯溫福德的兒子約翰．博福特。

恐怖威脅他」。如果這是真的，理查二世也沒有放棄報復。隨後的星期一，輪到格洛斯特公爵了。這的確是令人憂傷的場面，又一位英格蘭國王企圖處決一位擁有王室血統的公爵。此前，諾丁漢伯爵湯瑪斯・莫布雷被派往加萊，押解格洛斯特公爵到議會。諾丁漢伯爵走進噤若寒蟬的議會，宣布了令人震驚的消息：格洛斯特公爵已經死了。

諾丁漢伯爵沒有告訴議會的是，公爵是在加萊被謀殺的，下令的就是他自己，當然最終的幕後黑手是國王。格洛斯特公爵被帶出監獄牢房，帶到一座房屋內，在那裡被用羽毛床墊悶死，死亡時間可能是九月九日夜間，也就是議會開幕的九天之前。

諾丁漢伯爵宣讀了一份所謂的格洛斯特公爵政治悔罪書，其中格洛斯特公爵承認自己犯有許多與一三八六年事件相關的罪行，承認上訴諸侯曾在幾天之內決定廢黜國王，但是因為不能決定由他們中的哪一個來繼承王位，於是放棄了計畫，重新對理查二世宣誓效忠。這個所謂認罪非常可疑。悔罪書的結尾是懇求國王「對我開恩，寬恕我，……儘管我配不上他的恩典」。即便已經死了，他還是沒有得到寬恕。他被追加了叛國的罪名。

九月二十八日，星期五，輪到瓦立克伯爵了。他被帶到議會時嚎啕大哭，將自己參與政變歸咎於他人，哭喊著哀求國王饒命。一名衰弱的老人哀求饒命，這是一幅可悲的情景。在其他貴族為他求情之後，理查二世判處他終身監禁於馬恩島（Man），並沒收了他的全部土地和財產。一三八六年的上訴諸侯終於被消滅了。新的政治秩序即將開始。

理查二世重新分配了垮台敵人的廣袤領地，建立了一個新的高級貴族階層。逃脫懲罰的兩位上訴諸侯是岡特的約翰的兒子，德比伯爵（博林布羅克的亨利）和諾丁漢伯爵（湯瑪斯·莫布雷）。他們分別被晉升為赫里福德公爵和諾福克公爵，而莫布雷的外祖母，布拉澤頓的瑪格麗特被冊封為諾福克女公爵。約克公爵埃德蒙的兒子愛德華成為阿爾伯馬爾公爵。理查二世的姪子，肯特伯爵湯瑪斯·霍蘭被擢升為薩里公爵；國王的同母異父哥哥亨廷頓伯爵約翰·霍蘭則成為埃克塞特公爵。薩默塞特伯爵約翰·博福特（John Beaufort）被晉升為多塞特侯爵。④此外冊封了四位新伯爵：國王的朋友和廷臣拉爾夫·內維爾、湯瑪斯·德斯潘塞、湯瑪斯·珀西（Thomas Percy）和威廉·斯柯洛普（William Scrope）分成被封為威斯特摩蘭伯爵、格洛斯特伯爵、伍斯特伯爵和威爾特伯爵。這些封官加爵意味著著地產、權力和財富的大規模轉移。這是令人眼花撩亂的兩週。

九月三十日，議會閉幕，最後的儀式是對「無情的議會」的模仿，諸侯在懺悔者愛德華聖

④約翰·博福特是岡特的約翰與凱薩琳·斯溫福德所生的長子，因為是非婚生子，所以儘管有金雀花王族血統，仍被排除在王位繼承權之外。博福特的孫女瑪格麗特嫁給了埃德蒙·都鐸（Edmund Tudor），生下了後來的都鐸王朝首位君主亨利七世（Henry VII）。埃德蒙·都鐸沒有金雀花王族血統，因此都鐸王朝的法統繼承自約翰·博福特。所以說，都鐸王朝的繼承權非常微弱，得國不正。

龕前宣誓支持此次議會的決議。理查二世高坐在寶座上，威風凜凜、大權在握。整個國家在他面前戰戰兢兢。他的少數文學門客之一約翰·高爾鄙夷地寫道：「在九月，殘忍的暴行執利劍橫行肆虐。」

第七十三章　理查二世垮台

考文垂全城歡呼雀躍。一三九八年九月十六日，星期一，自破曉以來，城外不遠處戈斯福德（Gosford）的比武競技場上，便熙熙攘攘地擠滿了騎士和諸侯、主教和到訪的外國權貴，以及圍觀的平民百姓。到處是裝飾精緻華美的營帳，到處是風流倜儻的騎士侍從，他們身穿五顏六色的鮮亮號衣，佩戴著銀帶扣和甲冑，兵器在他們身側閃閃發光，令人不寒而慄。這天上午九點，將會發生一個稀罕的事件，吸引整個英格蘭的注意力。兩位公爵將在國王面前決鬥，接受上帝的裁決。到這一天結束的時候，赫里福德公爵（博林布羅克的亨利）和諾福克公爵（湯瑪斯．莫布雷）之間很可能有一個人會丟掉性命。勝利者將被證明是清白無辜的。這將是當時最偉大的騎士場合之一。

博林布羅克的亨利和莫布雷在一三八六年時曾是盟友，兩人一起加入了上訴諸侯，跟國王分庭抗禮。在一三九七年的清洗中，他們仍然享有國王的恩寵，避免了格洛斯特公爵、阿倫德爾伯爵和瓦立克伯爵的命運，並且在隨後瓜分土地和頭銜的狂潮中大賺了一筆。然而，現在他們卻是不共戴天之敵。兩人不斷發生激烈爭吵，在議會上、在國王面前互相指責謀逆。威嚴富麗的理查二世決定，解決爭端的唯一辦法是單挑決鬥。

兩人的糾紛根源極深，非常複雜。其核心問題是博林布羅克的亨利於一三九八年在議會上的發言。他告訴國王和與會的諸侯，理查二世的報復行動讓莫布雷十分恐懼，於是莫布雷警告亨利說，他們兩個曾經也是上訴諸侯的支持者，很快就會「完蛋」。博林布羅克的亨利說，莫布雷告訴他，他們得到的赦免令一文不值，國王正在陰謀殺死亨利及其父親岡特的約翰、撤銷一三二七年蘭開斯特的湯瑪斯的赦免令，並要把整個蘭開斯特公爵領地收歸王室所有。這是影響非常重大的指控，要麼是莫布雷為了挑撥勢力強大的諸侯和國王，要麼他的確相信，理查二世正打算剷除整個蘭開斯特家族，徹底排除岡特的約翰和他兒子在金雀花王朝中的繼承權，並借此占有英格蘭最豐厚的遺產。

事實上，兩人的矛盾比這更深。理查二世的宮廷形成了兩個派系，一派是岡特的約翰、博林布羅克的亨利和蘭開斯特家族；另一派則是猜忌、敵視和嫉妒蘭開斯特家族的人。現在看來，陰謀殺害他們的不是理查二世，而恰恰是莫布雷。理查二世強烈地相信自己的堂弟博林布羅克的亨利說的是實話，於是把莫布雷囚禁在王室掌袍部①。但莫布雷的罪名無法得到證實，而且莫布雷也堅決否認說過這樣的叛逆言論，拒絕跟博林布羅克的亨利和解，還要求與他決鬥，於是查理二世做了這樣的選擇。

此時考文垂一派緊張氣氛，狂熱的觀眾和大諸侯的武裝扈從們都急切地等待著，看誰能夠從理查二世暴政的最新一齣恐怖大戲中生存下來。

上午九點，博林布羅克的亨利催動白色駿馬，從戈斯福德衝出。這匹高頭大馬的馬鞍上裝飾著藍色和綠色天鵝絨，繡著金色的天鵝和羚羊。他身旁跟隨著六名身穿號衣的侍從。他身穿熠熠生輝的板甲和鏈甲，這是花了大筆金錢，從米蘭公爵吉安・加萊亞佐・維斯孔蒂（Gian Galeazzo Visconti）那裡買來的。他攜帶著一把長劍、一把短劍和一把匕首，他的銀盾牌上繪有鮮紅色十字，這是英格蘭和聖喬治的紋章。他向英格蘭的司廄長和最高軍務官宣布，自己的目標是「以武力控訴諾福克公爵湯瑪斯・莫布雷，他是叛賊，向上帝、國王、國家和我撒謊」。他宣了誓，檢查自己的武器，讓神父為其祝聖，並吃了點東西，因為戰鬥可能會持續到黃昏。然後，他將頭盔上的面罩拉下，在胸前劃了十字，從一名侍從手中接過長槍，騎到自己的營帳處，等待莫布雷。他的營帳裝飾著許多紅玫瑰。②

---

① 掌袍部（wardrobe）是國王內廷的一個部門，負責保管王室的衣服、財寶和甲冑等。掌袍部控制的資金不受財政部監管，可以算作國王私產，由國王自行支配。

② 紅玫瑰是後來蘭開斯特王朝的標誌。

在傳令官的號角聲中，國王駕到了。理查二世像以往一樣衣著華麗，大隊私人武裝士兵（來自柴郡的弓箭手和武士）前呼後擁。理查二世的忠實平民議長約翰．布希爵士向圍觀群眾宣布，任何人都不得觸碰比武場的木欄杆，否則會被砍斷雙手。空氣中一派殺氣騰騰。這時諾福克公爵到了，身穿紅色天鵝絨，戰馬的披掛上飾有銀色獅子和桑樹。他也宣了誓，然後走進自己的營帳。他縱馬穿過柵欄時，高呼道：「上帝保佑義人！」

戰鬥的時間到了。兩位公爵的長槍都先接受量測，然後他們的營帳都被迅速拆除，以便為比武場留出空地。雙方各自上馬。司廄長和最高軍務官撤離比武場。伸張正義的時刻到了。博林布羅克的亨利向對手衝去。莫布雷在原地一動不動。所有人都在等待第一回合的交鋒。

突然間，理查二世站起身來，高呼：「停下！停下！」所有人都呆若木雞。兩位公爵被送回各自的帳篷，長槍都被沒收，人們議論紛紛。國王開始斟酌此事，人們就在那裡枯坐了兩個鐘頭。最後布希終於站出來，向群眾宣布了國王的命令。裁判結束了，不會有決鬥了。熱衷戲劇性事件和君主威嚴到了強迫症地步的理查二世宣布將兩人都放逐國外，博林布羅克的亨利流放期為十年（後來減為六年），莫布雷則是終身流放。

編年史家湯瑪斯．沃爾辛厄姆將一三九七至一三九九年稱為理查二世的「暴政」，是很有道理的。王權原本用於保護國王的臣民，現在卻被用來鎮壓他們，讓國王從中漁利。莫布雷和博林布羅克的亨利的決鬥被中止之後，理查二世戲劇性的絕對專制（於一三九七年開始）到達了頂峰。金雀花王朝的統治基礎原先是對人民領土、地產和財富的保護。理查二世被自己的權力搞得神魂顛倒，就像他之前的愛德華二世一樣，肆無忌憚地濫用王權。

簇擁在國王周圍的是他的柴郡人馬，包含騎士、騎士侍從和弓箭手，全都穿著白鹿號衣，他們雖然原本就有義務保衛國王，卻為此領取日薪。理查二世不管走到哪裡，都帶著這群暴徒一般的弓箭手和武士，他們互相之間用濃重的北方方言對話，親熱地稱呼國王為「迪肯」。夜間，膀大腰圓的衛兵手執粗大的戰斧，侍立在國王寢室外，並對他說：「迪肯，有我們守衛，你大可以高枕無憂。」據阿斯克的亞當（他是蘭開斯特家族的支持者，消息靈通）記載，柴郡人目無法紀，犯下了累累罪行卻能逍遙法外：「不管國王去哪裡，他們都守護著他……犯下了通姦、謀殺和不計其數的其他罪行。」理查二世所到之處都帶著一隻凶猛的大靈猩，牠曾是已故肯特伯爵的寵物。理查二世毫無人君之風。他時刻小心戒備，時刻威脅著自己的人民，更像是個驕橫跋扈的領主，與他的整個王國為敵。

一三九七年夏季，國王開始強迫臣民借錢給他。他向各郡發出蓋著御璽的書信，索要具體數目的金錢，信中債權人的名字卻是空白的。理查二世的官吏向所有他們認為有油水的人發出這種信，實際上是合法的盜竊。大約在同一時期，國王還開始強破臣民簽署文書，承諾將自己的生命和財產無條件奉獻給國王。如果這些人得罪了國王，國王就可以用這些文書，一夜之間讓他們傾家蕩產。隨著國王的妄想症愈來愈嚴重，他甚至要求臣民在「空白特許狀」上加蓋印章。據沃爾辛厄姆說，「不管國王何時想攻擊簽章的人，都可以各個擊破」。實在找不出比這更明目張膽地違反《大憲章》的做法了。《大憲章》是英格蘭政體的神聖奠基文件，每一屆的議會上都會按照慣例重新頒布一次。

這是理查二世王權最強大的時候，他編織著一張經濟掠奪和人身威脅的大網。整個郡和整座城市被強迫以天文數字的巨款購買國王的赦免令，被迫以數千鎊的數額做為忠順的保證金。一三九七年，國王向全國發布了「普遍大赦」，赦免所謂的侵犯國王尊嚴的集體罪行，但條件是理查二世要終身享有一筆歲貢。兩位新晉大員，阿爾伯馬爾公爵和肯特伯爵（分別是理查二世的堂弟和姪子）得到授權，利用叛國法令獵捕國王的敵人。理查二世似乎相信，他的復仇鐵腕給國家帶來了和平。一三九七年，在給巴伐利亞的阿爾伯特（Albert of Bavaria）的信中，他寫道，他「剷除和消滅了」敵人，發動「嚴峻的復仇」，「給我的臣民帶來了和平，蒙上帝保佑，這和平也許能永世長存」。

這與事實相差甚遠。他的恐怖統治遠遠沒有安撫全國，他的私人武裝卻愈來愈膨脹，將國家逼到了內戰的邊緣。國王建立自己的私人軍隊時，貴族們也紛紛效仿。他大規模重新分配土地的舉措，嚴重擾亂了地方上的權力結構。他所到之處都帶著自己的武士的慣習影響了權貴們的勢力範圍，破壞各郡的穩定，因為地方上的穩定得益於人民對當地權貴的忠誠。理查二世有時顯得心理變態，讓他自己的廷臣也膽戰心驚。有人生動地回憶道，「在一些莊嚴的場合，他照例執行了君主的儀式後，便命人在室內安排寶座。從晚飯之後到晚禱時分，他就威風凜凜地坐在上面，一聲不吭，注視著所有人；他的目光落到任何人身上，不管他的階級地位如何，都必須向國王屈膝鞠躬」。

恐怖的氣氛令人民如坐針氈。不僅僅是貴族坐立不安，一般百姓也掀起了叛亂和暴動。一三九八年三月牛津郡自耕農的叛亂威脅要殺死國王和貴族；同時期伯克郡也爆發了叛亂，企圖在國王巡遊該郡時伏擊他。大多數新貴的地位全都來自理查二世的恩典，一個不小心就會失去一切，因此對他爭相表示忠心，但是這種忠誠是毫無深度的。

理查二世刻意讓他的貴族們爭吵不休、互相敵視和陰謀暗算。博林布羅克的亨利和莫布雷的糾紛體現了理查二世暴政的諸多特點，成為全國矚目的一齣戲劇，其高潮部分是，國王重新申明了自己擁有臣民的生殺予奪大權。一三九八年十月，博林布羅克的亨利離開倫敦，開始他的六年流亡時，街頭擠滿了為他送行的憂傷群眾，對他說：「在您回國前，這個國家永遠不會喜悅。」（這是傅華薩的說法）這恰恰就是理查二世害怕的——其他人得到民心，也是放逐亨利的動機之一。但他們都不可能想到，國王的堂弟很快就捲土重來。

一三九九年二月三日，岡特的約翰在萊斯特城堡去世，享年五十八歲。他的靈柩被緩慢地運過英格蘭鄉村，送葬隊伍周圍擠滿了身穿喪服的哀悼者。據阿斯克的亞當記載，他被「隆重地」安葬在倫敦的聖保羅大教堂。國王在叔叔臨終前拜訪了他。後來有個故事，說岡特的約翰在死前讓理查二世看看自己陽具周圍的潰爛情形，警告他以此為戒，不要縱欲宣淫，儘管這警告有些多餘。

岡特的約翰在其漫長一生中不曾得到普遍的愛戴，但他在一些非常艱難的時刻忠貞地為金雀花王朝效勞，參與了一些重大的冒險。他曾經指揮大軍征戰，也曾率領雄壯華麗的外交使團。他曾長期奮鬥，希望奪得西班牙的一個王位，雖然最終沒能登基，但他養育的兩個女兒分別成為葡萄牙和卡斯提亞的王后。在國內，在愛德華三世晚年，岡特的約翰曾同樣頑強地捍衛金雀花王朝的權益；理查二世在位時，他也努力保護蘭開斯特公爵領地的權利。他是激進的神學家約翰．威克里夫的早期支持者，也是倫敦的派系政治鬥爭中的關鍵人物。最重要的是，他積累了無與倫比的大地產，年收入高達一萬兩千鎊。誰要是繼承了蘭開斯特公爵領地，就會成為英格蘭除了國王之外最富有、最強大的權貴。理查二世在構建自己強大的領地勢力範圍時，不可避免地跟蘭開斯特公爵領地發生衝突。在英格蘭中部的廣袤地區，國王與岡特的約翰的私人勢力範圍互相重疊，造成了許多矛盾，雙方也為了爭奪追隨者而產生競爭。

岡特的約翰的去世對他的長子，博林布羅克的亨利的意義最為重大。因為他是整個蘭開斯特公爵領地的繼承人，因此在一三九九年，他對表兄理查二世來說是個可怕的幽靈。在考文垂的決鬥被取消後，博林布羅克的亨利和莫布雷都離開了英格蘭。莫布雷的公爵領地被剝奪，於是他決定前往耶路撒冷朝聖，途中在威尼斯死於瘟疫。但博林布羅克的亨利的流放一般被認為是不公正的，他到了巴黎，受到查理六世宮廷的歡迎，可以近距離地監視英格蘭局勢。他看到的情景是，一位國王正努力征服自己的國家。偉大而古老的英格蘭領地一個個落入了理查二世及其夥伴手中。曾經屬於瓦立克伯爵、格洛斯特公爵、阿倫德爾伯爵和諾福克公爵的土地和城堡都被收歸王室。一三九八年，第四代馬奇伯爵羅傑·莫蒂默（他有一定的王室繼承權，因為他的母親菲利帕是安特衛普的萊昂內爾的女兒，因此他是愛德華三世的曾外孫）在愛爾蘭被殺。他的兒子埃德蒙還是個小男孩，於是馬奇伯爵領地被國王收入囊中，由國王來監護。

岡特的約翰的葬禮結束後，理查二世去了蘭利，那是愛德華二世最喜愛的地方，皮爾斯·加韋斯頓的遺體被葬蘭利，愛德華二世曾在那裡考慮如何報復死敵蘭開斯特伯爵湯瑪斯。理查二世抵達蘭利的時候，做出了一個攸關命運的重大決策。據理查二世的忠僕威廉·巴戈特（William Bagot）爵士記載，國王宣布，他寧願讓格洛斯特公爵、瓦立克伯爵和阿倫德爾伯爵的後代恢復繼承權，也不願意讓博林布羅克的亨利回到英格蘭。巴戈特寫信給博林布羅克的亨利，告訴他，現在國王已經和他「勢不兩立」。三月十八日，理查二世在西敏召開會議，正式宣布剝奪博林布羅克的亨利對蘭開斯特公爵領地的繼承權，並判處他終身流放。

理查二世攫取土地到了最厲害的地步，岡特的約翰晚年害怕的事情果真發生了。一三九九年春季，他的大片遺產被瓜分給理查二世的主要黨羽：蘭開斯特、塔特伯里和凱尼爾沃思被封給薩里公爵湯瑪斯·霍蘭；在威爾斯的領地被封給埃克塞特公爵約翰·霍蘭；萊斯特、龐蒂弗拉克特和博林布羅克被賞給理查二世的堂弟阿爾伯馬爾公爵。剩餘的大部分領地都被掌握在王室手中，其豐厚的收入直接流進理查二世在諸多王家城堡內建立的金庫。正如沃爾辛厄姆所說，此刻英格蘭全國人民都明白，理查二世放逐自己的堂弟，不是因為後者跟莫布雷的爭吵，而是「因為這是個攫取公爵的財產的良機」。理查二世不像是個國王，而是個放縱的盜賊。由於這最後一次攫取土地的惡行，也宣告了自己的命運。

博林布羅克的亨利在巴黎得知自己被剝奪繼承權時，並不感到意外。他自幼與理查二世熟識，在一三八一年的農民叛亂期間曾躲在倫敦塔的壁櫥內，在理查二世與上訴諸侯的長期鬥爭中曾經反對過他，也曾支持過他。他知道，國王不是一個值得信賴的人。但在同一時間傳到巴黎的其他消息也許會讓他吃驚：國王打算率軍第二次遠征愛爾蘭。他會將自己的支持者和大部分私人武裝都帶過愛爾蘭海，英格蘭在幾個月之內會幾乎沒有軍隊駐守。

這是個天賜良機，實在不容錯過。理查二世在英格蘭和法蘭西都有敵人，於是博林布羅克的亨利和他們所有人取得了聯繫。他的第一個盟友是湯瑪斯·費茲艾倫（Thomas FitzAlan），即前任坎特伯里大主教，他在自己的兄弟阿倫德爾伯爵被處決的時候，也被理查二世罷免。阿倫德爾家族和蘭開斯特家族的關係也許不算太好，但他們都對國王恨之入骨。他們還聯繫到英格蘭國內對國王心懷不滿的分子，包括諾森伯蘭伯爵亨利·珀西、威斯特摩蘭伯爵拉爾夫·內維爾。亨利從這些人那裡得知，如果他入侵英格蘭以奪回自己的遺產，應該會得到許多貴族的支持，大有希望成功。

理查二世於五月底出征，於六月一日抵達愛爾蘭。他一定知道英格蘭本土可能遭到入侵，因為他把王冠和王室御寶（金雀花王權的關鍵標誌物），以及博林布羅克的亨利的兒子蒙茅斯的亨利③，帶去了愛爾蘭。他還帶去大部分保王派貴族和大量武士與弓箭手，準備討伐一些愛爾蘭酋長。

法蘭西國王查理六世的精神疾病經常發作，因此法蘭西政府朝政紊亂，對博林布羅克的亨利不構成威脅。他於六月底離開了法蘭西。一三九九年七月四日，他在亨伯河口的雷文斯伯恩（Ravenspur）附近登陸。他身邊只有不到一百人，算不上讓人畏懼的入侵。但據《柯克斯托爾編年史》（*Kirkstall Chronicle*）史家記載，他剛剛登陸，「大群騎士和騎士侍從聞風蜂擁而來投奔他」。他的擁護者包括許多北方伯爵和騎士，包括諾森伯蘭伯爵的兒子哈里・「熱刺」④，他享有英格蘭第一騎士的威名。

---

③ 蒙茅斯的亨利（Henry of Monmouth）是後來的亨利五世國王。

④ 哈里・「熱刺」（Harry 'Hotspur'）就是亨利・珀西爵士（1364-1403），第一代諾森伯蘭伯爵亨利・珀西的長子，當時的英格蘭名將，在與蘇格蘭的戰爭中屢建奇功。珀西家族支持博林布羅克的亨利。但後來他們又起兵反叛亨利四世，亨利・珀西爵士陣亡。亨利・珀西爵士是莎士比亞名劇《亨利四世》的主要人物之一。

理查二世的國民長期以來飽受欺凌和敲詐，於是紛紛倒向博林布羅克的亨利的陣營。《英格蘭國王理查二世遭背叛及遇害編年史》（一部記述理查二世末年的史書，對他比較同情）的作者寫道，「人們爭先恐後地奔向公爵，為他效力，向他獻上自己的財產，無一例外」。整個英格蘭為博林布羅克的亨利駕臨的消息而歡欣鼓舞。理查二世留在國內的政府以約克公爵（蘭利的埃德蒙，博林布羅克的亨利和國王的叔叔）為首，主力幹將則為國王的寵臣，包括約翰・布希爵士和理查・斯柯洛普爵士。他們於七月中旬企圖在牛津組建一支保王黨軍隊，但英格蘭中部人民都奔向博林布羅克的亨利的陣營，因此他們不得不向西一退再退。阿斯克的亞當估計，博林布羅克的亨利麾下擁有十萬大軍。雖然編年史家們習慣誇大其詞，但這一次應該沒有誇張。

理查二世於七月底回國，企圖在威爾斯南部召集一支自己的軍隊。但博林布羅克的亨利已經到了布里斯托。從英格蘭到威爾斯，消息紛至沓來，聲稱差不多全國都已經背叛了國王。國王喬裝打扮為聖方濟各會修士，和少數親信一起，拋下了在威爾斯南部徵集的兵馬，向北橫穿威爾斯，抵達康維，索爾茲伯里伯爵正在那裡徵集一支保王黨軍隊。國王抵達康維的時候，愈發垂頭喪氣。索爾茲伯里伯爵的四萬軍隊作鳥獸散，士兵們紛紛逃離，還把國王的財物，包括金銀珠寶、駿馬華服都搶走了。

到八月初，博林布羅克的亨利幾乎已經是英格蘭無可爭辯的主宰。理查二世無助地枯坐在康維城堡，向上帝和聖母瑪利亞祈禱，並向朋友們絮絮叨叨，希望法蘭西國王會來援助他。而全體國民卻證明了他們對國王的忠誠少得可憐。八月五日，切斯特伯爵領地（理查二世勢力的核心）向博林布羅克的亨利求和。八月九日，切斯特城堡未作任何抵抗，便向亨利的軍隊投降。儘管公爵下令部下不得屠殺柴郡人，但士兵們還是燒殺擄掠一番。編年史家阿斯克的亞當去考丁頓教堂做彌撒的時候發現，教堂被洗劫一空，只剩下門和破碎的箱子。

理查二世完蛋了。他的盟友阿爾伯馬爾公爵和伍斯特伯爵都投靠了博林布羅克的亨利。他的同母異父哥哥埃克塞特公爵和姪子薩里公爵被俘。博林布羅克的亨利以英格蘭總管大臣的身分，派遣諾森伯蘭伯爵去康維城堡逮捕理查二世。對仍然癡迷於自己君主權威的國王來說，投降的條件非常可怕。他被傳喚自行前往議會，博林布羅克的亨利將在議會上擔任英格蘭的「主審法官」，而國王的五位盟友：埃克塞特公爵、薩里公爵、索爾茲伯里伯爵、卡萊爾主教和理查·莫德林（Richard Maudelyn）將受到審判，罪名是叛國。國王像往常一樣暴跳如雷，大呼小叫地要處死自己的敵人。「其中有些人，」他說道，「我要活活剝了他們的皮！」但他別無選擇，不得不跟著諾森伯蘭伯爵走。

理查二世和博林布羅克的亨利在弗林特會面了。儘管國王顯然已經是公爵的囚徒，但兩人還是假惺惺地按照貴族禮節寒暄了一番。亨利向國王鞠躬致敬，理查二世稱他為「親愛的蘭開斯特堂弟」。《英格蘭國王理查二世遭背叛及遇害編年史》的作者是這次會談的現場目擊者，據他記載，博林布羅克的亨利告訴理查二世，他在「您召喚我回國之前」就回到了英格蘭，是因為「您這二十二年來朝綱敗壞……因此，在平民的認可下，我將輔佐您治理國家」。

「親愛的堂弟，如果你願意這麼做，那麼我也很高興。」理查二世答道。然後他正式向堂弟投降。他和索爾茲伯里伯爵得到了兩匹劣馬，在武裝押解之下，和博林布羅克的亨利一起出發，前往切斯特。切斯特城堡不再是患有妄想症的國王的軍事要塞，而是他的牢籠。

第七十四章　理查二世眾叛親離

一三九九年九月二十一日，瓦立克伯爵的兄弟，威廉・比徹姆爵士去倫敦塔拜訪了被囚禁在那裡的理查二世國王。阿斯克的亞當陪同威廉爵士一同前往，他在自己的編年史中寫道，這一天恰好是阿倫德爾伯爵被斬首的兩週年紀念日。比徹姆和亞當都是博林布羅克的亨利的忠實支持者，他們此行的目的是「專程確定理查二世的情緒和行為」（這是亞當的說法）。

理查二世已經在倫敦塔被關押了十九天。他的年輕妻子伊莎貝拉也在博林布羅克的亨利手中，被軟禁在伯克郡的索寧，待遇優厚。八月底，博林布羅克的亨利下令將國王從切斯特城堡送到倫敦，他於九月二日抵達那裡。儘管國王被軟禁在舒適的住宅，而不是被鎖在地牢裡，但訪客們還是發現他情緒低落。國王失去了日常的僕役，周圍淨是蘭開斯特家族的細作，虎落平陽的國王終於形單影隻、眾叛親離。就連他的靈猩也不見了蹤影。國王在威爾斯南部的時候，靈猩棄他而去。

理查二世感到非常淒涼，這是可以理解的。公爵選擇倫敦塔做為囚禁他的場所，實在是刻意刺激他。一三八一年農民叛亂的時候，國王和公爵兩人都曾在這座王室監獄避難，亨利僥倖躲過了被俘和喪命的噩運。理查二世一定回憶起他童年的那段經歷：他站在倫敦塔的一扇孤窗前，俯視著正在燃燒的倫敦城，目睹整個國家揭竿而起。現在他故地重遊，國家雖然沒有陷入農民叛亂的無政府狀態，但又一次反對他的統治。

據阿斯克的亞當記載，理查二世坐下和客人們一起用晚餐的時候，「悲哀地說起話來」。「我的上帝啊。這是一個怪異又反覆無常的國度。」國王說道，「這麼多國王，這麼多統治者。這麼多偉人垮台、喪命。國家無時無刻不勾心鬥角、四分五裂，人們自相殘殺、互相仇恨。」然後，他開始例數歷史上被自己的人民推翻的英格蘭國王們。阿斯克聽他講述了「自王國草創以來，遭遇過此等命運的君王們的名字和歷史」。這情景多麼可悲：喜愛自己祖先的古老故事的國王，如今發現歷史在重演，而他自己成了犧牲品。

「看到……他的靈魂所受的折磨，」阿斯克寫道，「而且派來侍奉他的人都對他毫無感情可言，也不習慣於伺候他，都是些被派來監視他的陌生人，我走時心頭頗受觸動，自己思忖著他先前的榮光，以及世間命運的反覆無常。」

阿斯克的亞當沒有具體說理查二世講的是哪幾位國王的悲慘命運，但也不難猜到。他的英雄，懺悔者愛德華在位期間，國內多次爆發叛亂，最後在諾森布里亞叛亂之後死去；約翰國王，金雀花王朝第一位被諸侯的意志限制了王權的君主；亨利三世，曾經被自己的諸侯俘虜；以及愛德華二世，理查二世曾努力為他正名，洗去他名字上的汙點。

做為國王，理查二世比上述幾位昏君和暴君加起來還要糟糕。像懺悔者愛德華一樣，他標榜自己的神性，卻不知道生兒育女，傳承法統。像亨利三世一樣，他癡迷於神聖的儀式，卻讓英格蘭在法蘭西的征服事業土崩瓦解。像約翰一樣，他虐待自己的人民。像愛德華二世一樣，他敵視蘭開斯特家族，攫取手下貴族的土地，以陰謀詭計汙染了政治，雖然在很長時期內得到了許多機會來痛改前非，卻冥頑不靈。更普遍的情況是，他聽信奸臣讒言，攻擊和掠奪自己臣民的財產，而不是保護他們的財產。他培植自己的勢力，以一個領主的身分跟諸侯爭奪利益，卻沒有盡到更高層的義務：提供公共權威。他相信王權就是威望和輝煌的外衣，卻不懂得去領導。最後，他只能落得一無所有。

阿斯克的亞當與國王共進晚餐九天之後，即九月三十日，星期二，英格蘭諸侯跟平民代表在西敏廳開會。這其實就是一次議會，儘管沒有國王的批准，它沒有完整的議會地位。大廳一端是空蕩蕩的寶座，上面蓋著金線織物。理查二世仍然在倫敦塔。約克大主教理查・斯柯洛普起立，向與會者宣讀了一份聲明。他說，理查二世因為自己無能，已經同意遜位。重新獲得坎特伯里大主教地位的湯瑪斯・阿倫德爾起立，詢問眾人是否接受這個事實。據官方檔案記載，每一位貴族都表示同意。然後平民代表們呼喊著表示同意。

理查二世真的是自願退位的嗎？他肯定是別無選擇。官方檔案給人製造的印象是，他是完全自願地退位的，說自己「無德無能，不配享有王位」。但同情理查二世的史書《英格蘭國王理查二世遭背叛及遇害編年史》的說法迥然不同。它記載了此次「議會」前一晚博林布羅克的亨利與理查二世的激烈爭吵。理查二世口出惡言，大發詛咒，要求見自己的妻子，而亨利拒絕在沒有經過議會程序的情況下放他走出倫敦塔，什麼都不肯答應。據編年史記載：

國王大發雷霆，但束手無策，他對公爵說，他（公爵）對他（國王）和國家都犯下了滔天大罪。公爵答道：「議會召開之前，我們什麼也不能做。」國王氣得簡直說不出話來，在室內踱了二十三步，一言不發；然後他脫口而出：「……這二十二年來，你一直當我是你的國王，怎敢這樣殘酷地對待我？你像奸詐之徒一樣對待我，像叛賊對待主人一樣；我發誓，要和你們當中四個最優秀的人決鬥。」國王這麼說著，將自己的帽子丟到地上。

這仍然無濟於事。會議代表們同意廢黜國王，透過一項新的、前所未有的司法程序快速採取了措施。聖艾瑟夫（St Asaph）主教向眾人宣讀了三十三條廢黜國王的條款。這是理查二世的罪狀錄，從他登基伊始，一直講到他暴政的最後日子。其中包括他在一三八〇年代的「邪惡統治」、他殘忍對待上訴諸侯（「國王對這些人格外仇恨，因為他們希望國王受到良好的節制」)、他讓羅伯特・德・維爾組建一支軍隊來鎮壓自己的人民、他驅使來自柴郡的「大群為非作歹之徒」鎮壓自己的臣民、出售赦免令以敲詐勒索、竄改議會檔案、不公正對待博林布羅克的亨利、濫用賦稅與貸款、拒絕「維護和捍衛國家的公正法律和風俗習慣」、數不勝數的勒索和欺騙罪行、將王室珠寶運往愛爾蘭、違反《大憲章》，以及一項泛泛而談但極其嚴厲的譴責，即「國王的言辭和文字如此反覆無常、虛偽矯飾，尤其對教宗和外國君主亦是如此，以至於無人敢信任他」。

罪狀宣讀完畢之後，聖艾瑟夫主教發出了廢黜國王的裁決。然後，博林布羅克的亨利從議會席位上起立，劃了十字，然後宣布王國屬於他，用英語說道：「以聖父、聖子與聖靈的名義，我，蘭開斯特的亨利，在此宣布，英格蘭王國、王位及其所有權利與附屬物，均歸我所有，因為我擁有善良的亨利三世國王的正當血統。由於朝綱敗壞、良好法律被廢止，國家幾乎已經到了崩潰邊緣。上帝賦予我莫大恩典，讓我在親朋的援助下，收復了王位。」他拿出理查二世的御璽，向眾人展示，然後拉住阿倫德爾大主教的手。坎特伯里大主教領著博林布羅克的亨利走到大廳前部的金御座前。亨利在御座前跪下，做了祈禱。他睜開眼睛，坎特伯里大主教和約克大主教分別扶著他的一隻胳膊，幫他在御座上坐下。西敏大廳迴盪著貴族和平民代表們的歡呼和掌聲。

英格蘭人民的呼喚震撼著大廳。巨大的聲響向錘梁屋頂（王室耗費巨資請亨利・伊夫利建造的）飛去，環繞著四壁上的白鹿圖案，在從懺悔者愛德華到理查二世的十三位英格蘭國王的雕像間迴盪。這聲響還迴盪在一個新王朝的第一位君主的耳際。博林布羅克的亨利成為蘭開斯特王朝的第一位國王。

一位新國王被選舉產生了。或者，從另一個角度看，英格蘭王位被突然篡奪了。一三九九年十月一日，理查二世被正式褫奪全部宗主權和王位。四個月之後，他將會活活餓死在龐蒂弗拉克特城堡的獄中。十月十三日，懺悔者愛德華的宗教節日，蘭開斯特公爵亨利被加冕為英格蘭國王亨利四世（Henry IV）。之所以選擇這個日期，是為了強調這位新國王的王族血統。但這無法掩蓋赤裸裸的現實。在連續八代君主、兩百四十五年統治之後，金雀花王朝的法統傳承中斷了。今後，大貴族也能互相攻殺、爭奪王位了。理查二世愚蠢而貪婪，他對王權的幾乎所有方面都理解錯了，造成了可怕的、破壞性的後果，終於將他繼承的一切拋進了歷史的火堆。

英格蘭王政的一個新時代拉開了帷幕。

終章

亨利四世成功篡位之時，他的熱誠擁護者阿倫德爾大主教將他比作猶大·馬加比，即聖經時代的傳奇英雄，他率領上帝的選民揭竿而起，反抗壓迫者，將惡人逐出耶路撒冷，並重新淨化了聖殿。這是個很有針對性的比喻：馬加比跟亨利四世一樣，也是憑藉個人勇氣和軍事天才，成功地領導人民奮起反抗。他是憑藉自己的正義性，而不僅僅是靠出身，才成為君主的。

亨利四世登基之後，便開始了強有力的宣傳攻勢，強調新國王的神聖性，以及他在務實的層面上是多麼適合當國王。他不僅是在一三九九年的聖愛德華日加冕的，而且在加冕禮上，他的塗油禮所用的聖油，據說就是聖母瑪利亞直接送給湯瑪斯·貝克特大主教的那一瓶，後來這瓶聖油成為新國王的外公，愛德華三世的得力大將格羅斯蒙特的亨利的財產。在慶祝亨利四世加冕禮的宴會上，一位騎士湯瑪斯·迪莫克（Thomas Dymock）爵士來到了西敏廳。他宣稱自己是國王的捍衛者，並向眾人宣布，誰要是敢質疑亨利四世當英格蘭國王的權利，「他做好了準備，要在此時此地，用自己的身體來證明」。沒有人敢回應他的挑戰。

如果亨利四世做為英格蘭新國王的地位無可爭辯，那麼理查二世在被廢黜四個月之後的死亡就是不可避免的了。阿斯克的亞當對老國王垮台的速度之快深感驚訝，「（理查二世）被命運之輪掀翻，在人民沉默的唾罵聲中，悲慘地落入亨利公爵手中。」阿斯克的亞當在給理查二世的信中寫道，若國王「順應天意和民意來理政，那麼您一定會配得上人民的頌揚」。博林布羅克的亨利如此輕而易舉地奪得王位，人民對理查二世的死也沒有流下一滴眼淚。

但就和愛德華二世一樣，只要理查二世還活著，舊政權的倒台寵臣們就有可能尋釁滋事。一三九九年十二月，一群前保王黨人炮製了一起陰謀，為首的是拉特蘭伯爵愛德華（即理查二世的姪子、先前的阿爾伯馬爾公爵，後被議會削去了公爵頭銜）、索爾茲伯里伯爵約翰·蒙泰古、理查二世的同母異父哥哥約翰·霍蘭和姪子湯瑪斯·霍蘭（他們的埃克塞特公爵和薩里公爵頭銜也被削去了）。陰謀集團企圖在一四〇〇年一月六日主顯節這一天（理查二世的三十三歲生日）襲擊溫莎城堡，擾亂第十二夜慶祝活動，綁架新國王及其兒子哈里王子（已被冊封為威爾斯親王、阿基坦公爵、蘭開斯特公爵、康沃爾公爵和切斯特伯爵），並營救老國王。但幸運女神早就拋棄了理查二世及其同黨；由於內鬼出賣，這次陰謀很快就東窗事發，被粉碎了。湯瑪亨利四世和王子都安然無恙，叛賊分散到英格蘭全境，企圖煽動民眾暴動，但都失敗了。湯瑪斯·霍蘭和索爾茲伯里伯爵被賽倫塞斯特的憤怒群眾斬首，約翰·霍蘭則在群眾的呼籲下在普萊西（恰好是一三九七年理查二世逮捕格洛斯特公爵的地方）於傍晚時分被斬首。另一名密謀者湯瑪斯・德斯潘塞爵士在布里斯托被平民殺死。人民並沒有發動叛亂來支持老國王，而是普遍感到義憤填膺，他的黨羽又再次企圖破壞英格蘭政體。

主顯節陰謀的敗露推動了理查二世的最終死亡。被廢黜的國王被羈押在龐蒂弗拉克特，終身服刑。據湯瑪斯・沃爾辛厄姆記載，「得知這些不幸的事件後，他精神失常，自行絕食，丟了性命，傳聞就是這樣的」。《英格蘭國王理查二世遭背叛及遇害編年史》的作者對理查二世較為同情，暗示他是被謀殺的，宣稱國王是被一個叫做「皮爾斯・艾克斯頓爵士」的人害死的，他用斧頭砍碎了國王的腦袋。真相很可能在這兩個極端之間，理查二世可能是被新國王下令餓死的，因為新政權再也不能容忍他繼續存在，就像羅傑・莫蒂默在一三二七年不能容忍愛德華二世活下去一樣。阿斯克的亞當認為，餓死理查二世的凶手是一個叫做「N・斯溫福德爵士」的人（最有可能是亨利四世的內廷騎士湯瑪斯・斯溫福德爵士）。

理查二世的死亡日期可能是一四〇〇年的聖瓦倫丁日，到二月十七日肯定已經死了。他死後，亨利四世煞費苦心地將自己表兄的屍體展示給全國。理查二世瘦骨嶙峋的遺體被從龐蒂弗拉克特運往倫敦，臉部露出來讓所有人見證。遺體在聖保羅大教堂停放兩天之後，被運往蘭利（位於赫特福德郡）比較私密的王室宅邸下葬。

理查二世被廢和亨利四世登基令同時代人頗感驚愕和困惑。阿斯克的亞當的「命運之輪」

的比喻特別恰當。老國王放逐博林布羅克的亨利，處於自己暴政的顛峰時，似乎是整個金雀花王族最強盛的一位國王。然而僅僅過了幾個月，他的政府就垮台了，自己也丟了性命。天意真是不可預測。但理查二世的倒台並非僅僅是因為上蒼的反覆無常。人們普遍認為，他的殘暴行為、凶惡荒政、寵信奸佞給他自己帶來了噩運，是咎由自取。他無視自己的王國，一心中飽私囊，持續地蔑視自己的加冕誓言、《大憲章》和議會的尊嚴。理查二世如此倒行逆施，導致和他血緣最近的男性繼承人博林布羅克的亨利很輕鬆地奪得了王位。亨利打出的旗號是金雀花王朝最古老的原則，它是自一二一五年以來每一場政治和政體危機的核心：國王應當在守法的前提下統治，並接受國內賢良的進諫和輔佐。

儘管新政權竭盡全力地將自己的地位合法化，並為廢黜老國王的行為辯解，但王室始終沒有從理查二世被廢的傷痛中痊癒。愛德華二世是被自己無可爭議的繼承人取代的，而理查二世的情況不同，攫取他王位的是一個自稱擁有王室血統的貴族，並且在相當程度上是單方面的王位搶奪者。從父系血統來看，亨利四世或許是最優先的王位繼承人，但若考慮母系，埃德蒙·莫蒂默的繼承權或許比他更優先，因為埃德蒙·莫蒂默是安特衛普的萊昂內爾的女兒、阿爾斯特女伯爵菲利帕的孫子。愛德華三世是被廢國王的兒子，而亨利四世不是。他只是理查二世好幾個堂表兄弟中的一個，大家都是王室宗親，都有繼承權。亨利四世的篡位等於是跨過了盧比孔河①，再也不能回頭。十五世紀中葉爆發的戰爭（今天被稱為玫瑰戰爭），起初是一場事關政治的戰爭，但由於亨利四世篡位而引發的問題始終懸而未決，很快演變成了金雀花王朝的繼承戰爭，直到亨利七世登基，才終於塵埃落定，而亨利七世簡直算不上金雀花王族的人（亨利七世登基之後，企圖利用大量的浮華排場證明自己擁有愛德華三世的血脈，以將自己的篡位合法化，他和他的兒子亨利八世後來殺害和剷除了英格蘭貴族中每一個有金雀花王族血統的人）。理查二世的被廢標誌著這個悲慘故事的開端。

在某些意義上，亨利四世的登基將英格蘭王政倒退回了一個幾乎被遺忘的時代。自一一五〇年代亨利二世排擠了史蒂芬的兒子尤斯塔斯，成為英格蘭王位繼承人以來，王室法統的傳承還從來沒有如此明顯地將血緣關係和選舉原則，跟爭權奪利的殘酷政治現實結合起來。此後再也沒有一個王朝能夠像金雀花王朝在一一八九至一三七七年那樣，如此穩定而輕鬆地傳承大統。

當然，理查二世的被廢並沒有將時光逆轉到諾曼時代。金雀花王朝遺產的影響極其深遠，到一四〇〇年，英格蘭已經不再是十二世紀中葉的那個盎格魯—諾曼王國，已經發生翻天覆地

---

① 盧比孔河（Rubicon）是義大利北部的一條約二十九公里長的河流。在西方，「渡過盧比孔河」是一句很流行的俗語，意思等同「破釜沉舟」。這句俗語源自於西元前四九年，根據當時的羅馬共和國法律，任何將領都不得帶領軍隊越過做為義大利本土與內高盧分界線的盧比孔河，否則就會被視為叛變。凱撒冒險破除此禁忌，帶兵進軍羅馬跟龐培展開內戰，並最終獲勝。

的變化。

國王這個位置已經被完全翻新了。到一四〇〇年，國王不再僅僅是國內最有權勢的人，擁有司法裁判、收取封建貢金和代表全國開戰的特權，而且是一個保有職位的人，雖然有極大權力，但也有極大的責任，受到複雜的憲法契約的約束（這種契約將國王與各階層聯繫起來）。諾曼時代的國王們（以及他們之前的撒克遜諸王）有時會授予臣民有限的、極其含糊的自由特許狀，並根據習慣法來統治，但在金雀花王朝的年代，出現了極其複雜和精細的政治哲學，向全國人民闡釋國王的義務，也向國王闡釋國民的義務，還發展出一大批普通法和法令，藉以治理國家。國王仍然是國內普遍權威的來源，但他的權力支撐著司法與立法的複雜體制。

雖然統治的條件發生了變化，但國王的行動和個人意志仍然起到極大的作用。國王們的個性，以及他們的直系親屬，諸如妻子、兄弟、兒女和堂表兄弟的個性，極大地塑造了他們的統治和他們的世界。在這層意義上，政治在根本上仍然是無法預測和不穩定的。但是，如今王權與國王本人已經是迥然不同的兩個概念，君主統治的制度和哲學與國王本人之間的區分比以往歷朝歷代都更明顯。金雀花王朝的每一位國王都比前一位國王更受到政治體制的影響，這種體制將廣泛的國民吸納進了政府當中。議會包括各郡平民的代表，而不僅限於大貴族和教會權貴。議會保留著批准徵稅的權力，以此換取國王聽取他們的申訴、為他們主持公道。國民可以審視政府，可以彈劾不稱職的大臣，最終連國王也可能被廢黜。即便是金雀花王朝晚期最精明強幹和最成功的國王，如愛德華一世和愛德華三世，也在一二九七年、一三四一年和一三七六年經歷過不舒服的時刻。在接下來的十五世紀裡，議會和戰場都將成為政治動盪的論壇。

除了議會之外，金雀花王朝還賦予英格蘭一個複雜而根基很深的制度，即王國政府直接參與地方事務。政府工作不再僅僅是侍奉國王的教士、文書和主宰各自領地的大權貴的專利。政務由西敏的一群訓練有素的職業官吏和各郡的世俗官吏執行，這些人來自平民，但代表王室工作。法官、律師、文書、會計、郡長、執行吏、王室私產管理官和充公產業管理官都來自中層階級，他們這種出身的人現在可以從軍，也可以當官。在諾曼時期，參政議政的人只包括少數地位最高的主教和諸侯，而現在甚至擴大到了富裕農民。這些農民就像一三八一年的叛亂者那樣，感到自己有責任和義務參與王國政府，並有權以非常高端的方式（高端到令人意外）表達自己的不滿。在十三世紀，《大憲章》不斷得到重新頒布，其文本被釘在幾乎每一座教堂的大門上。《大憲章》的精神已經深深滲透到所有階層和背景的人們意識中。一四五〇年，傑克·凱德（Jack Cade）揭竿而起反對亨利六世，當時的英格蘭下層階級顯然比歷史上任何時刻都更清楚地意識自己在英格蘭政體中的地位。諾曼王朝治下的英格蘭比一個殖民地強不了多少，統治者高高在上，從遙遠的地方遙控英格蘭。而金雀花王朝的英格蘭已經成為歐洲最有影響力和最成熟的王國之一。

王權的象徵也經歷了演化。現在英格蘭有了兩位全國性的聖徒：懺悔者聖愛德華和聖喬治。他們代表著金雀花王朝的兩副面孔：虔誠的神聖受膏君主和得到上帝佑助的戰士。早期的英格蘭聖徒，如殉道者聖愛德華和聖埃德蒙，現在大多已經被遺忘了，而懺悔者聖愛德華和聖喬治則被巧妙地編織進英格蘭歷史的敘述，成為雄偉建築的裝飾，以及王權的象徵圖像。這兩位聖徒仍然繼續對英格蘭人的想像施加極大的影響。尤其是聖喬治成了英格蘭軍事榮耀的象徵。莎士比亞在《亨利五世》中追憶這位賢君的統治，以及百年戰爭中英格蘭命運的最輝煌時刻時寫道：「吶喊吧，上帝保佑哈里、英格蘭和聖喬治！」愛德華三世鼓勵人民崇拜聖喬治，並設立嘉德勳位，給這種崇拜賦予具體的形式。聖喬治成為國民想像的一部分，永垂不朽。

金雀花王朝的兩位聖徒為英格蘭王權的兩個關鍵核心賦予了神聖的光輝。懺悔者愛德華的光榮陵寢設在改建後的西敏寺的中心，金雀花王朝的家族陵墓就環繞著它。有趣的是，並非所有國王都會被安葬在這座陵墓中。愛德華二世儘管與懺悔者同名，但一生作惡多端，死去的時候沒有國王的名分。為了懲罰他可恥的暴政，他被孤零零地葬在格洛斯特修道院，與其他國王分開。理查二世同樣也沒有資格在西敏安眠。他在一三九五年命人建造的超級豪華雙人陵墓（以珀貝克大理石為基座，帶有銅像）中，最後只安葬了王后波希米亞的安妮。理查二世的長眠之地是蘭利，臭名昭著的惡棍皮爾斯・加韋斯頓就被埋葬在那裡。直到一四一三年，亨利五世繼位的時候，理查二世的遺體才被轉移到西敏，終於來到他的妻子和懺悔者愛德華的身邊。一三八一年，在前往史密斯菲爾德面對瓦特・泰勒的叛亂軍之前，理查二世曾在懺悔者愛德華的陵墓前禱告。

聖愛德華享受尊崇最多的地方是西敏的王陵，而在較近期受到膜拜的另一位國民聖徒接受景仰的場所，則是溫莎聖喬治小教堂的嘉德騎士座位。這座小教堂後來由愛德華四世重建，成為英格蘭歷代君主的另一個長眠之地。愛德華三世建立了嘉德騎士團，禮拜聖喬治，推崇尚武騎士的光榮法則，重新塑造這位武士國王與大諸侯之間的關係。它為愛德華三世及其兒子們跟法蘭西的殘酷戰爭提供了一種精神上的、榮譽性的敘述。在一定程度上，聖喬治甚至取代了神話中的亞瑟王，成為英格蘭征服的英雄。毫無疑問，對亞瑟王（其實他原先是威爾斯的英雄，於愛德華一世在位時被英格蘭人竊取）的崇拜是在金雀花王朝時期發展起來的，亞瑟王傳說也從民間傳說故事的主題演化成了王室排場的可靠元素（而民間傳說故事的最早代表是不法之徒替天行道的故事，如羅賓漢的歌謠）。但在愛德華三世時期發展起來的聖喬治崇拜則更強大有力。亞瑟王給了愛德華一世藉口去征服威爾斯和壓倒蘇格蘭（儘管這種藉口純屬虛構），而聖喬治的大旗的作用甚至更大，它把國王與貴族和騎士階層聯合起來，共同奮戰，並最終鼓舞整個英格蘭在海峽對岸征戰。自一二〇四年約翰丟失諾曼地、盎格魯—諾曼王國開始痛苦而永久性地破裂以來，除了愛德華三世，沒有一位國王能夠完成這樣的功業。

在金雀花王朝時代聲名遠揚的聖徒不只是聖愛德華和聖喬治。除了他們之外，還有許多英雄，他們都被認為得到了上帝的祝福，儘管並不是全都被封為聖徒。這些英雄是在對抗國王的過程中喪命的偉人。在坎特伯里，聖湯馬斯．貝克特的墓地是英格蘭最利潤豐厚的朝聖地。這位喜好爭吵的大主教被亨利二世謀殺，他的聖龕浸染著鮮血和傳說，其神聖程度足以跟歐洲大陸上的許多朝聖地（從巴黎的巴黎聖禮拜教堂到加利西亞的聖地牙哥．德．孔波斯特拉〔Santiago de Compostela〕，條條朝聖路上有諸多這樣的聖所）媲美。從亨利二世本人開始，金雀花王朝歷代君主都來到聖湯馬斯的聖龕前，要麼是禱告以尋求堅毅的勇氣，要麼是為了勝利而感恩。聖湯馬斯的聖龕一直是最神聖的場所，直到一五三八年，亨利八世解散天主教修道院期間下令將它拆毀。聖龕被拆除，貝克特的遺骨被拋棄在小溪裡。今天，貝克特聖龕只剩下一支小蠟燭和一塊匾銘，但貝克特仍然是英格蘭歷史上最著名的人物之一，他的遇害也是英格蘭歷史正典中最重要的事件之一。他肯定比另外兩位跟金雀花國王對抗的人——西蒙．德．孟福爾和蘭開斯特伯爵湯瑪斯更有名，儘管這幾個人的遺體和聖龕都有所謂的奇蹟異象出現。

金雀花王朝歷代國王的遺產在很大程度上取決於他們在戰場上的成功，王朝也正是透過他們的軍事成就給英格蘭留下了印跡。在金雀花王朝的年代，正如英格蘭政府和政治文化發生了變化一樣，軍事戰略和戰術的幾乎方方面面都發生了革新。亨利二世、理查一世和約翰與他們的諾曼祖先有很多共同之處，在他們的時代，戰爭藝術就是攻城的藝術。十二世紀和十三世紀初的大戰役幾乎全都發生在城堡和設防城鎮的城牆下。亨利二世規模最大的一次軍事部署是一一五九年將金雀花王朝各領地的聯軍調遣到土魯斯城下，但攻城失敗；理查一世的威名是在攻打阿卡和雅法的戰鬥中建立的，他也死於另一場攻城戰，即沙呂—沙布羅爾城下。約翰丟掉了諾曼地，因為他在一二〇三年從腓力．奧古斯都手中爭奪加亞爾城堡的大膽嘗試失敗了；一二一四年，他率領盟友們企圖在布汶跟法蘭西國王正面交鋒，卻吃了敗仗，這是他的統治的標誌性失敗。三個風雲變幻的年頭之後，腓力二世的兒子路易王子興兵攻打林肯城，威廉．馬歇爾以亨利三世的名義衝進城，將法蘭西軍隊打退到海峽處，挽救了金雀花王朝。

但從十三世紀中葉開始，正面交鋒的對陣取代了攻城戰，成為英格蘭人作戰的決定性手段。起初，正面對陣是遭受內戰挑戰的金雀花國王們的不得已手段：諸如一二六三年的伊夫舍姆戰役中，西蒙．德．孟福爾被殘忍地砍成肉泥；一三二二年，蘭開斯特伯爵湯瑪斯被自己的堂兄愛德華二世打敗之後遭到斬首。從十三世紀末開始，英格蘭國王們也開始愈來愈頻繁地依賴正面交鋒來對付國外敵人。愛德華一世的軍隊在福爾柯克和鄧巴的大勝令蘇格蘭聞風喪膽；愛德華二世在班諾克本一敗塗地。在一三一七年淒慘的夏季，愛德華三世於史坦霍普園林大敗，丟盡了顏面，但從中學到了戰爭藝術的許多教訓。一三三三年，他在哈立頓山報仇雪恨。自此之後，英格蘭軍隊在戰場上的排兵布陣成為最令人心驚膽寒的場面之一。

愛德華三世在位期間，軍事上出現了一些變革。他讓騎馬武士下馬，在近距離作戰，並利用騎馬弓箭手擾亂敵人騎兵的衝鋒、向敵人步兵射出致命的箭雨。這些軍事變革為他贏得了英格蘭歷史上一些最著名的勝利。百年戰爭使得英格蘭人感覺自己的軍事實力可以跟法蘭西並駕齊驅，這種觀念影響著兩國關係，一直到拿破崙時代。克雷西和普瓦捷這樣的勝仗永載史冊，聞名遐邇，而軍事策略的革命後來在亨利五世時代達到顛峰。一四一五年的聖克里斯賓節，亨利五世在阿金庫爾取得了令人咂舌的輝煌勝利，英格蘭弓箭手不可戰勝的威名得到了確立。在英格蘭神話、傳說和傳奇的發展過程中，這些令人畏懼的弓箭手起到了極其重要的作用。英格蘭弓箭手在聖喬治的十字和英格蘭獅子與法蘭西百合花並置的大旗下縱馬奔向戰場；英格蘭國王在敵境親身跟法蘭西人肉搏；黑太子在克雷西贏得他的馬刺（騎士勳位）：這些故事始終是英格蘭歷史上的標誌性畫面，被一代代人傳誦。

克雷西戰役激戰正酣的時候，愛德華三世正在考慮設立嘉德勳位。克雷西戰役也是黑太子的軍事生涯和英格蘭在軍事上短暫但輝煌的主宰時期的開端，這段輝煌始終被人們所景仰與謳歌。英格蘭王室圖像符號中有這麼多部分，尤其是跟嘉德勳位相關的部分，都源自金雀花王朝在法蘭西的軍事勝利。我們也不能忘記，跟第三次十字軍東征的獅心王理查一世相關的神話和傳說是多麼膾炙人口。對於在二十一世紀努力共存的基督徒和穆斯林來說，「十字軍東征」這個詞仍然有著濃重的政治意義。有些現代宣傳家會追溯既往，將我們今天的文化衝突視為八百多年前理查一世與薩拉丁的戰爭的延續。雖然這種看法不符合歷史真實，但很有感染力。但在當年，十字軍東征具有關鍵性的意義，把英格蘭王室的視野擴展到了中東，讓英格蘭國王們在最具威望的軍事舞台上扮演了重要的角色。

金雀花王朝軍事遺產的另一個方面奠定了英格蘭與不列顛群島其他部分關係的基礎，這種關係大體上延續至今。在金雀花王朝之前，只有神話中的亞瑟王據說曾統一威爾斯、愛爾蘭、蘇格蘭和英格蘭王國。但從亨利二世開始，金雀花王朝歷代國王一直構思著由英格蘭統一不列顛群島，並且只差一點就實現了。為了報復獅子威廉參與一一七三年的大叛亂，亨利二世第一次將蘇格蘭變成了英格蘭的附庸國。愛德華一世則更進一步，羞辱了蘇格蘭國王，強迫他向自己俯首稱臣，並從斯昆修道院搶走蘇格蘭神聖的加冕石，做成了自己的加冕寶座的基石，放在西敏。蘇格蘭的加冕石就一直留在那裡，一直到一九九六年才被歸還給蘇格蘭。但愛德華一世及其孫子愛德華三世發現，他們永遠沒有辦法強迫蘇格蘭人愛戴英格蘭國王。金雀花王朝在英蘇邊境以北的殘酷鎮壓，造成蘇格蘭人永遠無法徹底平息對英格蘭人的仇恨。蘇格蘭的民族主義運動植根於十三和十四世紀的事件，如果蘇格蘭民族主義者能夠在二十一世紀達成心願，切斷與不列顛的聯合，那麼很多人會認為，蘇格蘭的獨立是始自中世紀全盛期的漫長歷史進程的最終結果。

在威爾斯，金雀花王朝留下的印跡同樣不可磨滅。愛德華一世從一二八〇年代起建造的一系列城堡至今屹立。它們是很久以前的征服紀念碑，並提醒威爾斯北部和西部的居民們，那場爭奪威爾斯主宰權的鬥爭決定了英威關係的許多條件，直至今日。愛爾蘭人對英格蘭征服者的怨恨同恆久。在有些人看來，英國—愛爾蘭漫長而困難重重的關係史的開端要追溯到一一五五年，唯一一位出身英格蘭的教宗，阿德里安四世向金雀花王朝的第一位國王亨利二世授予了《褒揚令》詔書。在金雀花王朝歷代君主中，只有亨利二世、約翰和理查二世曾涉足愛爾蘭，都沒有什麼特別光采的影響。但他們的所作所為確立了英格蘭人在愛爾蘭海對岸稱王稱霸的觀念，也招致本土愛爾蘭人激烈的反抗。這是一個尚未結局的故事的開端，但畢竟是個開端。

除了這一切之外，金雀花王朝還以非常顯而易見的方式改變了英格蘭。國家在一四〇〇年不僅僅是組成結構發生了變化，外觀也跟過去截然不同。八代英格蘭君主大興土木、贊助藝術，改變了英格蘭的外貌。金雀花王朝建造宏偉的城堡、宮殿和獵苑。他們聘請各自時代的偉大藝術家和建築師。西敏、溫莎和威爾斯諸城堡是最明顯的例子，但在兩個半世紀的統治中，王國在許多其他方面也成熟了。倫敦舊貌換新顏；都城快速擴張，正在成長為一個主要的國際貿易中心。在多佛，亨利二世晚年改建的雄壯要塞，巍峨地俯視白色的峭壁，恫嚇著法蘭西侵略者。教堂建築的黃金時代造就了全國各地的諸多哥德式尖塔和飛扶垛。自羅馬人離去之後，磚石建築第一次被重新引入英格蘭。新城鎮和港口如雨後春筍般湧現，大多是在黑死病造成的人口驟降之前建成的。樸茨茅斯是理查一世建立的軍事城鎮，但其他港口，如哈里奇（一二三八年從亨利三世那裡獲得特許狀）和利物浦（約翰國王一二〇七年建立）在王室的恩寵下也欣欣向榮。同時，十四世紀的人口暴跌，許多村莊十室九空，但不能說這是金雀花國王們直接造成的後果。

最後，在金雀花王朝的英格蘭，英語終於成為主流語言。一三四〇年代，年輕的亨利二世在寒風中登陸英格蘭海岸時，他對英語只有最基礎的理解。他肯定不會認為英語是一種有用的語言，因為重要的對話都用不到它。當時沒有一位有地位或有才能的人會用英語跟他說話。亨利二世的宮廷語言是諾曼法語，或許還有阿基坦的埃莉諾及其來自法蘭西南方的侍從們說的奧克語。官方文件的語言則是拉丁語。

語言的這種情況一直持續到金雀花王朝末期，甚至更晚近，因為法語仍然是最高雅的宮廷語言，適合貴族們說，而拉丁語仍然是法庭和政府工作的重要語言。但到了十四世紀，英語的地位已經崛起。一三六二年為了慶祝愛德華三世的五十大壽而在議會上頒布的《申辯條例》規定，英語是王家法庭和議會的工作語言。這次議會也是中世紀英格蘭王權的一個顛峰。於是，原先被認為粗鄙無文的本土語言的地位逐漸提高。到理查二世在位時，傑弗里．喬叟、約翰．高爾、威廉．郎蘭和《高文爵士與綠騎士》作者正在將英語從一種愚民和農奴的語言，轉變為詩歌和學術的語言。後來，英語不僅變成了帝王將相的語言，甚至成了世界上極其重要的一種語言。

理查二世的遺體被從龐蒂弗拉克特運往倫敦的時候，一個舊王朝淒慘地終結了，為英格蘭歷史上一個新的動盪不安的世紀拉開了大幕。理查二世的被廢和慘死中斷了從亨利二世開始的直系繼承的法統，給國家帶來了恥辱。但這也標誌著一個變革、發展、成長的時代的終結，在這個時代，英格蘭成長為一個朝氣蓬勃而躊躇滿志的國家。在兩百四十六年風雲激蕩的統治中，金雀花王朝歷代國王以自己的形象塑造了英格蘭。他們將一個政體鬆散、脆弱、容易分裂的國家轉變成了當時最強大、最進步的國度之一。更重要的是，他們給英格蘭人的想像留下了不可磨滅的印跡。

（全書結束）

推薦書目

讀者諸君若希望更了解本書探討的一些重要主題和人物，不妨參考這個書單。

若要研究英格蘭歷代國王生平或英國歷史上的任何關鍵人物，都應從Oxford Dictionary of National Biography開始，目前在oxforddnb. com網站上可以付費使用（許多圖書館和研究機構都可以提供免費訪問）。

另一個有價值的線上資源是British History Online（british-history.ac. uk），它提供了許多珍貴的原始資料和第二手資料，以及政府檔案。很多圖書館都可以免費訪問這個網站。這裡特別有用的是中世紀英格蘭的議會檔案（在sd-editions. com/ PROME/ home. Html也可找到）。

希望閱讀關於金雀花王朝的原始文獻的讀者可以從*English Historical Documents*（主編David C. Douglas）開始，該書的第二、三、四卷覆蓋了一〇四二至一四八五年這個時期。關於該時期建築工程的詳細資料，可參閱*The History of the King's Works*（作者H. M. Colvin，兩卷本，一九六三年出版）。

第一部：災禍的年代（一一二〇至一一五四年）

關於英格蘭早期歷史，Robert Bartlett的*England Under the Norman and Angevin Kings*（二〇〇〇年出版）很有幫助。亨利一世的標準傳記是C. Warren Hollister的*Henry I*（二〇〇一年出版）。

近期研究瑪蒂妲生平的最佳著作是Helen Castor的*She-Wolves: The Women Who Ruled England Before Elizabeth*（二〇一〇年出版）。最新一部專門研究瑪蒂妲的著作是Marjorie Chibnall的*The Empress Matilda: Queen Consort, Queen Mother and Lady of the English*（一九九三年出版）。關於瑪蒂妲和該時期的其他英格蘭王后，還可參考Lisa Hilton的*Queens Consort: England's Medieval Queens*（二〇〇八年出版）。關於史蒂芬，可參閱David Crouch的*The Reign of King Stephen*（二〇〇〇年出版）和Edmund King的*The Anarchy of Stephen's Reign*（一九九四年出版）。

重要的第一手編年史包括*The Ecclesiastical History of Orderic Vitali*（Marjorie Chibnall編譯，一九六八至一九九〇年出版）、William of Malmesbury的*Historia Novella*（K. R. Potter譯，Edmund King編，一九九八年出版）和*Gesta Stephani*（K. R. Potter編譯，一九七六年出版）。

第二部：帝國的年代（一一五四至一二〇四年）

W. L. Warren的*Henry II*仍然是金雀花王朝創始人最佳的一部完整傳記，但最好同時參閱*Henry II: New Interpretations*（Nicholas Vincent與ChristopherHarper-Bill編，二〇〇七年出版）。Ralph V. Turner的*Eleanor of Aquitaine*（二〇〇九年出版）是對金雀花王朝第一位王后的最新研究著作。另可參考*Eleanor of Aquitaine: Lord and Lady*（Bonnie Wheeler與John CarmiParsons編，二〇〇三年出版）。給亨利二世製造麻煩的大主教的最新傳記是John Guy的*Thomas Becket*（二〇一二年出版）。關於貝克特生平和死亡的原始資料，可參閱*The Lives of Thomas Becket*（Michael Staunton編譯，二〇〇一年出版）。Frederick Pollock和F. W. Maitland的*A History of English Law Before the Time of Edward*（一九六八年出版）中記述了亨利二世的司法改革。

John Gillingham的*Richard I*（一九九九年出版）是獅心王的權威傳記。Thomas Asbridge的*The Crusades*（二〇一〇年出版）概述和分析了理查一世在聖地的冒險。Frank McLynn的比較傳記*Lionheart and Lackland: King Richard, King John and the Wars of Conquest*（二〇〇六年出版）詳細記述了理查一世與腓力二世的戰爭。W. L. Warren的*King John*（一九七八年出版）努力將約翰的缺陷與他在行政上的成就並置。較老的、對約翰批評較嚴厲的傳記包括Kate Norgate的*John Lackland*（一九〇二年出版）和J. T. Appleby的*John, King of England*（一九五九年出版）。閱讀這些書的同時都應當參考*King John: New Interpretations*（S. D. Church編，一九九九年出版）。關於金雀花王朝在不列顛和愛爾蘭的戰爭的綜述，David Carpenter的*The Struggle for Mastery: Britai 1066-1284*（二〇〇三年出版）非常關鍵。關於諾曼地失陷的意義，請參閱Daniel Power的*The Norman Frontier in the Twelfth and Early Thirteenth Centuries*（二〇〇四年出版）。約翰的死敵法蘭西國王的最新傳記是Jim Bradbury的*Philip Augustus: King of France 1180-1223*（一九九八年出版）。

*English Historical Documents*第二、三卷包括古代編年史的長篇選摘，來源包括William of Newburgh、Walter Map和Geraldof Wales。*The History of William the Marshal*（A. J. Holding編，S. Gregory譯，David Crouch注釋，三卷本，二〇〇二至二〇〇六年出版）是一部值得細讀的重要著作。Roger de Hoveden編年史的英譯本是*The Annals of Roger de Hoveden*（H. T. Riley編，一八五三年出版）。Richard FitzNigel關於政府和行政的洞見被收入*Dialogus de Scaccario andConstitutio Domus Regis*（Emilie Amt與S. D. Church編譯，二〇〇七年出版）。

第三部：對抗的年代（一二〇四至一二六三年）

關於約翰在位時期諸侯叛亂的經典研究著作是J. C. Holt的*The Northerners: A Study in the Reign of King John*（一九六一年出版）。J. C. Holt的*Magna Carta*是對《大憲章》的精采研讀，並收入了從一二一五至一二二五年《大憲章》的完整文本。Ralph V. Turner的*The King and His*

Courts: The Role of John and Henry III in the Administration of Justice, 1199-1240（一九六八年出版）研究了約翰在司法中扮演的角色。H. J. Richardson的*The English Jewry Under Angevin Kings*（一九六〇年出版）研究了約翰對英格蘭猶太人的處置。Anthony Julius的*Trials of the Diaspora*（二〇一〇年）將這段歷史置於大的背景當中。

耶魯的書系包括大部分英格蘭君主的現代傳記，只有極少數君主沒有傳記，亨利三世是其中一位。讀者可參考F. M. Powicke的*Henry III and the Lord Edward: The Community of the Realm in the Thirteenth Century*（一九四七年出版）、D. A. Carpenter的*The Minority of Henry III*（一九九〇年出版）和D. A. Carpenter論文集*The Reign of Henry III*（一九九六年出版）。D. A. Carpenter的King Henry III and Saint Edward the Confessor: The Origins of the Cult一文（載於*English Historical Review*第一二二期，二〇〇七年出版）探討了亨利三世對懺悔者愛德華的癡迷。Nicholas Vincent的*Peter des Roches,Bishop of Winchester 1205-38: An Alien in English Politics*（一九九六年出版）也很重要。關於一二五〇年代和六〇年代的戰爭，請參閱J. R. Maddicott的*Simon de Montfort*（一九九四年出版）。Marc Morris的*A Great and Terrible King: Edward Iand the Forging of Britain*精采地記述了愛德華王子在政治危機中的早期參與情況。關於愛德華王子在登基前的政治教育，見Edward I and the Lessons of Baronial Reform一文（載於*Thirteenth Century England*的一九八六年第一期）。

關於約翰與諸侯的鬥爭，Roger of Wendover的*Flowers of History*（J. A. Giles譯，一八四九年出版）非常有價值。Matthew Paris續寫了Wendover的編年史，他和亨利三世的宮廷非常親近。他的作品以拉丁文出版為*Matthaei Parisiensis, Monachi Sancti Albani, Chronica Majora*（H. R. Luard編，七卷本，一八七二至一八七三年出版）。亨利三世宮廷的書信被收入*Royal and Other Historical Letters Illustrative of the Reign of King Henry III*（W. W. Shirley編，兩卷本，一八六二至一八八六年出版）。*Documents of the Baronial Movement of Reform and Rebellion 1258-1267*（R. F. Treharne與I. J.Sanders編，一九七三年出版）收入了關於亨利三世與孟福爾戰爭的論文。*Thomas Wright's Political Songs of England*（P. Cross編，一九九六年出版）收錄了當時的詩歌和原始文獻。

第四部：亞瑟王的年代（一二六三至一三〇七年）

愛德華一世的全面傳記包括Michael Prestwich的*Edward I*（一九八八年出版）和E. L. G. Stones的*Edward I*（一九六八年出版）。Marc Morris的*A Great and Terrible King*，以及R. S. Loomis的論文Edward I: Arthurian Enthusiast（載於*Speculum*的一九五三年第二十八期）詳細探討了愛德華一世對亞瑟王的癡迷。關於愛德華一世的城堡，可參閱A. J. Taylor的論文Master James of St.George（載於*English Historical Review*的一九五〇年第六十五期）和Marc Morris的

Castle: A History of the Buildings that Shaped Medieval Britain（二〇〇三年出版）。關於具體的城堡，請參考*The History of the King's Works*（H. M. Colvin編，兩卷本，一九六三年出版）。

關於愛德華一世和威爾斯的關係，見R. R. Davies的*The Age of Conquest: Wales 1063-1415*（二〇〇〇年出版）和*Domination and Conquest*（一九九〇年出版）。關於蘇格蘭，可參閱A. A. M. Duncan的*The Kingship of the Scots, 842-1292*（二〇〇二年出版），以及F. Watson的*Under the Hammer: Edward I and Scotland 1286-1306*（一九九八年出版）。英格蘭透過法令進行的立法工作在愛德華一世在位期間有了長足進步，M. T. Clanchy的*From Memory to Written Record*（第二版一九九三年出版）描述的長期過程涉及了這一點。關於愛德華一世處境最艱難的一年，見Michael J. Hodder的*Baronial Opposition to Edward I: The Earls and the Crisis of 1297*（一九七六年出版）。

亞瑟王傳說的最早作者依然值得關注，可參閱*Geoffrey of Monmouth, History of the Kings of Britain*（L. Thorpe編，一九六六年）。愛德華一世的法律被收錄在*The Statutes of the Realm*第一卷中（A. Luders、T. E. Tomlins、J. France、W. E. Taunton與J. Raithby編，一八一〇年出版）。關於蘇格蘭繼位大業的文件收錄在*Edward I and the Throne of Scotland 1290-1296: An Edition of the Record Sources for the Great Cause*（E. L. G.Stones and G. G. Simpson編，兩卷本，一九七七年出版）中。關於愛德華一世政府遭到攻擊的一些原始文獻，見*Documents Illustrating the*

Crisis of 1297-98 in England（M. Prestwich編，一九八〇年出版）。關於愛德華一世的對蘇戰爭，一部雖然不是當時撰寫但非常有價值的蘇格蘭編年史是*Scalacronica by Sir Thomas Gray of Heton, Knight*（J. Stevenson編，一八三六年出版）。

第五部：暴力的年代（一三〇七至一三三〇年）

愛德華二世最新的權威傳記是Seymour Phillips的*Edward II*（二〇一〇年出版），是對之前的傳記Roy Martin Haines的*King Edward II*（二〇〇三年出版）的補充。其他參考書包括*The Reign of Edward II: New Perspectives*（Gwilym Dodd和Anthony Musson編，二〇〇六年出版）。Natalie Fryde的*The Tyranny and Fall of Edward II 1321-1326*（一九七九年出版）探討了愛德華二世統治的末期。J. S. Hamilton的*Piers Gaveston, Earl of Cornwall*（一九八八年出版）和J. R. Maddicott的*Thomas of Lancaster*（一九七〇年出版）分別研究國王的寵臣和敵人。關於他後期的寵臣，可參閱Michael Prestwich的論文The ChargesAgainst the Despensers, 1321（載於*Bulletins of the Instituteof Historical Research*的一九八五年第四十八期）。

M. McKisack的*The Fourteenth Century*（一九五九年出版）和Michael Prestwich的*Plantagenet England, 1225-1360*（二〇〇五年出版）介紹了愛德華二世統治的背景。關於愛德華二世的妻子的生平，參閱H. Johnstone的文章Isabella, theShe-Wolf of France（載於*History*新系列，一九

三六至一九三七年第二十一期）。關於愛德華二世劫後餘生的猜想，見Ian Mortimer的*The Greatest Traitor: The Life of Sir Roger Mortimer, Ruler of England 1327-1330*（二〇〇三年出版），以及Ian Mortimer的文章*The Death of Edward II in Berkeley Castle*（載於*English Historical Review*的二〇〇五年第一〇二期）。

關於這一時期的重要編年史（在本書正文中被稱為《愛德華二世傳》）是*Vita Edwardi Secundi*（Wendy R. Childs編譯，二〇〇五年出版）。愛德華二世與布魯斯家族之間戰爭的一個很好的資料來源是*The Chronicles of Lanercost, 1272-1346*（Sir Herbert Maxwell編譯，一九一三年出版）。*Peter Langtoft's Chronicle*（T. Hearne編譯，兩卷本，一七二五年出版）也很有用。其他的古代編年史的選摘和翻譯被收入*English Historical Documents*第三卷（H. Rothwell編，一九七五年出版）。

第六部：光榮的年代（一三三〇至一三六〇年）

愛德華三世有一部非常出色的新傳記，W. MarkOrmrod的*Edward III*（二〇一一年出版）。Ian Mortimer的*The Perfect King: The Life of Edward III, Father of the English Nation*（二〇〇六年出版）也是近期一部可讀性極強的作品。另可參閱J. S. Bothwell編輯的*The Age of Edward III*（二〇〇一年出版）一書中的文章，尤其是關於軍事發展的文章。R. Barber的*Edward, Prince of*

Wales and Aquitaine（一九七八年出版）研究了黑太子的生平。另可參閱Anthony Goodman的*John of Gaunt: The Exercise of Princely Power in Fourteenth-Century Europe*（一九九二年出版）。

關於百年戰爭初始階段，最好的入門著作是Jonathan Sumption的*The Hundred Years War I: Trial by Battle*（一九九〇年出版）以及他的*The Hundred Years War II: Trial by Fire*（一九九九年出版）。關於一三四一年危機，見Natalie Fryde的文章Edward III's Removal of His Ministers and Judges, 1340-1341（載於*Historical Research*的一九七五年第四十八期）。關於愛德華三世統治初年英格蘭的混亂狀況，見E. L.G. Stones的文章The Folvilles of Ashby-Folville in Leicestershire, and Their Associates in Crime（載於*Transactions of the Royal Historical Society*的一九五七年第五系列第七期）。John Hatcher的*TheBlack Death: An Intimate History*（二〇〇八年出版）是近期關於一三四八年人口危機的最佳著作。關於愛德華三世時代的騎士風尚，見Hugh E. L. Collins的*The Order of the Garter, 1348-1461*（二〇〇〇年出版）。

關於愛德華三世對法戰爭的所謂起源，見*The Vows of the Heron*（J. L. Grigsby與N. J. Lacy編，一九九二年出版）。*Froissart's Chronicles*（G. Brereton譯，一九七八年出版）是關於百年戰爭及其背景的一部重要而生動（儘管有些不可靠）的編年史，其效仿的榜樣是*Chronique de Jean le Bel*（J. Viard and E. Deprez編，兩卷本，一九〇四至一九〇五年出版）。Thomas Walsingham的*The St. Albans Chronicle: The "Chronica Maiora"*（J. Taylor、Wendy Childs和L.

Watkiss編譯，二〇〇三年出版）是從修士的視角寫百年戰爭。

第七部：革命的年代（一三六〇至一三九九年）

George Holmes的*The Good Parliament*（一九七五年出版）詳細記述了一三七六年諸侯反對國王的事件。G. L.Harriss的*Shaping the Nation: England 1360-1461*（二〇〇五年出版）對當時的內政外交做了背景介紹、概述和分析。Nigel Saul的*Richard II*（一九九七年出版）是金雀花王朝末代君主的權威傳記。Michael Bennett的*Richard II and the Revolution of 1399*（一九九九年出版）集中分析了金雀花王朝的最後幾年。

關於英格蘭勢力在法蘭西的衰敗，見Jonathan Sumption的*The Hundred Years War III: Divided Houses*（二〇〇九年出版）。Dan Jones的*Summer of Blood: The Peasants' Revolt of 1381*（二〇〇九年出版）敘述了瓦特·泰勒農民叛亂及其後果。Nigel Saul的文章Richard II and the Vocabulary of Kingship（載於*English Historical Review*的一九九五年第六十期）分析了理查二世對君主威嚴的理解。Caroline Barron的文章The Tyranny of Richard II（載於*Bulletins of the Institute of Historical Research*的一九六八年第四十一期）描寫了理查二世在其統治最後幾年對人民的壓迫。B. Wilkinson的文章The Deposition of Richard II and the Accession of Henry IV（載於*English Historical Review*的一九三九年第五十四期）描述了理查二世被廢黜的過程。

關於理查二世被廢黜的原始文獻載於*English Historical Documents*第三卷。R. B. Dobson的*The Peasants' Revolt of 1381*（第二版一九八三年出版）探討了大叛亂和理查二世統治的其他方面。記載理查二世統治的其他編年史包括Thomas Walsingham的編年史、*Knighton's Chronicle, 1337-1396*（G. H. Martin編，一九九五年出版）和*The Chronicle of Adam of Usk, 1377-1421*（C. Given-Wilson編譯，一九九七年出版）。同情理查二世的史書*Chronicque de latraïson et mort de Richart Deux roy Dengleterre*由英國史學研究會在一八四六年出版，提供了理查二世被廢黜的許多細節資訊。

圖片來源

圖1 King Henry I mourning, from 'Chronicle of England' c.1307–27 by Peter of Langtoft. (© *The British Library Board, Royal 20 A. II, f.6v*)

圖2 Royal writ from Durham. (*Reproduced by permission of the Chapter of Durham Cathedral, 2.1.Reg.2*)

圖3 Henry II and Becket. (*akg-images/British Library. Ms. Coton Claudius D.II, fol.73., 14th century*)

圖4 Geoffrey Plantagenet, enamelled copper from his tomb. (*The Art Archive/Musée de Tessé, Le Mans/Kharbine-Tapabor/Collection CL*)

圖5 Richard and Saladin from 'The Luttrel Psalter', 1320–40. (*The Art Archive/British Museum*)

圖6 The Capture of Acre from 'Chroniques de France ou de St Denis', c.1325–50. (*Scala, Florence/Heritage Images*)

圖7 Lower section of Magna Carta. (*The Print Collector/HIP/Topfoto*)

圖 8 Death of Simon de Montfort from ‘Chronica Roffense’ by Matthew Parris, early 14th century. (*The British Library/HIP/Topfoto*)

圖 9 Chateau Gaillard. (© *Eye Ubiquitous/Superstock*)

圖 10 Edward I at court from Miscellaneous chronicles, c.1280–1300. (*akg-images/British Library, Ms. Cotton Vitellius A. XIII, fol.6 v*)

圖 11 Conwy Castle. (© *Buddy Mays/Alamy*)

圖 12 Tomb effi gy detail showing face of Edward II. (© *Angelo Hornak/ Corbis*)

圖 13 Isabella of France, Queen Consort of England, from ‘Chroniques’ by Jean Froissart 1337–1400. (*Mary Evans Picture Library*)

圖 14 ‘The Wilton Diptych’, c.1395–99. (© *The National Gallery, London/ Scala, Florence*)

圖 15 The Battle of Sluys from ‘Chroniques’ by Jean Froissart, 1337–1400. (*White Images/Scala, Florence*)

圖 16 Edward III in Garter robes from William Bruges’s Garter Book, c.1440–50. (© *The British Library Board, Stowe 594, f.7v*)

圖 17 Henry of Grosmont from William Bruges’s Garter Book, c.1440–50. (© *The British Library Board, Stowe 594 f.8*)

圖 18 John of Gaunt, portrait attributed to Lucas Cornelisz. (*Private Collection/The Bridgeman Art Library*)

【Historia歷史學堂】MU0024

金雀花王朝：開創英格蘭的武士國王與王后們（下）

The Plantagenets: The Warrior Kings and Queens Who Made England

作　　者❖丹・瓊斯（Dan Jones）
譯　　者❖陸大鵬
封面設計❖許晉維
排　　版❖張彩梅
校　　對❖魏秋綢
總 編 輯❖郭寶秀
責任編輯❖邱建智
行銷業務❖許芷瑀

發 行 人❖凃玉雲
出　　版❖馬可孛羅文化
104台北市中山區民生東路二段141號5樓
電話：02-25007696
發　　行❖英屬蓋曼群島商家庭傳媒股份有限公司城邦分公司
104台北市中山區民生東路二段141號11樓
客服服務專線：(886) 2-25007718；25007719
24小時傳真專線：(886) 2-25001990；25001991
服務時間：週一至週五9:00～12:00；13:00～17:00
劃撥帳號：19863813　戶名：書虫股份有限公司
讀者服務信箱：service@readingclub.com.tw
香港發行所❖城邦（香港）出版集團有限公司
香港灣仔駱克道193號東超商業中心1樓
電話：(852) 25086231　傳真：(852) 25789337
E-mail：hkcite@biznetvigator.com
馬新發行所❖城邦（馬新）出版集團 Cite (M) Sdn. Bhd.(458372U)
41, Jalan Radin Anum, Bandar Baru Seri Petaling,
57000 Kuala Lumpur, Malaysia
電話：(603) 90578822　傳真：(603) 90576622
E-mail：services@cite.com.my
輸出印刷❖中原造像股份有限公司
初版一刷❖2019年7月
定　　價❖430元

ISBN：978-957-8759-72-5

城邦讀書花園
www.cite.com.tw

國家圖書館出版品預行編目（CIP）資料

金雀花王朝：開創英格蘭的武士國王與王后們／丹・瓊斯（Dan Jones）著；陸大鵬譯. -- 初版. -- 臺北市：馬可孛羅文化出版：家庭傳媒城邦分公司發行, 2019.07
　冊；　公分 --（Historia歷史學堂；MU0023-24）
譯自：The Plantagenets: the warrior kings and queens who made England
ISBN 978-957-8759-71-8（上冊：平裝）. --
ISBN 978-957-8759-72-5（下冊：平裝）. --
ISBN 978-957-8759-73-2（全套：平裝）
1. 英國史
741.23　　108006848